HEINZ K. GANS

Kon

servieren rund ums Jahr

Richtig lagern, einlegen, einkochen, dörren, räuchern und vieles mehr

Anaconda

Die in diesem Buch enthaltenen Empfehlungen und Angaben sind vom Autor mit größter Sorgfalt zusammengestellt und geprüft worden. Eine Garantie für die Richtigkeit der Angaben kann aber nicht gegeben werden. Autor und Verlag übernehmen keinerlei Haftung für Schäden und Unfälle.

Genehmigte Lizenzausgabe für Anaconda Verlag GmbH

Die Deutsche Nationalbibliothek verzeichnet diese Publikation in der Deutschen Nationalbibliografie; detaillierte bibliografische Daten sind im Internet unter http://dnb.d-nb.de abrufbar.

Umschlagmotive: iStockfoto / Heike Brauer (Wurst). – fotolia / rdnzl (Äpfel). – iStockfoto / YinYang (Gläser). – iStockfoto / minimil (Hintergrund, Bordüre)
Umschlaggestaltung: Druckfrei. Dagmar Herrmann, Köln
Printed in Czech Republic 2013
ISBN 978-3-86647-902-9
www.anacondaverlag.de
info@anacondaverlag.de

Inhalt

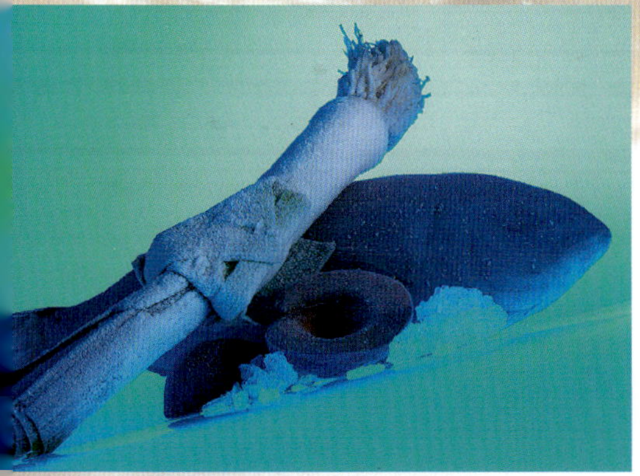

Konservieren als preiswerter Luxus

Konservieren war für die fortschrittliche Hausfrau lange kein Thema. Allein das Wort! Hatte nicht die progressive Schule des „Neuen Bauens" bereits in den zwanziger Jahren die „Frankfurter Küche" entwickelt, eine Art Kombüse oder Koch-Cockpit, womit lange Wege erspart werden sollten! Die Hausfrau musste sich sozusagen nur noch um sich selber drehen, alles andere sollte dann im Handumdrehen geschehen können. Wichtigste Arbeit in der Küche: das Öffnen der Konservendose. Platz für Vorräte war in der „Frankfurter Küche" kaum vorgesehen und Vorratskeller hielt man weitgehend für überflüssig.

Zur Gegenbewegung kam es im Dritten Reich. Autarkie war angesagt, Devisen wurden rar. Die Einfuhr von Obst und Gemüse rentierte sich nicht mehr. Mit einem Mal war man auf die Bewahrung heimischer Erzeugnisse geradezu lebensnotwendig angewiesen. Erst recht in den bitteren Hungerjahren nach dem Zweiten Weltkrieg. Aus dieser Zeit stammt auch die Redewendung „Jetzt geht's ans Eingemachte". Eigene Konserven waren nun die „Eiserne Ration", gewiss eine kriegerische Assoziation. Und die tiefen Gewölbekeller, wo man sie aufbewahrte, erinnerten sie nicht an Bombennächte, als man hier Schutz gesucht hatte?

So kann es nicht erstaunen, dass bei dieser negativen Besetzung des Begriffs nun in den Jahren des Wirtschaftswunders seit Mitte der fünfziger Jahre das Konservieren, vor allem aber das mühsame Eindünsten von Früchten als ein Relikt aus grauer, düsterer Vorzeit erschien, belastet mit den Entbehrungen von Kriegs- und Nachkriegszeit. Dazu plante die Wiederaufbauarchitektur, ohne je die formale und künstlerische Klasse des Neuen Bauens aus den zwanziger Jahren zu erreichen, wiederum nur winzige Küchen, besonders im sozialen Wohnungsbau. An Speisekammern war nicht mehr zu denken, auch nicht an geeignete Vorratskeller.

Deshalb setzte man gewisssermaßen bis in die siebziger Jahre auf die Industriekonserve. Der Kühlschrank galt als zeitgemäßer Ersatz für die Vorratskammer. Doch bewirkten Lebensmittelskandale und rasch zunehmendes Umweltbewusstsein ein Umdenken. Die Erkenntnis, dass industriell haltbar gemachte Lebensmittel zum Teil sogar Krebs erregende Stoffe enthielten, wirkte für viele wie ein Schock. In diese Entwicklung hinein erschien 1980 ein ausgesprochen animierend und „appetitlich" aufgemachter Time-Life-Band übers Konservieren, der die Vorratshaltung endlich in die Kochkunst einreihte, zu der sie auch gehört. Fernab jeder Hausbackenheit, ein Odium, das dem selbst Eingemachten lange anhaftete, erschien die Konservierung hier als eine „Alchemie" zur Wiedererlangung kochtechnischer Autonomie in der Küche und gleichzeitig als ein Stück Lifestyle.

Auch wenn man bei gekauften Gemüsen und Früchten nicht wissen kann, was an Chemikalien alles drinsteckt, so weiß man doch wenigstens, dass man selber keine mehr zur Konservierung verwendet hat: ein unschätzbarer Vorteil der eigenen Vorratshaltung und ihr dickster gesundheitlicher Pluspunkt.

Konservieren in unseren Tagen hat also das Image des „Notvorrats" verloren. Es ist längst nicht mehr das „Allerletzte". Im Gegenteil! Wenn man heute konserviert, dann um sich gute Gartenernten oder überzeugende (Super-) Marktangebote nutzbar zu machen, indem man sie nach eigenem Gusto optimiert. Nicht mehr die eigene Konserve, vielmehr die Industriekonserve, die Bohnen-, Erbsen- oder gar Leipziger-Allerlei-Büchse, ist heute der Notvorrat, das selbst Gemachte indes die Delikatesse. Was ist schon eine Dose mit glitschigen Mischpilzen in einer laschen Salzlake gegenüber selbst getrockneten oder gar in Olivenöl eingelegten Pilzen? Will man wiederum derart eingelegte Pilze

kaufen, sind sie für die meisten von uns unerschwinglich. Nicht anders verhält es sich etwa mit gedörrtem Gemüse und Obst oder auf dem weiten süßen Feld der Marmeladen, Konfitüren und Gelees. Konservieren ist demnach ein preiswerter Luxus und es kann auch Vergnügen bereiten. Voraussetzung allerdings, dass man gerne kocht. Denn Konservieren ist weitgehend schon Vorkochen mit Würzen, Garen, Einkochen (!) und immer wieder „Abschmecken" – aus guten Gründen unsere Lieblingsvokabel in diesem Band. Denn es nutzt wenig, sich sklavisch an vorgeschriebene Salz-, Zucker- oder Essigmengen zu halten. Man muss die Konserven gewissermaßen mit sich selber, auf sein eigenes Geschmacksempfinden hin abstimmen. Das vorliegende Buch ist voll Ermunterungen dazu. Es stellt sämtliche gängigen Konservierungsmethoden vor, die in einem gut ausgerüsteten Haushalt mit entsprechenden Lagermöglichkeiten nachvollziehbar sind. Auch werden im Textteil selber sowie in den Tabellen, die für den jeweiligen Konservierungsgegenstand empfehlenswerten Haltbarkeitsmethoden vorgestellt. Für Fleisch wäre das etwa Tiefgefrieren. Hier verzichten wir weitgehend auf das komplizierte Einwecken. Bei Gemüse sind die Möglichkeiten besonders vielfältig: Einfrieren, Einsäuern, Einwecken, sauer und süßsauer Einlegen, Trocknen beziehungsweise Dörren. Und bei Obst ist es ähnlich: Konfitüren, Gelees, Muse, Einfrieren ganzer Früchte oder auch Kandieren einer kleinen, handverlesenen Auswahl davon, aber auch süßsauer Einlegen, in Alkohol Optimieren (Rumtopf) und wiederum Trocknen beziehungsweise Dörren.

Unser Leitgedanke war stets, dass Konservieren neben der ökonomischen und ökologischen auch eine kulinarische Komponente haben muss. Wer es nicht schon längst weiß, wird sich bald überzeugt haben, dass die eigene Konserve einfach unvergleichlich besser schmeckt als die gekaufte, denn sie ist gekocht und nicht lediglich hergestellt. Im Verhältnis zu Fastfood ist Konservieren das denkbare Gegenteil, nämlich eine höchst entwickelte Form von Slowfood, die Grundvoraussetzung für eine gleichermaßen preiswerte, bewusste und so gesunde wie delikate Küche. Wie weiß es doch der Volksmund schon seit langem: „Der Weg zur Gesundheit führt nicht nur über die Apotheke, sondern auch über die Küche."

Einleitung

Paradiesische Zeiten

Das Paradies, so meinte man im Mittelalter, sei dann auf Erden erreicht, wenn es keine Jahreszeiten mehr gebe, man gleichsam das ganze Jahr über ernten könne. So betrachtet, leben wir mittlerweile ja wirklich im Paradies – oder können uns zumindest durch eine geschickte Vorratshaltung ein privates Stückchen davon reservieren.
Nahezu alle Handbücher, die sich mit der Kunst des Konservierens befassen, gehen davon aus, das Sammeln von Vorräten sei so alt wie die Menschheit selbst. Doch fehlt es für diese Vermutung, zumindest was die Urgeschichte anbelangt, weitgehend an Belegen. Erst seit den Römern lässt sich eine nennenswerte Kultur des Konservierens beobachten, allerdings dürften in ihren Genuss nur Privilegierte gekommen sein.

Variationen eines einzigen Themas

Von Wolfram Siebeck, einem der bekanntesten Kochbuchautoren hierzulande, stammt eine kühne These: „Es gibt nur ganz wenig verschiedene Rezepte. Und alles, was in den Tausenden von Kochbüchern steht? Sind nur Variationen des immer gleichen Themas. Und was tut der kreative Koch, damit seine Variation wirklich köstlich wird?" Wir empfehlen: Richtig konservieren!

Mieten, Silos, Darren und Behälter

Für die Zeiten davor sind wir auf Zufallsfunde angewiesen. Sicher scheint, dass in der Mittleren Steinzeit (9000 bis 4000 v. Chr.) Haselnüsse, die „Charakterfrüchte" jener Epoche, geröstet wurden, um haltbar zu bleiben. Offen ist dagegen, ob man damals schon Fleisch mit Salz konservierte. Aus der jüngeren Steinzeit (4000 bis 1800 v. Chr.) weiß man von Vorratsgruben vor den Häusern, so genannten Mieten, in denen wohl vor allem Rüben für Mensch und Tier zum Überwintern eingelagert wurden.
Offenbar war es auch schon üblich, die Ernährung über das ganze Jahr hinweg zu planen: Saatkörner wurden zurückgelegt, Getreide und Erbsen durch Lufttrocknung „winterhart" gemacht. Bereits zu Beginn der Jungsteinzeit soll es dafür entsprechende Einrichtungen gegeben haben.
Aus der späten Bronzezeit (um 1000 v. Chr.) sind etwa für das niedersächsische Rullstorf Getreidesilos und Darröfen nachgewiesen, offenkundig für Hülsenfrüchte. Aus der späten Keltenzeit wiederum (200 bis 100 v. Chr.) lassen sich für unsere Breiten riesige irdene Vorratsgefäße für Getreide mit einem Fassungsvermögen von bis zu tausend Litern nachweisen. Auch haben die Kelten von den Römern wohl schon Olivenöl bezogen, neben Honig und Salz das archaischste Konservierungsmittel.

Römische Soßen – gallischer Schinken

Olivenöl und Fischsoßen wurden dann gar aus Spanien und Nordafrika in die römisch besetzten Gebiete an Rhein und Donau importiert. Um sie vor dem Verderb zu schützen,

hat man die Amphoren für den Transport entsprechend versiegelt. Die Soßen – von ihnen ist im Zusammenhang mit der römischen Küche immer wieder die Rede – wurden aus frischen Meeresfischen hergestellt und vermutlich mit Öl konserviert. In Amphoren sowie in Fässern und Schläuchen brachten die Römer auch andere Lebensmittel meist für den gehobenen Bedarf übers Mittelmeer und lagerten sie in Stapelhallen, bevor sie nach Norden transportiert wurden. Dort wiederum, vor allem am Oberrhein, produzierten zahlreiche Wurstereien für den Export nach Süden, und im benachbarten Gallien entstand nach der Überlieferung jener exzellente Schinken, auf den die Römer geradezu versessen waren: „Nun werden auch Jahr für Jahr aus Gallien Schinken, Wurst und Speck eingeführt", berichtet der römische Schriftsteller und Universalhistoriker M. Terentius Varro (116 bis 27 v. Chr.).

Apicius: Antike Kochkunst in zehn Bänden

Um dergleichen Exportgüter haltbarer zu machen, wurde geräuchert. In Xanten, zur Zeitenwende römischer Garnisonsort an der Grenze zum rechtsrheinischen Germanien, hat man bei Ausgrabungen Reste eines Räucherofens entdeckt und rekonstruiert. Seine kräftig gemauerte Räucherkammer wurde mit Holzdeckeln verschlossen, durch deren ovale Öffnungen der Rauch abzog. Der berühmte Apicius, ebenfalls zur Zeitenwende Verfasser eines zehnbändigen lateinischen Kochbuchs, hat uns das Rezept für eine solche Räucherwurst überliefert: „Stampfe Pfeffer, Kümmel, tarentinische Würze, Bitterkraut, Petersilie, Lorbeer, Fischsoße

Vom Herrn gesendet unter die Fetten

Im siebten Band von Johann Heinrich Zedlers „Universallexikon aller Wissenschaften und Künste" (1732–1754) lesen wir: „Darre oder Dörre, so heißet eine gewisse Art von Oefen, auf welchen allerhand Garten- und Feldfrüchte getrocknet, gebacken und gedörret werden. Man hat deren bey einer Land-Wirtschafft dreyerley nöthig, nemlich eine Flachs-Darre, eine Malz-Darre, und eine Obst-Darre ... Darre wird vom Herrn gesendet unter die Fetten, d. i. die Hochmüthigen, so durch Unrecht sind erhöhet worden, wird GOTT stürtzen. Es. 10, 16."

und dazu gehacktes Fleisch. Arbeite das Gemisch gut durch, versetze es mit Fischsoße, mit ganzen Pfefferkörnern wegen des reichlichen Fettes, und Nüssen. Fülle es in einen recht dünnen Darm, und so wird es in den Rauch gehängt."

Überliefert ist aber auch, dass es gerade mit der Konservierung von Fischsoßen oft haperte. Die Methoden, sie zu „reaktivieren", waren äußerst fragwürdig. So räucherte man etwa die bereits abgestandene Marinade mit Zweigen von Lorbeer und Zypressen und gab zur geschmacklichen Überdeckung noch Honig zu. Und beim Wein war es nicht besser: Man gab ihm Gewürze und Meerwasser bei oder harzte ihn. Kein Wunder, dass die Klagen über die schlechte Verträglichkeit solcher Haltbarkeitspanscherei kein Ende nahmen.

Vieles war den Römern schon bekannt

Dennoch: Die Römer kannten eigentlich schon fast alle Konservierungsverfahren, die wir bis heute anwenden. Neben Räuchern und Einlegen in Öl eben auch Konservieren in Essig, Honig, Kleie und Salz oder Abkochen in siedendem Salzwasser. Fässer, Amphoren und Tontöpfe nahmen die Vorräte auf. Es gab Speicherbauten für Lebensmittelmärkte und Getreidesilos. Man hat neben dem Räuchern getrocknet und gedarrt – ausgegrabene Fundamente von Getreidedarren in Xanten und Wimpfen belegen es. Die Trocknung von Hülsenfrüchten wurde bei den Römern mit Erfolg weiterpraktiziert und durch Dörren wussten sie „Südfrüchte" wie Weinbeeren (Rosinen), Datteln und Feigen haltbar und so auch für den Export in den Norden nutzbar zu machen.

Über die Bewandtnisse des Kochens

Einer der ersten bekannt gewordenen Kochbuchautoren der Antike war der römische Feinschmecker Marcus Gavius Apicius. Er lebte zur Zeit der Kaiser Augustus und Tiberius, seine genaue Lebenszeit und Herkunft sind unbekannt. Apicius hat reichlich aus griechischen Quellen geschöpft, sodass wir unsere Kenntnisse über antike Kochkunst weitgehend ihm verdanken. Sein Hauptwerk besteht aus zehn Bänden und trägt den Titel „De re coquina libri decem", also, frei übersetzt, „Über die Bewandtnisse des Kochens in zehn Bänden". Apicius, wird berichtet, soll sich vergiftet haben, weil ihm sein Vermögen von 10 Millionen Sesterzen zu gering erschien, um seinen kulinarischen Leidenschaften ausreichend frönen zu können.

Zumindest die reicheren Römer hatten unter ihren Villen große Keller zum Einlagern der Vorräte. In einem ausführlich dokumentierten Weinkeller des württembergischen Oberriexingen (Lkr. Ludwigsburg) hat man bei den Ausgrabungen eine etwa 20 Zentimeter hohe Sandschicht entdeckt, in die sich sowohl kugelige als auch längliche Wein- und Ölamphoren stecken ließen. Auf einem Steintisch mit einem so hohen und glatten Fuß, dass keinerlei Schädlinge daran hochklettern konnten, wurde wohl winterhartes Obst ausgelegt. Auch Brunnen taugten den Römern zum Frischhalten von Lebensmitteln: Man musste den Schacht nach Einlagerung der Güter nur luftdicht verschließen.

Die Doppelwirkung der Gewürze entdeckt

Machen wir einen Sprung über die unruhige Völkerwanderungszeit hinweg ins Mittelalter. Man nutzte noch immer bewährte Techniken wie Trocknen, Darren, Räuchern und Einlegen – süß in Honig oder sauer in Wein-, Obst- und Bieressig. Fleisch hat man in Öl mariniert oder mit Talg und anderem Fett überzogen, um es ein wenig haltbarer zu machen. Aber Gewürze standen damals auch deshalb so hoch im Kurs, weil sie den Hautgout des Fleischs, der sich bei dieser Fettummantelung naturgemäß schnell einstellen musste, nach Kräften überdeckten. Überdies war man auf die keimtötende und damit konservierende Wirkung von Zusatzstoffen und Gewürzen gekommen. Mit

dem Hopfen im Bier macht man sie sich bis heute zunutze.
Das hauptsächliche Konservierungsmittel im Mittelalter aber war Salz. Mit ein Grund, weswegen die so genannten Salinenstädte, insbesondere Hallein, Lüneburg und Reichenhall im 12. Jahrhundert buchstäblich emporblühten.

Das weiße Gold des Mittelalters

Das während des gesamten Mittelalters sündteure Salz brauchte man besonders zur Fischkonservierung. Mit der Christianisierung des Abendlandes wuchs der Bedarf an Fisch enorm – vor allem zur Überbrückung der Fastenzeit. Es war bereits üblich, Heringe gleich nach dem Fang in Fässern einzusalzen. Weniger fetten Fisch ließ man trocknen; als „Stockfisch" hielt er zeitgenössischen Quellen zufolge oft über zehn Jahre. Es gab im Mittelalter schon richtige Konservierungsfabriken, die Fleisch und Fisch mit gestampftem Salz haltbar machten. Salzlake dagegen kam eher in der privaten Hauswirtschaft zum Einsatz. Ganz wesentlich wurde sie zum Einlegen von Kraut gebraucht.

HAUTGOUT

Der „ogu" ausgesprochene Fachausdruck der Küchensprache ist aus Französisch haut = stark und goût = Geschmack entstanden. Er bezeichnet den eigentümlich scharfen, von Feinschmeckern geschätzten Geruch und Geschmack, den Fleisch, besonders von Wild, nach längerem Abhängen annimmt. Zum Konservieren indes kommt nur frische Ware in Betracht.

Indes, die Hauptenährung dieser Zeit bestand fast durchweg aus Kohlehydraten: Haferbrei mit Erbsen oder Linsen und Unmengen Bier. Man schätzt den Pro-Kopf-Verbrauch des mittelalterlichen Menschen auf mindestens vier Liter am Tag. Ein Nebenprodukt dieser Bierdominanz war der Bieressig, mit dem man auch konservierte. Und zu Beginn der Neuzeit hatten sich die Ernährungsgewohnheiten noch keinesfalls geändert: „Wäre ich König, so würde ich nichts als Fett trinken." So der heute unvorstellbare Wunsch eines französischen Bauern in einem Text des 17. Jahrhunderts.

Kartoffel und Mais, Dampftopf und Konservendose

Mag auch in der politischen Geschichtsschreibung das Mittelalter 1492 mit der Entdeckung

WOHL EINGESALTZEN, UND MIT STARCKEN GEWICHTE GESCHWERET

Nach einem Eintrag im vierten Band von Zedlers Universallexikon, 1733 erschienen, wurde das Pökeln 1347 erfunden. Unter dem Stichwort „Boeckel" heißt es dort: „Lateinisch Garum oder auch Muria. Französisch Saumüre, heißet das Saltz-Waßer und Lacke, oder auch eine besonders zubereitete Wässerung, vermittelst welcher allerley rohes Fleisch sich frisch und wohl schmeckend eine geraume Zeit beybehalten lässet. Sie entstehet entweder, wenn das Fleisch bey dem Einlegen wohl eingesaltzen, und mit starcken Gewichte beschweret wird, dass es fest presse, und das Saltz desto eher zerflüsse, oder sie wird, wenn der Lacke wegen Sparsamkeit des Saltzes an dem Fleische so wenig seyn wollte, vom Saltz, etwas Salpeter und flüssenden klaren Brunnen-Wasser zubereitet. Das Fleisch und Heringe einsaltzen oder Böckeln hat Wilhelm Böckel zu Bierflieth anno 1347 zuerst erfunden; Dahero es auch nach seinem Namen genennet wird ... Es dienet aber gedachter gesaltzener Liquor zu Reinigung der alten Schäden, zu dem Biße wütender Hunde, dem Brande zu wiederstehen ... Böckel-Fleisch. So heißet alles in Saltz und etwas Salpeter eingelegte rohe Fleisch vom Rind-Vieh, Schweinen und Wildpret, welches entweder nach und nach aus der Beitze verspeiset ... oder nach weniger Zeit da herausgenommen, und in Rauch aufgehangen wird, in Sonderheit aber wird darunter, weil zwischen dem eingesaltzenen und dem Böckel-Fleisch ein merklicher Unterschied, das nach ersterer Absicht eingelegte Rind- oder Ochsenfleisch verstanden."

Amerikas enden, in der kulturhistorischen, aufs Essen bezogenen Betrachtung dauert es noch einiges über den Dreißigjährigen Krieg (1618 bis 1648) hinaus. Denn Kartoffel und Mais, die beiden hauptsächlichen Nahrungsmittel-Entdeckungen aus der Neuen Welt, hatten sich in Europa noch lange nicht durchgesetzt. Gut hundert Jahre sollte es bis zu ihrem Anbau noch währen. Dafür aber begann sich Ende des 17. Jahrhunderts die Konservendose zu „entwickeln". Denis Papin (1647 bis 1714), der Erfinder des Dampfkochtopfs, hat bereits 1685 in einem Brief an den Universalgelehrten Gottfried Wilhelm Leibniz (1646 bis 1716) die Notwendigkeit des luftdichten Abschlusses für die Haltbarkeit bestimmter Lebensmittel benannt. Wenig später, 1691, erhalten die beiden Engländer Porter und White das weltweit erste Patent auf Konserven. Leibniz hingegen hat wohl 1714 in seiner „Utrechter Denkschrift" als Erster die militärische Bedeutung der Konserve erkannt. Für die Ernährung von Truppen während ihrer langen Märsche empfiehlt er „Kraft-Compositiones", worunter er vor allem Konserven mit Fleischextrakt verstand, deren industrielle Herstellung etwa 150 Jahre später einem anderen Deutschen gelang, dem Darmstädter Chemiker Justus von Liebig (1803 bis 1873).

Pulver, Tafeln und Würfel wider den Hunger

Ein „Pulver wider den Hunger" hat Johann Heinrich Pott 1756 für die preußische Armee erfunden, wohl ein früher Versuch mit einer Vorform der Erbswurst. Ein halbes Jahrhundert später endlich hat der Pariser Koch Nicolas Appert ein brauchbares Konservierungsverfahren für Lebensmittel durch Erwärmung und luftdichten Verschluss präsentiert und auch Fleisch haltbar in Gläsern eingemacht. Äußerst interessiert an dieser Methode zeigte sich naturgemäß das Militär. Aber Apperts Erfindung war wegen ihrer gläsernen Verpackung gewissermaßen frontuntauglich. Doch fast gleichzeitig experimentierten die Engländer Peter Durand und Augustus de Heine mit Weißblechdosen als Umhüllung für das Konserviergut. 1810 erhielten die beiden dafür ihr Patent und 1818 brachte Brian Donkin, der seit sechs Jahren eine Konservenfabrik betrieb, das erste Dosengericht auf den Markt: Hammelfleisch mit Gemüse. Was hätte es wohl anderes sein können, auch Donkin war Engländer.

Seit 1815 gab es in England „Suppentafeln" zu kaufen, also die ersten Bouillonwürfel, eine Erfindung des Engländers Westrumb. Die ersten regelrechten „Fleischsuppentafeln" folgten fünf Jahre später. Besonders der Rinderreichtum Argentiniens sollte darin „konzentriert" werden. Appert gelang es dann 1827 noch, Milch zu konservieren. Die ersten Lieferungen gingen an die französische Marine. Und 1849 gab es, ebenfalls für die französische Marine, erstmals gepresstes Gemüse. Den „Fleischzwieback", ein aus eingedickter Fleischbrühe und Weizenmehl bestehender Sattmacher, erfand Earl Borden jun. im Jahr 1850, auch er ein Engländer.

Vom Klempner verlötet, mit dem Beil zu öffnen

In Deutschland wurden die geschilderten Konservierungsmethoden erst 1822 bekannt, und zwar durch Apperts in Wien erschienene Übersetzung mit dem bezeichnend programmatischen Titel „Die Kunst, alle Substanzen zu erhalten". Aber bis zur Herstellung der ersten Gemüsekonserve dauerte es noch gut ein

Vierteljahrhundert: Ein findiger Klempnermeister namens Pillmann soll um 1850 Spargel in Weißblechdosen gefüllt haben, die er anschließend verlötet hat. Das „Eindosen von Gemüse", in der Hauptsache Bohnen und Erbsen, war hierzulande tatsächlich ein Nebenerwerb der Klempner; erst um 1875 kam es in Deutschland zu einer nennenswerten Konservenindustrie.
Vielleicht ist das Kaufpublikum damals vor dem barbarischen Öffnungsakt zurückgeschreckt. Denn, so hieß es in einem zeitgenössischen Kochbuch, am besten schlage man den Dosendeckel mit einem Beil ein.

Geburtsstunde des Einweckens

Als 1867 Grünberg in Berlin die Erfindung der Erbswurst gelungen war, hatte der Franzose Louis Pasteur (1822 bis 1895) bereits das verderbliche Wirken von Mikroorganismen speziell in Lebensmitteln erkannt und dabei herausgefunden, dass sie sich durch Erhitzen abtöten ließen. Durch „Pasteurisieren" konnte man bei Temperaturen zwischen 70 und 85 °C Milch und viele andere Lebensmittel wenigstens vorübergehend haltbar machen. Aber erst nach Pasteur gelang durch die Hitzesterilisation bei Temperaturen von bis zu 160 °C die nun „perfekte" Haltbarmachung. Mittlerweile werden Lebensmittelkonserven sogar in eigenen, recht komplizierten Verfahren Temperaturen von bis zu 1000 °C ausgesetzt.
Zum Schlüsseldatum für das Selber-Einmachen wurde der 1. Januar 1900. An diesem Tag hat Johann Weck seine Firma gegründet. Die Erfindung des früh verstorbenen Chemikers Rudolf Rempel (1859 bis 1893) hatte er bereits fünf Jahre zuvor erworben. Sie beruhte auf der Erkenntnis, dass Lebensmittel in luftdicht schließenden Gläsern mit Gummiring haltbar werden, wenn man sie im Wasserbad kocht.

Der lange Weg des Kühlschranks in die Haushalte

Das „Einwecken" im Glas war bis in die fünfziger Jahre des 20. Jahrhunderts die gängigste Konservierungsmethode privater Haushalte. Dann aber kam der Kühlschrank speziell in Deutschland als eine Art Wohlstandssymbol auf. Zuvor besaßen hier allenfalls ein Prozent (!) der Haushalte einen „Eisschrank". Inzwischen haben mehr als 95 Prozent zusätzlich noch eine Tiefkühlmöglichkeit. Damit ist, nach vielen tausend Jahren der Bemühungen um die Haltbarmachung von Lebensmitteln, die einfachste, unproblematischste und Zeit sparendste Konservierungsmethode Allgemeingut. Ihre spannende Entwicklungsgeschichte ist uns an dieser Stelle deshalb einen eigenen kleinen Streifzug wert.

Die Menschheit entdeckt den Nutzen der Kälte

Das Kühlen, speziell das Einfrieren bedeutet ja eine Art Domestizierung des Winters. Ob sich der Eiszeitmensch schon Eis und Schnee zur

Vorratshaltung nutzbar gemacht hat, wissen wir nicht. Als archaischste Form der Kältekonservierung gelten die irdenen Krüge der Ägypter, mit deren Verdunstungskälte Lebensmittel wenigstens kurzfristig haltbar blieben. Zum ersten Mal mit Eis haben wohl die Chinesen gekühlt. Sie kennen bereits aus dem 11. vorchristlichen Jahrhundert überlieferte Vorschriften zum Füllen und Leeren von Eiskellern im Rahmen religiöser Zeremonien.

Im Rom der Kaiserzeit, besonders im 1. Jahrhundert nach Christus, wusste man zumindest in vornehmen Haushalten um die Wohltaten von Schnee und Eis an heißen Tagen. Man kühlte den Wein damit oder trank Schnee- und Eiswasser gar pur. Dieses „römische" Eis hat man sich eher als zusammengepressten, in Erdgruben eingelagerten Schnee vorzustellen, mit Erde, Baumzweigen und oft auch Mist abgedeckt. Dermaßen verunreinigt, rief es vielerlei Krankheiten hervor. Noch in Unkenntnis, welche verheerenden Folgen Mikroben im menschlichen Organismus anrichten können, kam man eher intuitiv darauf, die Getränke in ihren Gläsern von außen mit Schnee abzukühlen.

Aus dem Orient wissen wir spätestens seit dem 8. Jahrhundert nach Christus von großen Schneetransporten auf Kamelen aus den Gebirgen im Libanon, in Syrien oder Armenien. Mitte des 11. Jahrhunderts soll der Koch des Sultans in Kairo täglich 14 Kamelladungen Schnee verbraucht haben. So kommt es nicht von ungefähr, dass als erster Europäer ein Arzt aus Spanien, also aus dem damaligen Einflussbereich der arabischen Kulturwelt, um 1550 die Herstellbarkeit von Kälte mit Hilfe von Wasser und Salpeter entdeckte. Nach der Rezeptur dieses Blasius Villafrance, die er in einer Schrift mit dem ausgiebigen Titel „Methodus refrigerandi ex vocato salenitro vinum aquamque ac potus quod vis aliud genus" (also etwa: Die Methode der Kälteherstellung, hervorgerufen durch Salpeter sowie Wasser, Wein und andere Flüssigkeiten") darlegte, wurden Kaltspeisen und Speiseeis hergestellt. Jedoch soll diese Kältemethode zu Zeit raubend und

Der Garten im Glas

Lichteinfall beachten! ♦ Mitdenken und geschmacklich optimieren ♦ Beim Zucker kommt es auf die Dosis an ♦ Natürlich mit Pektin gelieren ♦ Was wann eingemacht wird ♦ Geeignete Gläser, richtig gefüllt ♦ Fantasievolle Mischungen ♦ Vitamine und Aromen ♦ Gelees aus Beeren ♦ Muse, Pasten und Latwerge ♦ Kandieren erfordert viel Geduld

Einkochen, einmachen, einwecken

Einmachen, Einkochen und Einwecken waren die klassischen Konservierungsmethoden unserer Großeltern. Kompliziert und aufwändig, sind sie etwas aus der Mode gekommen.

Von allen Konservierungsarten, Pökeln inbegriffen, muss man hier nicht nur am meisten kochen, sondern auf Schritt und Tritt auch kochtechnisch mitdenken, denn das Eingemachte lässt sich nachträglich kaum mehr verbessern. Es ist dann eben auch geschmacklich konserviert.

Vor allem bei Früchten, etwa der Mirabelle als einer der köstlichsten Einmachfrüchte, lässt sich andererseits, wenn man's geschickt anstellt, der Geschmack durch entsprechende Zucker- und Gewürzgaben noch erheblich optimieren. Besonders bei der Quitte, die eigentlich erst als Gelee so richtig aufblüht.

Wichtig für alles Eingemachte ist, dass man es sorgsam abschmeckt, bevor es schließlich in die Gläser kommt. Einmachen ist, wie gesagt, schon ein Kochvorgang.

Zwischen „Einmachen“, „Einkochen“ und „Einwecken“ gibt es deutliche Unterschiede, aber allen drei Methoden ist eines gemeinsam: Die Lebensmittel werden durch Hitze haltbar gemacht. Dadurch, und diese Erkenntnis geht auf die Forschungen der Chemiker Louis Pasteuer (1822 bis 1895) und Robert Koch (1843 bis 1910)

Unentbehrlich für den Stoffwechsel

Der menschliche Körper ist darauf angewiesen, dass ihm ständig Vitamine zugeführt werden. Der Name, der das lateinische vita = Leben enthält, deutet auf diese Lebensnotwendigkeit hin. Vor allem pflanzliche Nahrung sorgt dafür, dass wir ausreichend mit diesen für den Stoffwechsel wichtigen Substanzen versorgt werden. Vitaminmangel führt zu Avitaminosen (etwa Skorbut bei fehlendem Vitamin C). Beim Konservieren werden Vitamine am besten durchs Einfrieren bewahrt. Beim Pasteurisieren verlieren Obst und Gemüse mehr als die Hälfte an Vitamin B und C.

Jedes Einkochen greift mächtig in den Vitaminhaushalt des Konservierguts ein. Auch unter diesem Aspekt ist das Einfrieren vorzuziehen - etwa gerade bei Gemüse. Denn aufgrund von Forschungen wissen wir, dass wasserlösliche Vitamine durch Hitze kräftig einbüßen, etwa:

Vitamin B 1 um 69 %
Vitamin B 2 um 55 %
Vitamin B 6 um 54 %
Vitamin C um 64 %

zurück, werden Mikroorganismen abgetötet oder wenigstens in ihrer Entwicklung gehemmt. So lässt sich durch luftdichten Verschluss der Gläser das Konservierte über längere Zeit keimfrei halten, länger als bei jedem anderen Konservierungsvorgang.

Vitaminverlust als Preis der Haltbarkeit

Im Wesentlichen unterscheidet man bei diesen Vorgängen zwischen Sterilisieren und Pasteurisieren. Ersteres ist die „heißere" Methode und setzt bei 100 °C ein. Krankheitserregende, Gift bildende und qualitätsmindernde Mikroorganismen werden dabei abgetötet und die allen Lebensmitteln eigenen Enzyme ausgeschaltet.

Pasteurisieren als das schonendere Erhitzen geht bis 90 °C. Dabei werden alle Enzyme der Lebensmittel inaktiviert und die vegetativen Zellen der Bakterien abgetötet, nicht aber wie beim Sterilisieren die Sporen.

Optimieren, nicht nur konservieren

Einkochen, der Name sagt's, ist ein regelrechter Koch-, ein Verfertigungsvorgang. Angesichts der Konkurrenz anderer Methoden, eben besonders des Einfrierens, sollte man sich auf die lohnenden „Objekte" besinnen, die man durch Einkochen nicht nur konserviert, sondern auch optimiert, und das sind in aller Regel Früchte in Form von Marmelade, Kompott oder Mus. Alle drei lassen sich eingekocht am besten aufbewahren, wobei man der sprachlichen Genauigkeit halber erst einmal definieren muss: Einkochen ist der Überbegriff für die Haltbarmachung durch Hitze. „Eingemacht" wird vor allem Obst in Form von Marmelade, Konfitüre, Gelee oder Mus. „Eingeweckt" hingegen werden besonders ganze Früchte.

Dank Hitze und Zucker

Die altbewährte Konservierungsmethode des Einmachens basiert auf Hitze und Zucker. Nur dank ihrer Hilfe „gedeihen" Marmeladen, Konfitüren, Gelees, Muse, Fruchtpürees und Fruchtpasten.

Konfitüre, Gelee oder Marmelade?

Die gängige Lesart, wonach „Marmelade" einfach Konfitüre mit ganzen Fruchtstückchen sei, stimmt nach dem europäischen Lebensmittelrecht nicht mehr. Denn seit dem 26. Oktober 1982 ist aufgrund einer EG-Richtlinie

... GEWINNT DIE KOCHKUNST OBERHAND

Welche Wertschätzung das Eingemachte schon vor mehr als 100 Jahren genoss, spürt man noch immer den Worten einer der bekanntesten deutschen Kuchbuchautorinnen an. Im „Neuen und bewährten Illustrierten Kochbuch für alle Stände" schickte Henriette Davithis (oder Davidis) dem Thema folgende Bemerkung voraus: „Eingemachtes ist teils als pikante Speise, teils als Erfrischung so geschätzt, dass dieser Gegenstand die Aufmerksamkeit jeder Köchin verdient, zumal es in Zeiten gegeben werden kann, wo es an anderen Beigaben mangelt. Bei der Zubereitung darf die Zeit nicht gespart werden, denn nur mit großem Zeitaufwand bringt man sie zu Stande, aber durch wiederholtes Erkalten und Wiederaufkochen gewinnt die Kochkunst Oberhand über die vergänglichen Fruchtsäfte."

zur Angleichung der Rechtsvorschriften eine neue Konfitüren-Verordnung in Kraft. Deshalb gilt:

- Marmeladen sind Produkte aus Zitrusfrüchten wie Grapefruit, Mandarine, Orange und Zitrone, also eigentlich englische Spezialitäten, meist mit kleinen Schalenstückchen versehen.
- Konfitüren bestehen nach der EG-Verordnung aus einer oder mehreren Obstsorten, die vor dem Einmachen zerkleinert oder zerdrückt werden. Konfitüren können aber trotzdem ganze Früchte oder wenigstens größere Stücke enthalten.
- Gelees, daran ändert die EG-Verordnung nichts, werden allein aus dem Saft einer oder mehrerer Fruchtsorten gewonnen, den man wiederum mit Hilfe von (Gelier)Zucker einkocht. Wenn sie gelungen sind, wirken sie klar, manchmal fast durchsichtig. Feste „Fruchtreste" enthalten sie nur zur optischen Verfeinerung der Transparenz, vor allem mit Schalenstücken.
- Für Fruchtmus werden die Früchte mit wenig oder am besten ohne Zucker so lange eingekocht, bis die Sache eine feste Konsistenz angenommen hat. Dann erst wird gezuckert und weiter abgeschmeckt.
- Fruchtpaste ist gewissermaßen die Weiterentwicklung von Fruchtmus, das mit Zucker so lange zu einer dicken Masse eingekocht wird, bis sie sich, auf Backpapier ausgebreitet, an der Luft oder bei milder Hitze im Herd trocknen lässt.

Abschmecken!

Jede Zuckerangabe ist schon deshalb relativ, weil der Süßigkeitsgrad selbst bei ein und derselben Fruchtsorte erheblich differieren kann. Genauso wichtig wie Gewichtsangaben ist deshalb das Abschmecken. Es ist das A und O eines jeden Koch- und eben auch Einkochvorgangs. Zum Erfolg anderer Konservierungsmethoden trägt es ebenfalls oft entscheidend bei, dass man sich auf den eigenen Geschmack verlassen kann. Abschmecken bedeutet beim Einkochen, dass man immer wieder, am besten mit einem sauberen Edelstahllöffelchen, die Fruchtmasse kostet und sich dabei mehr auf seine eigenen Geschmacksnerven als auf Rezepte und Herstellerangaben verlässt.

Wer es mit dem Abschmecken der heißen Fruchtmasse allzu eilig hat, setzt die empfindlichen Geschmacksorgane allerdings leicht außer Gefecht. Jeder kennt wohl das unangenehm „pelzige" Gefühl auf der Zunge – also Geduld! Oder ein Profitrick: Die Abschmeckmasse wird auf eine vorher mit kaltem Wasser abgeschreckte Untertasse geleert.

Zucker zieht Wasser aus den Zellen

Die konservierende Wirkung von Zucker bei Marmelade, Konfitüre, Gelee und Mus besteht darin, dass er, in schwachen Lösungen zwar ein idealer Nährboden für Mikroorganismen ist, in stärkerer Konzentration jedoch ähnlich wie Salz wirkt, nämlich dehydrierend: Er zieht Wasser aus den Zellen, in denen die Erhöhung des Fruchtzuckeranteils durch zusätzlichen Einmachzucker ein Milieu schafft, in dem sich Fäulnisbakterien nicht mehr vermehren können.

Als Faustregel fürs Einmachen gilt: Die Früchte werden mit dem Zucker im Verhältnis 1:1 angesetzt. Also kommt auf ein Kilogramm Früchte ein Kilo-

gramm Einmachzucker. Das gilt zumindest für säurehaltige Sorten wie Zwetschgen, Kirschen und Beeren. Aprikosen, Pfirsiche und Birnen kommen hingegen mit weniger Zucker aus. Die säuerlichen Äpfel wiederum brauchen mehr. Im Endeffekt hilft hier nur geduldiges Abschmecken weiter, damit man seinen eigenen „Süßigkeitsgrad" findet.

Natürlicher Gelierstoff

Mit den Äpfeln hat es eine ganz besondere Bewandtnis, denn sie enthalten von allen Früchten das meiste Pektin, ein Enzym, das zum ausschlaggebenden natürlichen Grundstoff für Marmeladen, Konfitüren und insbesondere Gelees werden kann. Die lösliche, gummiartige Substanz kommt in Kerngehäusen und Häuten der meisten Früchte, am intensivsten aber in Äpfeln vor, die sich deshalb am besten für die etwas mühselige Gewinnung dieses natürlichen Gelierstoffs eignen.

- Hohen Pektingehalt haben, neben Äpfeln, Quitten, Pflaumen, Zwetschgen, Johannisbeeren, Stachelbeeren, Grapefruits, Orangen und Zitronen.
- Früchte mit mittlerem Pektingehalt sind Aprikosen, Birnen, Brombeeren, Himbeeren, Mandarinen, Renekloden, Mirabellen, Pfirsiche und Weintrauben.
- Geringen Pektingehalt weisen Ananas, Erdbeeren, Holunderbeeren, Kirschen und Rhabarber auf.

Von Gsälz, Dreierleigsälz und Hägenmark

Eine folkloristische Sonderform ist das schwäbische „Gsälz" oder „Xälz". Als Begründung für die letztere, nicht ganz ernst zu nehmende Schreibweise sagt man, es sei neben „Xangbuach" und „Xondheit" das dritte schwäbische Wort, das mit „X" beginne. Jedenfalls lässt es sich bei weitem nicht so eindeutig definieren wie die bisherigen Frucht-Einkocharten, zumal die Schwaben üblicherweise zu allen Konfitüren, Gelees und Marmeladen „Gsälz" sagen. Doch fällt beim Durchblättern einschlägiger Rezeptbüchlein immerhin auf, dass „Gsälz" sich weitgehend aus einheimischen Obstsorten, meist aus dem Garten, dem „Gütle", oder dem nahen Waldrand zusammensetzt: aus Äpfeln, Birnen, Quitten, allen Arten von Beeren, Kirschen, Mirabellen und Zwetschgen. Aus Johannisbeeren („Träubla"), Himbeeren und Kirschen wird das berühmte „Dreierleigsälz" gemischt. Unabdingbar für die schwäbische „Gsälz"-Küche sind schließlich die Hagebutten. Aus ihnen gewinnt man das „Hägenmark", dessen herbe Herbstlichkeit die Zugabe einheimischen Trollingers angenehm mildert. Selbst bei der sehr sittenstrengen Henriette Davithis darf er als Zutat hier nicht fehlen.

Gemacht wird „Gsälz" wie Konfitüre. Aber der kenntnisreiche schwäbische Schriftsteller Thaddäus Troll meint denn doch, dieser Vergleich beleidige jede schwäbische Hausfrau, da „Gsälz" mit erheblich mehr Liebe und vor allem auch Freude am Eigenen zubereitet sei. „Dieses Gsälz", schreibt er, „hat nichts mit Gesalzenem oder Geselchtem zu tun, wohin es etymologisch tendiert ... Gsälz ist ein ausgezeichneter Brotaufstrich aus eingekochtem Obst und Zucker, von der Hausfrau mühevoll selbst bereitet. Das Einmachen gehört zu den Kardinaltugenden der schwäbischen Hausfrau. Eingemachte Keenich heißen in einem schwäbischen Schwank ägyptische Mumien. Gewiss, es gibt Konserven – aber sie lassen sich mit dem Selber-Eigmachta nicht vergleichen. Im Schwäbischen existiert sogar ein eingemachtes Kalbfleisch, das keineswegs eingeweckt ist, aber so gut schmeckt, als ob es eingemacht wäre."

Früchte mit hohem Pektingehalt haben meist auch viel Säure und gelieren, mit entsprechendem Einmachzucker gekocht, fast von allein. Früchte mit weniger Pektin brauchen zusätzliche Säure, um gut zu gelieren, in aller Regel Zitrone und „Fremdpektin", am besten vom Apfel.

Wie man Pektin gewinnt

Da Schalen und Kerngehäuse am meisten Pektin enthalten, werden zu seiner Gewinnung Äpfel, am besten grüne, noch nicht ganz reife Sorten, in Schnitze (Spalten) geschnitten und nur knapp mit Wasser bedeckt, das man bei aufgelegtem Deckel zum Kochen bringt. Anschließend lässt man die Apfelmasse bei leichtem Wallen oder „Simmern" etwa eine Stunde im Wasser ziehen, dann wird sie nach altbewährtem Verfahren mit umgedrehtem Küchenhocker und Küchengaze abgegossen.

Probe aufs Exempel

Den aufgefangenen Saft muss man reduzieren, also unter leichtem Hitzewallen um die Hälfte einkochen. Nun lässt sich der Pektingehalt testen: 1 TL der eingekochten Flüssigkeit wird in eine Untertasse gegeben, wo sie erst einmal abkühlen muss, bevor man zwei Esslöffel reinen Alkohol aus der Apotheke dazugibt. Die beiden Flüssigkeiten vereinigen sich durch leichtes Schwenken in etwa zwei Minuten. Entsteht eine dicke, feste Masse, ist die ideale Konsistenz erreicht. Bilden sich nur vereinzelte Klümpchen, muss man die Apfel-Wasser-Flüssigkeit weiter einkochen und die Probe wiederholen. Ist sie schließlich gelungen, schüttet man das Gemisch weg.

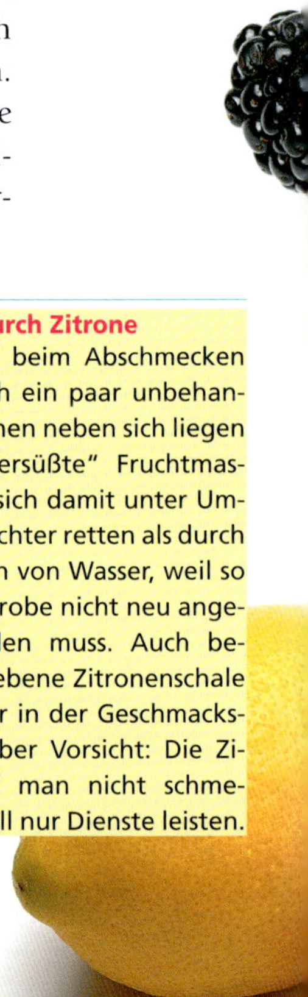

Nach der Pektinprobe gießt man die reduzierte Flüssigkeit wieder durch ein sauberes, dünnes Tuch aus Nessel, das man jetzt auf ein engmaschiges Haarsieb gelegt hat. Nun die Flüssigkeit schnell in Bügelverschluss- oder Twist-Off-Gläser füllen und entweder fünf Minuten im Einkochtopf (bis zum Thermometerstand von 90 Grad) sterilisieren oder ebenso lang im Kochtopf bei wallendem Wasser. Man kann das Pektin aber auch ganz einfach im Glas einfrieren. Aber hier blockiert es dann natürlich für einige Zeit Kapazitäten für wertvollere Konservierungsgüter.

Tipp

Rettung durch Zitrone

Man sollte beim Abschmecken immer auch ein paar unbehandelte Zitronen neben sich liegen haben. „Versüßte" Fruchtmassen lassen sich damit unter Umständen leichter retten als durch Nachgießen von Wasser, weil so die Gelierprobe nicht neu angesetzt werden muss. Auch bewirkt zerriebene Zitronenschale oft Wunder in der Geschmackshebung. Aber Vorsicht: Die Zitrone darf man nicht schmecken, sie soll nur Dienste leisten.

Kleine Pektinkunde

Apfelpektin ist auch deshalb eine ideale Gelierhilfe, weil sein neutraler Fruchtgeschmack und die helle Farbe Marmeladen und Gelees aus anderen Obstsorten keinesfalls beeinträchtigt. Ähnlich verhält es sich mit Quitten, deren Pektin auf dieselbe Weise hergestellt wird.

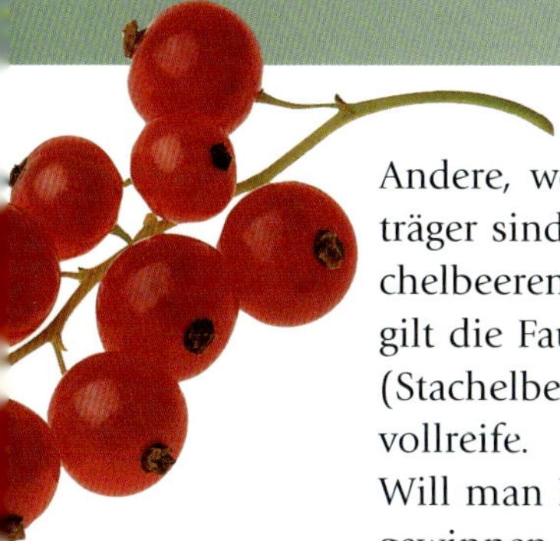

Andere, wenn auch weniger neutrale Pektinträger sind Brombeeren, Johannisbeeren, Stachelbeeren und alle Zitrusfrüchte. Auch hier gilt die Faustregel, dass unreife Früchte (Stachelbeeren!) ergiebiger sind als vollreife.

Will man Pektin aus Zitrusfrüchten gewinnen, kommen nur Stücke mit ungespritzten Schalen in Betracht, die vorher unter heißem Wasser abgebürstet werden müssen. Das stark vom Eigengeschmack dominierte Zitruspektin wird man nur in Zusammenhang mit Grapefruit-, Mandarinen-, Orangen und Zitronenmarmeladen oder den entsprechenden Gelees verwenden. Ebenso verhält es sich mit den anderen pektinhaltigen Obstsorten – ausgenommen eben Äpfel und Quitten.

Bei Sorten mit mittlerem Pektingehalt, zum Beispiel Aprikosen, Pfirsichen, Birnen, Himbeeren, Mirabellen, Renekloden und Weintrauben, empfiehlt sich die Pektingewinnung nur bei reichlich eigenen Beständen, etwa wenn sich abzeichnen sollte, dass sie auf Grund der Wetterlage nicht ausreifen. Pektin aus Früchten mit geringem Gehalt wie Ananas, Erdbeeren, Kirschen oder Rhabarber taugt dagegen nur als Gelierstoff für „gleichfruchtige" Konfitüren und Gelees.

Es geht ans Eingemachte!

Fürs Einmachen von Früchten gelten bei normalen Klimavoraussetzungen folgender Erntezeiten:

- Juni: Erdbeeren, Rhabarber und süße Kirschen
- Juli: Aprikosen, Himbeeren, Johannisbeeren, Sauerkirschen, Stachelbeeren
- August: Blaubeeren (Heidelbeeren), Mirabellen, Pfirsiche, Pflaumen, Renekloden
- September: Äpfel, Birnen, Brombeeren, Holunderbeeren, Preiselbeeren, Weintrauben und Zwetschgen
- Oktober: Hagebutten, Quitten, Sanddorn und Schlehen

Ganzjährig möglich: Orangenmarmelade

Gehen wir nun nach der strengen EG-Richtlinie vom Oktober 1982 vor und beginnen unsere praktischen Ausführungen mit den Herstellungsarten und Besonderheiten von Marmeladen, die bekanntlich nur aus Zitrusfrüchten hergestellt sein dürfen. Man kann sie praktisch das ganze Jahr über einkochen – bis auf Mandarinen, die erst im Herbst auf den Markt kommen, und die „Winterfrucht" Blutorange.

Die traditionelle Orangenmarmelade besteht aus bitteren Sevilla-Orangen, auch „Pomeranzen" genannt. Ihre Schalen dürfen keinesfalls ge-

TIPP

Für Klareit sorgen

Wenn man Pektin oder Gelees bereitet, geschieht das Abgießen am besten auf altbewährte Weise, die ebenso schonend wie ergiebig ist: Über die Beine eines umgedrehten Hockers wird ein Stück Küchengaze (Musselin, Nessel) gespannt und an den Beinen kräftig festgebunden. Ein leinenes Küchentuch wäre zu undurchlässig. Die Küchengaze sollte nicht ganz straff gezogen sein, sondern leicht nach unten durchhängen. Unter diese Mulde stellt man eine große Schüssel und gießt die Flüssigkeit mit der Apfelmasse in das Tuch. Dort tropft sie über Nacht aus.

Man darf nur diesen durch die Schwerkraft aus dem Tuch getretenen Saft verwenden, jedoch keineswegs weitere Flüssigkeit aus der verbliebenen Masse durch das Tuch pressen. Dadurch würde nämlich Fruchtmark austreten und die wasserartige Klarheit der Pektinmasse trüben.

TIPP

Zucker einsparen

Wer Naturprodukte in der Küche bevorzugt wird Pektin den käufliche Gelierhilfen wie Pulver oder Blättchen vorzuziehen, die dem Einmachgut oft viel Eigengeschmack nehmen. Allerdings gibt es Geliermittel, mit deren Hilfe man die Zuckermenge um rund die Hälfte reduzieren kann. Das Ergebnis sind Konfitüren, Gelees und Marmeladen, die den Geschmack der Früchte stark hervortreten lassen. Am sorgfältigen Abschmecken kommt man selbstverständlich auch hier nicht vorbei.

spritzt sein. Sobald man die Früchte unter heißem Wasser abgebürstet hat, kocht man sie, wie sie sind, in reinem Wasser.

Mehr Wasser als Früchte!

Bei Zitrusfrüchten gilt als Grundregel: mehr Wasser als Früchte, etwa 1,2 Liter pro Kilogramm. Man kocht die Orangen ungefähr eine Stunde, bis man sie leicht mit einer Strick- oder Spicknadel einstechen kann. Gelingt die Stichprobe, gießt man das Kochwasser durch ein Sieb in eine Schüssel, lässt die Orangen abkühlen, bis man sie anfassen kann und schneidet sie dann mitsamt den Schalen in Viertel, aus denen man die pektinhaltigen Kerne herauspult. Diese werden erst einmal in ein Säckchen aus Leinen oder Musselin (Nessel) gesteckt. Empfehlenswert ist aber auch hier (wie für manch anderen Einsatz in der Küche) eine geräumige Gewürzkugel aus feinmaschigem Edelstahlgitter. Nun werden die Viertel in kleine Stücke gehackt, wobei das eine oder andere auch größer ausfallen darf. Es gibt der Marmelade später etwas „Biss". Dann die bereitgestellte Urflüssigkeit zurück in den Topf gießen, Einmach- oder Gelierzucker hinzufügen, und zwar im Verhältnis 1:1, wie bei Marmeladen fast durchweg üblich. Auf ein Pfund roher Früchte kommt hier also ein Pfund Zucker. Doch macht diese Regel das Abschmecken keinesfalls überflüssig! Schließlich gibt man das Säckchen mit den Kernen in die Flüssigkeit, die man köcheln lässt und stets mit einem Holzlöffel umrührt, damit der Zucker sich lösen kann. Jetzt die gehackten Früchte untermengen.

Den Schaum abschöpfen

Dann wird der Schaum mit einer durchlässigen Kelle abgeschöpft, damit die Marmelade später klar bleibt. Pektin hinzugeben. Nach mehrfachem kräftigem Umrühren abschmecken. Sollte die Masse zu süß sein, erst Zitronensaft und wo nötig noch etwas Wasser hinzugeben. Ist sie zu lasch, braucht man noch etwas Zucker und als Aromaspender geriebene Orangenschale. Dann wird die Masse unter gelegentlichem Rühren noch eine Stunde geköchelt. Bis zur Gelierprobe!

Die Gelierprobe muss bestanden sein

Wer es ganz genau wissen will, schafft sich ein Zuckerthermometer an, das aber vor dem Messen in heißes Wasser getaucht werden muss, damit es in der kochenden Marmeladenflüssigkeit nicht zerspringt. Sobald es 105° C anzeigt, ist die Gelierprobe fällig, für die es etliche Methoden gibt:

- Man hält einen Löffel für einige Sekunden waagrecht in die köchelnde Masse, nimmt ihn heraus, lässt die Marmelade darauf etwas ab-

TIPP

Richtig rühren

Damit Marmeladen, Konfitüren, Gelees usw. am Ende nicht nach Braten, Zwiebeln oder gar Knoblauch schmecken, sollte man beim Einkochen möglichst neue Holzlöffel zur Hand haben. Natürlich kann man ohne Bedenken auch solche verwenden, die nur dem Einmachen von Früchten vorbehalten sind. Damit die heiße Masse sicher auf dem Herd steht, wenn Sie rühren, sollten Sie einen schweren Topf verwenden, am besten aus Edelstahl.

Aufgepasst!

Kein Zerspringen, keine Fusseln

Damit die Gläser beim Einfüllen der heißen Marmelade nicht springen, stellt man sie auf feuchtheiße Tücher. Darauf lässt man die heiß ausgespülten Gläser auch abtropfen, offen und mit der Öffnung nach unten. Einmachgläser also nie abtrocknen! Fusseln könnten die Haltbarkeit des Inhalts stören.

kühlen und dreht ihn dann um 90 Grad. Wenn sich beim Ablaufen am Löffelrand zwei große Tropfen bilden, die zäh herabfallen, hat die Marmelade genügend Konsistenz und die Gelierprobe ist bestanden.

- Ähnlich unkompliziert ist dieses Verfahren: Man gibt eine kleine Menge kochender Marmelade auf eine in kaltes Wasser getauchte Untertasse. Bildet sich nach kurzer Abkühlung auf der Masse ein leicht faltiges Häutchen, wenn man leicht mit den Fingerspitzen daran rührt, ist auch hier die Gelierprobe gelungen.
- Die routinierte Hausfrau hat ihren eigenen Trick: Ihr genügt es, wenn die Marmeladenmasse sich in Fetzen vom Löffel löst.

Sollte keine der Methoden Wirkung gezeigt haben, muss man weiter einkochen, am besten unter Zugabe von „Eigenpektin" aus Zitrusfrüchten. Während des gesamten Einkochvorgangs schöpft man übrigens immer wieder Schaum ab, damit die Marmelade hernach klar bleibt. Zuletzt einen Schuss Bitterorangenlikör dazu und die heiße Orangenmarmelade kann abgegossen werden.

Die richtigen Gläser, richtig gefüllt

Ideal für Marmeladen sind Gläser entweder mit Bügelverschluss und Gummiring oder mit Twist-off-Deckel. Grundsätzlich sollte man kleine Behältnisse wählen. Zum Verzehr geöffnet, setzen Marmeladen nämlich leicht Schimmel an. Man muss sie deshalb schnell verbrauchen und stets im Kühlschrank aufbewahren. Ideal sind ¼ l Gläser, nur Großfamilien werden größere Formate wählen, mehr als ½ l Fassungsvermögen kann jedoch keinesfalls empfohlen werden.

Man füllt Marmeladengläser übrigens nie ganz bis zum Rand, sondern nur bis etwa daumenbreit darunter. Sollte sich die Marmelade nach dem Einfüllen doch noch ein wenig dehnen, bleiben beim Öffnen Gummi und Deckel trotzdem sauber.

Auf einen Blick: Marmelade

- Ungespritzte, heiß abgeschrubbte Zitrusfrüchte ganz lassen, in kaltem Wasser aufsetzen und etwa 20 Minuten kochen.
- Kochwasser abseihen, Früchte abkühlen lassen.
- Früchte vierteilen und entkernen.
- Die Fruchtmasse klein hacken und vollends erkalten lassen.
- Gelierzucker zugeben, eventuell einige Stunden ziehen lassen, das hebt den Geliererfolg.
- Zitruspektin beigeben und den Topfinhalt zum Sprudeln bringen.
- Eine Stunde unter viel Rühren und Schaum-Abschöpfen köcheln lassen.
- Schaumlöffel nach jedem Schöpfvorgang durch warmes Wasser ziehen, damit kein abgeschöpfter Schaum zurückfließt.
- Abschmecken. Bei „Übersüßung" erst mit Zitronensaft nachhelfen. Falls nötig mit Wasser verdünnen und weiter einkochen lassen.
- Gelierprobe.
- Einen Schuss passenden, „komplementären" Alkohol zum Abschluss.
- Abschmecken!
- Noch einmal kräftig durchrühren.

Heiß in die auf feuchtheißen Tüchern stehenden, vorher gründlich ausgespülten, aber nicht abgetrockneten Gläser füllen.

- Sofort verschließen und an einem kühlen, dunklen Ort aufbewahren.

Raffinierte Mischungen

Marmelade muss in Konsistenz und Geschmack stimmen. Wie man sie abfüllt, so bleibt sie konserviert. Im Gegensatz zum Wein hat sie im Glas kaum die Möglichkeit, sich weiter zu entwickeln. Wenn sie zu gären beginnt, kann man sie allerdings noch einmal aufkochen und so zu retten versuchen. Ebenso, wenn sich oben ein Zuckerdeckel absetzen sollte: In beiden Fällen schmeckt man nach dem Kochen noch einmal ab und wendet vor dem Wiederabfüllen erneut die Gelierprobe an. Möglicherweise muss man jetzt mit künstlichen Gelierhilfen oder Pektin arbeiten, weil Gelierzucker beim Wiederaufkochen an Wirkung verliert.

Marmeladen lassen sich aufgrund dieser klassischen Rezeptur natürlich beliebig mischen. Mandarinen und Blutorangen ergeben dabei zusätzliche Nuancen, etwa für Vierfrucht-Marmeladen. Die oft recht trockenen rosaroten Pampelmusen geben nebenbei ein köstliches Pektin ab. Als Marmeladenwürze kommen außer den komplementären, „fruchteigenen" Likören von Zitrone und Bitterorange vor allem noch Sternanis, Nelken, Piment, Stangenzimt oder das Mark aus der Vanilleschote infrage.

TIPP

Geschmack bleibt, Alkohol verfliegt

Geben Sie Ihren Marmeladen, Konfitüren oder Gelees mit einem Schuss Likör oder Schnaps die besonders markante Geschmacksnote! Vor dem Alkohol in solchem Brotaufstrich brauchen Sie deshalb keine Bange zu haben, er verflüchtigt sich weitgehend durchs Erhitzen. Übrig bleiben nur die verführerischen Geschmacksstoffe.

Konfitüren: der Reichtum des Sommers im Glas

So aromatisch Marmeladen gerade durch ihre mitgekochten Schalen schmecken, so prächtig sie gelingen können – die Zitrusfamilie ist doch recht klein und entsprechend gering sind ihre Kombinationsmöglichkeiten. Bei Konfitüren dagegen wird der Kombinationsreichtum nahezu unbegrenzt. Sie erlauben uns fast jede Freiheit in der Zusammenstellung. Was auch immer man an Früchten und Zucker zusammenkochen mag, es wird in aller Regel eine respektable Konfitüre daraus.

Haben wir reichlich geerntet, seien es Kirschen, Pfirsiche, Aprikosen, Pflaumen- oder Zwetschgen, vielleicht auch noch Brombeeren und einige Erdbeeren: Alles zusammen gekocht ergibt gewissermaßen einen konservierten Sommer, wobei man die früher reifen Früchte, etwa Erdbeeren, Kirschen oder Aprikosen, einfach so lange einfriert, bis Pfirsiche und Zwetschgen so weit sind! Von der Ein- bis zur Vielfruchtmarmelade – alles ist möglich, um eine reiche Gartenernte oder ein gutes Sonderangebot nutzbringend ins Glas zu bringen.

Bei der Herstellung von Konfitüren geht man nicht wesentlich anders vor als bei den Marmeladen. Ja, es empfiehlt sich sogar, mit den ganzjährig verfügbaren, wohlfeilen Orangen nach unserem obigen Marmeladenrezept für die Konfitüre zu üben, damit die Sache dann auch mit dem hochwertigen eigenen Gartenobst gelingt.

Konfitüre aus Schwarzkirschen zählt zu den Klassikern des Frühstückstischs. Man kann sie aus frisch geernteten Früchten bereiten, aber auch Bestände aus dem Gefrierfach eignen sich ausgezeichnet.

So wird's gemacht:

Die Kirschen entstielen und entsteinen (Vorsicht, kann spritzen!) (1).

Mit Zitronensaft beträufeln (2).

Zucker untermischen (3).

Die Fruchtmasse kurz hochkochen, dann etwa eine Stunde köcheln (4).

Twist-off-Gläser auf feuchtheiße Handtücher stellen und mit der Fruchtmasse bis fingerbreit unter den Rand füllen (5).

Gefüllte und verschlossene Gläser auf den Deckel stellen, damit sich die Früchtstückchen in der Konfitüre besser verteilen (6).

1

2

3

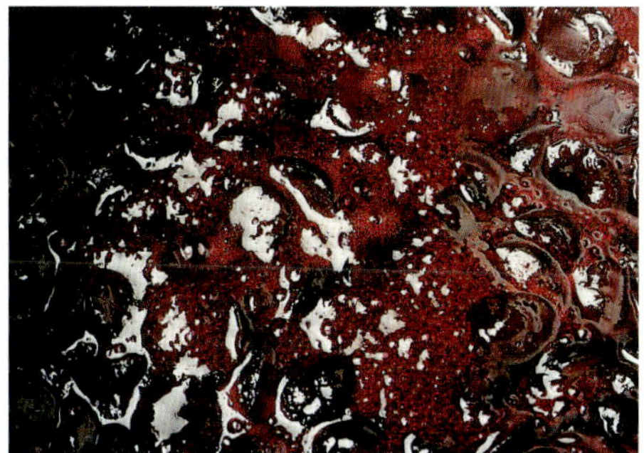

4

5

6

Klassiker sind natürlich die Konfitüren aus einer einzigen Frucht, allen voran solche aus Erdbeeren oder Schwarzkirschen, die gewinnen, wenn man ihrer Hauptmasse noch ganze Fruchtstückchen mitgibt. Ebenso ist es bei Aprikosen oder Stachelbeeren. Rhabarber eignet sich hervorragend zum Mischen und ist so eine eher „dienende" Gartenfrucht, zumal seine Erntezeit im Juni äußerst geschickt mit der so wesentlicher Konfitürenfrüchte wie Erdbeeren und Kirschen zusammenfällt.

Eine gute Mischsubstanz für Konfitüren bieten auch Zitrusfrüchte. Sie geben gerade weißfleischigen Obstsorten wie Pfirsich und Birne, die für sich allein blass und zurückhaltend wirken können, den nötigen Pepp!

Konfitüren aus Kürbis und Karotten

Sogar Gemüse lässt sich zu Konfitüren verarbeiten. Zwei Sorten sind besonders bemerkenswert, weil sich beide fürs Einfrieren nicht sonderlich eignen: Kürbisse und Karotten (auch Gelbe Rüben, Mohrrüben, Möhren oder Karotten genannt), sich aber als Konfitüren ausgesprochen originell machen.

Zarte Möhren – überraschender Geschmack

Während man bei Marmeladen und Konfitüren von der Faustregel „ein Kilogramm Einmachzucker auf ein Kilogramm Früchte" ausgehen kann, nimmt man auf ein Kilogramm Karotten nur ein schwaches Pfund Zucker. Mehr würde den Eigengeschmack zu sehr verfremden. Dazu kommen noch zwei unbehandelte Zitronen. Aber Vorsicht, Zitrone ist nach Alkohol das intensivste Geschmackskorrektiv bei Konfitüren.

Für die Karottenkonfitüre sollte man nur zarte, junge Exemplare nehmen, noch mit Grün, am besten die fingergroßen Waschmöhren. Sie haben ihren Namen daher, dass sie nur gewaschen, aber nicht geschält werden müssen. Man schneidet Wurzelfaden und Grün ab, bürstet die kleinen Rübchen in kaltem Wasser kräftig ab (sie sind oft sandig!). Für das anschließende Kochen nimmt man nur so viel Flüssigkeit, dass die Möhren gerade bedeckt sind, sonst bleibt das zarte Aroma im Kochwasser nicht erhalten, das man später fürs Einkochen wieder braucht. Wenn das Gemüse die Einstechprobe mit der Strick- oder Spicknadel bestanden hat – es muss durchgekocht, darf aber nicht musig sein – kommt es in einen Durchschlag über einer Schüssel, in der die Kochflüssigkeit abgefangen und kühl gestellt wird. Unterdessen lassen sich die Rübchen durch ein Sieb oder noch besser durch die gröbste Lochscheibe der „Flotten Lotte" passieren. Mit dem Kochwasser, dem Zitronensaft und den abgeriebenen Schalen in einen schweren Topf geben, mit dem Zucker durchmengen und unter gelegentlichem Rühren bis zur Gelierprobe bringen, abschmecken und anschließend heiß in vorbereitete Einmachgläser füllen, am besten auch hier solche mit Gummiring und Bügelverschluss, die wie immer auf feuchtheißen Tüchern stehen sollten.

Kürbiskonfitüre zu kaltem Braten!

Das Rezept lässt sich noch verfeinern, wenn man die Gelben Rübchen zur Hälfte mit Äpfeln vermischt und als Gelierhilfe Apfelpektin dazugibt. So pfiffig ein Schuss Alkohol bei nahezu jeder Marmelade und Konfitüre sein kann, hier passt wohl doch keiner. Ebenso wenig wie bei der Kürbiskonfitüre, die man besonders als Beilage zu kaltem Braten empfehlen kann. Kürbis wird ähnlich zerteilt wie Melo-

TIPP

Frieren Sie die Reife ein

Aus Erdbeeren, roten Johannisbeeren, Stachelbeeren und Kirschen lässt sich eine klassische Virfruchtkonfitüre bereiten. Erdbeeren und Süßkirschen werden etwa zur selben Zeit im Juni reif, Johannis- und Stachelbeeren dagegen einen Monat später. Man kann in Ruhe abwarten, indem man die früheren Sorten einfriert, bis die späteren reif sind. Mit diesem einfachen Trick kann sich jeder aus der Fruchtpalette seine persönliche Mischung zusammenstellen.

ne: Man zerschneidet ihn senkrecht in große Schnitze (Spalten), entfernt das Kerngehäuse, trennt mit einem scharfen Messer die Schale vom Fruchtfleisch, das nun in große Würfel zerlegt wird. Auch hier braucht man zum Kochen wieder nur so viel Wasser, dass es die Stückchen gerade bedeckt. Das Fruchtfleisch etwa 5 Minuten weich kochen, abseihen, das Kochwasser kalt stellen. Dann die Kürbisstücke, entweder durch ein Spitzsieb passieren oder durch die „Flotte Lotte". Nun die Masse mit nur einem halben Pfund Zucker auf ein Kilogramm Fruchtfleisch vermengen – mehr Zucker würde auch hier den Eigengeschmack verfälschen. Im erhaltenen Kochwasser unter ständigem Rühren zum Sprudeln bringen. Noch einige Esslöffel Kräuteressig dazu, dann abschmecken und bis zur Gelierprobe köcheln. Wie immer sofort heiß abfüllen und an einem dunklen, kühlen Platz lagern. Ebenso wie bei den Karotten lässt sich auch hier die Marmelade mit Äpfeln optimieren: eine Hälfte Äpfel, eine Hälfte Kürbis und schließlich als Gelierhilfe Apfelpektin.

Exotisch wird diese Konfitüre, wenn man ihr statt der Äpfel gemahlenen Ingwer und den Saft einer Zitrone mitgibt. Aber vorher behutsam abschmecken. Leicht überdecken hier die Zutaten den milden Kürbis!

Holunder, Hagebutten und grüne Tomaten

Außer Gelben Rüben und Kürbis lassen sich nach ähnlicher Vorgehensweise Holunder, Hagebutten und grüne Tomaten verarbeiten. Auch ihnen gibt man einen Hauch Ingwer mit und den Saft einer Zitrone. Die Frucht-Zucker-Mischung kann hier bis auf 1:1 gehen. Schmecken Sie ab, um das Maß Ihrer Wahl zu finden! Alle Gemüsekonfitüren eignen sich glänzend zu kaltem Braten oder Fleischfondue.

Unendlich variantenreich: Obstkonfitüren

Von den „Exoten" nun zu den Normalfällen, den Obstkonfitüren. Hier gibt es, wie gesagt, unzählige Varianten und die Herstellungsweise ist identisch mit der für Marmeladen, sofern man das Obst erst in Wasser weich kocht und anschließend mit Gelierzucker vermengt.

Etwas einfacher, leider auch riskanter ist eine andere Methode, zumindest für Fruchtsorten wie Zwetschgen oder Beeren, die viel Wasser enthalten. Riskanter, weil hier weniger Flüssigkeit verfügbar ist und die Gefahr besteht, dass die Masse beim Einkochen anhängt oder auch zu süß wird.

Andererseits verspricht sie mit Geduld, viel Rühren und sorgfältigem Abschmecken gegenüber der konventionellen Methode einen intensiveren, fruchtigeren Geschmack:

Man bestreut das präparierte, also entstielte und entsteinte oder entkernte Obst mit der entsprechenden Menge Gelier- oder Einmachzucker, lässt es über Nacht stehen und kocht es vorsichtig in dem Sirup, den der Zucker über Nacht aus den Früchten gezogen hat, in einem schweren Topf unter ständigem Rühren bis zum Gelierpunkt. Abschmecken, vielleicht einen „passenden" Schuss Alkohol beigeben und nach bewährter Weise heiß abfüllen. Wenn man ganze Fruchtstückchen in der Konfitüre lässt, sollte man die geschlossenen Gläser auf den Kopf stellen, damit sich die Stückchen während des Erkaltens besser verteilen und nicht alle auf den Boden sinken.

Frischfruchtkonfitüren: Vitamine und Aroma

Heiß eingemachte Konfitüren halten sich bei sachgerechter Lagerung an einem kühlen, nicht zu hellen Ort gut ein Jahr. Weitaus kürzer ist die Haltbarkeit roh eingerührter Konfitüren, dafür sind sie wesentlich intensiver im Geschmack und natürlich auch vitaminreicher, da die Kochvorgänge bei der üblichen Konfitürenherstellung doch ungefähr die Hälfte der Vitamine vernichten. Roh eingerührte Konfitüren werden wie Marmeladen und die anderen Konfitüren vorbereitet. Allerdings verwendet man wegen der geringen Haltbarkeit nur geringe Portionen Obst dazu, allenfalls von jeder Sorte ein Pfund. Die Fruchtmasse wird etwa zehn Minuten unter Zugabe von Gelierzucker im Elektromixer gerührt und anschließend in Einmachgläser mit Gummi und Bügelverschluss gefüllt. Im Kühlschrank hält dieses Frischfruchtprodukt etwa zwei bis drei Monate.

Vom Saft zum Gelee

Gelees macht man aus Fruchtsaft. Am leichtesten gewinnt man ihn aus Zitrusfrüchten, die sich ohne große Vorbereitungen auspressen lassen. Auch den Dampfentsafter kann man bemühen. Oder man produziert den Saft wie bei der Pektinherstellung. Hervorragend eignet sich aber auch die Zentrifuge, für die das Obst entsprechend präpariert werden muss, also gewaschen, entstielt, entkernt oder entsteint, wo nötig auch geschält. Diese Methode empfiehlt sich besonders bei Beeren, Stein- und Kernobst. Wie beim Einmachen von Marmeladen und Konfitüren sind auch hier meist die Mengenverhältnisse identisch: ein Liter Fruchtsaft, ein Kilogramm. Gelierzucker. Der wie auch immer gewonnene Fruchtsaft wird mit dem Zucker vermischt, aufgekocht und etwa fünf Minuten sprudelnd gekocht. Nach bestandener Gelierprobe sofort in die entsprechend vorbereiteten Gläser auf feuchtheißen Tüchern füllen und hernach kühl und trocken lagern.

Wie Honig zu streichen

Die Gelierprobe bei Gelee fällt allerdings anders aus als die für Marmelade und Konfitüre. Man verwendet hierzu wie beim Pektin reinen Alkohol. Die eingekochte Masse sollte dabei schnell feste, doch keine kompakte Substanz annehmen. Gelee muss sich wie Honig auf dem Brot verstreichen lassen, darf also weder davonfließen noch bröseln. Hat es die Konsistenzprobe bestanden, ist es die Krönung aller „Einmachkunst". Seine Transparenz lässt die Fruchstückchen darin wie in Bernstein geborgen erscheinen. Zitronen- oder Orangengelee mit einigen Streifchen Schale oder Johannisbeergelee mit eingelassenen Stückchen sind Zierden jeder Frühstückstafel! Man muss dabei nur geschickt vorgehen und das Glas beim Erkalten des Gelees auf den Kopf stellen, damit sich die „Inhalte" nicht alle auf den Boden senken.

Quitten, durch Gelieren geadelt

Unter Konservierungsgesichtspunkten entsprechen Konfitüren sozusagen dem Alltag, Gelees aber den Feiertagen. Fast alles, was sich zu Marmeladen und Konfitüren verarbeiten lässt, ergibt auch Gelee. Nur existieren auch hier Präferenzen. Äpfel erfordern viel Geduld, damit daraus eine passable Konfitüre wird. Ähnlich ist es bei Quitten und Birnen. Aber gerade die harte Quitte, die man roh kaum essen kann, blüht als Gelee zur königlichen Frucht auf. Sie ist auch deshalb die Geleefrucht schlechthin, weil sie durch ihren Pektinanteil schon von sich aus leicht geliert. Und ihr wunderschönes Gelb wird so recht erst im leuchtenden Geleezustand deutlich. Noch ein Lorbeerblatt darüber gelegt, macht sie auch als kleines Mitbringsel Effekt.

Immer wieder abschmecken!

Auch beim Gelee heißt es immer wieder abschmecken, um das Endprodukt in die Fasson zu bringen, die es verdient. Kein noch so bewährtes Rezept, und sei es so minutiös ausgeführt wie irgend möglich, ersetzt diese Prozedur. Sie ist vollends unumgänglich, wenn man dem Gelee einen „Schuss" mitgibt, weil ein Zuviel die ganze Arbeit verderben kann. Hochprozentiges, das zur derberen Marmelade passen mag, eignet sich hier weniger. Viel eher dagegen ein leichter Weißer oder Rosé. Gerade Quitte mit einem Glas Rosé macht sich auch farblich apart. Dabei kommen auf 3/4 l Quittensaft 1/4 l milder Rosé (oder ein schwäbischer „Schiller") und Gelierzucker nach dem bewährten Verhältnis 1:1. Den Quittensaft gewinnt man übrigens genauso wie Pektin: Die zerteilten Früchte werden im Wasser weich gekocht. Hernach lässt man die Masse über ein feines Tuch abtropfen. Wie bei der Pektinbereitung lässt man die Früchte nur abtropfen, keinesfalls darf man sie durchs Tuch drücken, denn dadurch käme auch Fruchtmark mit, was unseren Saft trüben würde.

Beim Einkochen von Gelee werden je nach Geschmack Zimtstangen (Farbe!), Sternanis, Nelken oder Piment, vielleicht auch noch das Mark einer Vanilleschote mitgekocht. Auch deshalb ist das Abschmecken so wichtig. Zimtstangen und die Gewürze, am besten in der Drahtkugel, werden nach der Gelierprobe aus der kochenden Masse gehoben. Das Vanillemark verkocht.

Zum Beispiel Zitronengelee

Ideale Geleesubstanzen bieten übrigens auch die Zitrusfrüchte, allein deshalb, weil hier die Saftgewinnung wesentlich leichter vonstatten geht. Man nimmt einfach die elektrische Zitruspresse. Hier ein Grundrezept für Zitronengelee:

- 1 kg unbehandelte Zitronen
- 1 kg Gelierzucker
- Zitronenpektin
- Zitronenlikör

Vor dem Entsaften die Zitronen kräftig abschrubben. Die best geeigneten werden dünn und so vorsichtig geschält, dass von der weißen, bitteren Innenhaut nichts an der Schale haften bleibt. Den sehr herben Zitronensaft füllt man mit Wasser zu ³/₄ l Flüssigkeit auf und rührt ihn mit dem Gelierzucker an. Zitronenpektin zugeben und abschmecken. Im Zweifel nachwässern oder nachzuckern. Dann die Schalen hinzufügen. Wer es fertig gebracht hat, die Zitrone in einer durchgehenden Spirale abzuschälen, teilt diese nun nach der Anzahl von Gläsern auf, die gefüllt werden sollen. Geleemasse etwa fünf Minuten sprudelnd kochen (auf die Zeitangaben des Gelierzuckerherstellers achten!). Da man Gelee nicht lange kochen sollte, empfiehlt es sich, eigenes Zitronenpektin bereitzuhalten. Nach der Gelierprobe gibt man noch einen Hauch Zitronenlikör dazu und schmeckt vorsichtshalber noch einmal ab. Danach in der bekannten Weise sofort heiß abfüllen, verschließen und ins Kühle bringen. Zum Erkalten die Gläser auf den Kopf stellen, damit die Zitronenschalen nicht auf den Boden sinken.

Aus Orangen, Pampelmusen oder Viererlei

Nach diesem Grundmuster lassen sich auch Orangen- und Grapefruitgelees herstellen, nur, dass man hier dem Saft kein Wasser mehr beimengen muss. Das Orangengelee bekommt am Ende einen Hauch Bitterorangenlikör. Und der leicht bitteren Pampelmuse bekommt ein Spritzer Maraschino vorzüglich.

Man kann im Winter, der Blutorangen- und Mandarinenzeit, ein besonderes Vierfruchtgelee herstellen und benötigt dazu:

- Blutorangen
- Pampelmusen
- Zitronen
- Mandarinen
- Gelierzucker
- Zitronenpektin
- Zitronensaft

Auch hier gilt für das Mischungsverhältnis: ein Liter Saft auf ein Kilogramm Gelierzucker. Der Saft sollte hauptsächlich von Blutorangen und Pampelmusen kommen. Zitronen und die eher saftarmen Mandarinen wirken eher als Geschmackskorrektiv. Schmecken Sie den Saft auf seine Balance hin ab, dann Gelierzucker einrühren und erneut abschmecken, ob noch Zucker oder eher Wasser zugegeben oder einfach mit Zitronensaft nachgebessert werden muss. Eigenes Zitruspektin und dünn geschälte Schalenstückchen dazugeben. Alles

wiederum fünf Minuten zum Kochen bringen, Gelierprobe machen und nötigenfalls nochmals mit Pektin nachhelfen. Heiß abfüllen und sofort ins Kühle und Dunkle bringen.

Apfelgelee bereitet man ähnlich vor wie das von Quitten. Nur empfiehlt sich dabei die Verwendung von Apfelwein für die Kochmasse, ebenfalls im Verhältnis $\frac{3}{4}$ l zu $\frac{1}{4}$ l. Und auch hier nimmt man zum gelungenen Gelieren eigenes Pektin.

Gelees aus Beeren

Wichtige Geleefrüchte sind auch Beeren. Sie lassen sich sowohl in der Zentrifuge als auch im Dampfentsafter vorbereiten. Drittens gibt es die Möglichkeit, ihnen nach Art der Pektingewinnung den Saft zu entlocken.

Die Beeren werden mit Wasser gekocht, bis sie aufplatzen oder weich sind. Dann lässt man sie über Nacht in bewährter Weise – auf den Kopf gestellter Küchenhocker und Musselintuch – abtropfen und fängt den Saft in einem darunter gestellten Gefäß auf. Nicht durchpressen, der Saft fürs Gelee muss wasserklar bleiben! Dann wird Gelierzucker im Verhältnis 1:1 dazugegeben. Etwa fünf Minuten einkochen, Gelierprobe machen, abschmecken, vielleicht noch ein Schnapsgläschen Beerenwein dazugeben und wie immer auf feuchtheißen Tüchern abfüllen. So sollte man bei allen Beerengelees verfahren, ob sie nun aus Einzelfrüchten oder mehreren Sorten zusammengesetzt sind. Empfehlenswert ist eine Hochsommermischung aus Johannisbeeren aller drei Farben, Himbeeren und Stachelbeeren, wobei übrigens Stachelbeeren für sich allein genommen, schon wegen der zartgrünen Farbe ein wunderbares Gelee ergeben.

Mus oder Püree: Länger kochen, weniger zuckern

Mus, eleganter auch als Püree bezeichnet, entsteht durch langes Einkochen von Früchten, wobei man weit weniger Zucker braucht als etwa für Konfitüre oder Gelee. Besonders geeignet sind Äpfel und Birnen, noch mehr Zwetschgen oder Pflaumen – allesamt keine Idealfrüchte fürs Tiefgefrieren. Insofern ist Musgewinnung die einfachste Form, größere Mengen Erntegut oder Sonderangebote ohne große Mühe rasch zu versorgen. Hier lassen sich, im Gegensatz zum Konservieren sonst, auch angestoßene Stücke verwenden. Ein beachtlicher Vorteil!

Äpfel in Apfelwein, Birnen in Birnenmost

Äpfel und Birnen kocht man einfach in Apfelwein beziehungsweise Birnenmost weich, und zwar als ganze Stücke mit Stiel. Vorher werden sie gewaschen und an den angestoßenen Stellen ausgeschnitten. Nach etwa einer halben Stunde sind die Früchte durch und man kann sie mit einem Holzstampfer durch ein grobes Sieb oder, noch ergiebiger, durch die

Flotte Lotte passieren. Kerngehäuse, Kerne und Stiele bleiben im Sieb oder im Einsatz hängen. Unterdessen lässt man die Flüssigkeit, mit der man bereits die Früchte eingekocht hat, auf die Hälfte eindampfen, gibt das passierte Mus dazu sowie in kleineren Portionen Einmachzucker. Keinen Gelierzucker, denn dadurch würde das Endprodukt später im Wasserbad den Geliereffekt, nämlich seine „Stabilität" verlieren. Nun den Zitronensaft nicht vergessen! Da es bei Mus noch weniger verlässliche Angaben zum Zuckern gibt als bei den anderen Einmachmethoden, muss man seine eigene Nuance wiederum durch Abschmecken finden. Ein bis zwei Zimtstangen oder auch Nelken oder das mildere Piment machen die Sache in jedem Fall aparter. Für Nelken wie Piment empfiehlt sich auch hier wieder die Gewürzkugel, damit man sie vor dem Abfüllen nicht einzeln aus dem heißen Mus herauspicken muss.

Wenn's breiig vom Löffel tropft, stimmt die Konsistenz

Was man bei Gelees, Konfitüren und Marmeladen „Gelierprobe" nennt, ist hier die „Festigkeitsprobe". Sie ist bestanden, wenn die passierte Masse nach etwa einer Stunde nicht mehr wässrig, sondern breiig vom Löffel tropft. Dann eignet sich das Mus auch als Brotaufstrich. Es wird schließlich wie bei den anderen Einmachmethoden heiß in Gläser mit Gummiringen und Bügelverschlüssen abgefüllt, deren Ränder vor dem Verschließen mit Küchenkrepp gesäubert werden. Um das Mus etwa für ein halbes Jahr haltbar zu machen, pasteurisiert man es bei 90 °C fünf Minuten im Einkochkessel oder im köchelnden Wasserbad, für das ein flacher Kochtopf genügt.

Birnenmus geht ähnlich: Man nimmt ganze Früchte, kocht sie aber in Birnenmost weich, damit man im Endergebnis nicht Äpfel mit Birnen verwechselt.

Zwei Varianten zur Bereitung von Zwetschgenmus

Zwetschgenmus dagegen ist etwas mühsamer herzustellen, weil die Früchte vorher entsteint werden müssen. Zwar gibt es hierfür einen einfachen Automaten. Wenn man aber auch weiche, überreife Stücke verwenden will, die man partiell ausschneiden muss, empfiehlt sich gleich die Verwendung eines scharfen Küchenmessers. Man sollte es auch mit der schon von der Konfitüre her bekannten Herstellungsvariante probieren: Die entsteinten und halbierten Früchte werden mit Gelierzucker bestreut. Dann lässt man sie in einem hohen Topf zugedeckt über Nacht ziehen und kocht sie anderntags in dem so entstandenen Sirup. Vorsicht, denn die sehr zuckerhaltige Flüssigkeit hängt leicht an. Auch hier passen eine Zimtstange sowie Nelken oder Piment in der Gewürzkugel. Immer wieder abschmecken. Man darf beim Mus auf keinen Fall die Fruchtsäure überzuckern! Als Festigkeitsprobe gilt wiederum, dass Zwetschgen- oder Pflaumenmuse breiig sein sollen, keinesfalls wässrig. Dies Mus ist ein eher derbes Gericht, das deshalb zum Schluss auch einen guten Schuss Zwetschgenwasser verträgt.

Wie aus Mus Paste wird

Zwetschgen- und Pflaumenmus lässt sich weiterkochen, bis eine Fruchtpaste daraus geworden ist. Wenn das Mus so dick ist, dass der Löffel in der stockenden Masse stecken bleibt, wird die Paste heiß in Gläser gefüllt, die man zuvor mit Öl ausgepinselt hat, damit sie sich später leichter herausnehmen lässt. Um dieses Produkt etwa ein halbes Jahr haltbar zu machen, sterilisiert man es bei 90 °C im großen Einmachtopf oder stellt die Gläser ebenso lang in ein köchelndes Wasserbad. Deshalb ist auch hier die Verwendung von Einmach- und nicht Gelierzucker notwendig, weil der Gelierzucker durch das Wiederaufkochen im Wasserbad seine Wirkung verliert.

Man kann die Masse auch ausstechen wie Weihnachtsplätzchen und auf Backpapier zum Trocknen auslegen. Das ergibt ein köstlich gesundes Konfekt.

Obsthonig, Obstbutter oder Latwerge

Das merkwürdige Wort Latwerge stammt aus dem Mittelhochdeutschen und bezeichnet ein Mischprodukt, das auch Obsthonig oder Obstbutter genannt wird. Latwerge besteht aus zwei verschiedenen Obstsorten – von der einen kommt der Saft, von der anderen das Mark. Mark erhält man, wenn vorgekochtes Obst durch ein Haarsieb gedrückt oder die „Flotte Lotte" getrieben wird. Das Mischungsverhältnis für eine gelungene Latwerge ist 1:2, also ein Kilogramm Mark auf zwei Liter Saft. Man lässt die Flüssigkeit zur Hälfte einkochen, gibt das Mark dazu und kocht es so lange weiter, bis es sich nur noch zäh im Topf bewegen lässt. Latwerge wird ohne Zucker eingekocht, ist also eine höchst gesunde Angelegenheit. Nach der Konsistenzprobe wird sie heiß in Gläser abgefüllt, verschlossen und zur Haltbarmachung im Wasserbad oder Einmachkessel sterilisiert. Gängige Rezepte sind etwa Kombinationen aus Birnen- oder Zwetschgen- oder Aprikosenmark in Apfelsaft, auch Mirabellen- oder Kirschenmark in Birnensaft ist zu empfehlen. Auch so lassen sich Sonderangebote oder große Erntemengen bewältigen und sinnvoll konservieren. Mehr noch als Mus ist Latwerge ein Marmeladenersatz und als Brotaufstrich ebenso begehrenswert wie als Pfannkuchenfüllung.

♦ Sauberkeit ist oberstes Gebot ! ♦ Temperatur und Zeit beachten ♦ Tipp für Diabetiker ♦ Klassiker Johannisbeeren ♦ Kalbfleisch, zweimal „eingemacht" ♦ Ketschup nach Gusto ♦ Exotische Genüsse

Erntefrisch und bissfest mitten im Winter

Üblicherweise werden „Einkochen" und „Einmachen" als gleichbedeutend verwendet, auch in vielen Kochbüchern. Wir aber wollen exakt sein und verstehen unter „Einmachen" alle Prozesse, in denen Früchte oder Gemüse mittels Hitze und Zucker als Marmelade, Konfitüre, Gelee, Mus und Paste haltbar gemacht werden. Das „Einkochen" hingegen ist einfach die Voraussetzung dafür. Denn durchs Einkochen verdampft die Flüssigkeit im Konservierungsgut, womit den Mikroorganismen der natürliche Nährboden entzogen wird. Gleichzeitig dampft die Frucht- oder Gemüsemasse zu einer streichfähigen Einheit zusammen.

Das Haltbarmachen frischer, noch bissfester Gemüse und Früchte nennt man dagegen nach der strengen Definition „Einwecken". Es hat seinen Namen von Johann Weck (1841–1914), der am ersten Tag des 20. Jahrhunderts in Öflingen am Hochrhein nahe Basel seine Firma zur Herstellung von Einweckgläsern gründete.

Weck war Vegetarier, Antialkoholiker und Lebensreformer. So nahe an der Schweizer Grenze erhoffte er sich besondere Absatzchancen, denn damals hatten in der Schweiz lebensreformerische Bewegungen regen Zulauf. Auch kam ihm die obstreiche Gegend am Hochrhein gelegen. Von seinem System versprach er sich, das Gemüse quasi erntefrisch in den Winter zu bringen, ohne dass man es, besonders das Obst, in Alkohol hätte einlegen müssen.

Das älteste „Eingeweckte" im Firmenarchiv von Weck wurde fünf Jahre nach Rempels Patent ins Glas gebracht und trägt die Aufschrift „1897, Annanas". Wie die Firmenleitung versichert, sind diese antiquarischen Lebensmittel – es gibt auch noch Spargel, Bohnen und Gelbe Rüben aus der Zeit um 1900 – noch voll genießbar.

Eine Milliarde Gläser jedes Jahr

Obwohl dem Einwecken durch das Einfrieren eine mächtige Konkurrenz entstanden ist, werden Jahr für Jahr immer noch rund eine Milliarde Gläser mit dem Firmenzeichen der eingeprägten Weck-Erdbeere gefüllt. 300 Millionen davon sind der Marmelade vorbehalten. Allein in Deutschland, so weiß man, sind drei Milliarden Einkochgläser in Umlauf.

Es muss also noch immer etwas „dran sein" an dieser Methode. Ihr unbestreitbarer Vorteil liegt darin,

dass Eingewecktes nahezu unbegrenzt haltbar ist und die Herstellung der Haltbarkeit durch Einwecken nur einen einmaligen Energieaufwand erfordert – zwei Vorteile, die Einwecken dem Einfrieren voraus hat. Dafür sind die Eingangsvoraussetzungen wesentlich komplizierter.

Aus dem Glas auf den Tisch

Einwecken lässt sich fast alles: neben Obst und Gemüse auch Fleisch und Wurst, ja sogar roher Teig, Pudding und gerührter Kuchen. Gegenüber Tiefgefrorenem liegt der Vorteil des Eingeweckten in seiner sofortigen Verfügbarkeit. Speziell bei Obst und Gemüse hat man eigentlich schon vorgekocht und muss vor dem Servieren nur geschmacklich noch etwas abrunden, während das Tiefgefrorene, sobald es aufgetaut ist, uns gewissermaßen im Rohzustand wieder begegnet. Manches Obst, etwa Johannisbeeren, Stachelbeeren und Mirabellen, das im Tiefkühlgerät nur zur Herstellung von Konfitüren „geparkt" wird, gewinnt durchs Einwecken erstaunliche Qualitäten, da es im Glas ganz bleibt und geschmacklich noch ein wenig im Zuckerwasser nachgart.

NACH VIELER SONNTAGSARBEIT GELUNGEN

Lebensmittel in luftdicht schließenden Gläsern mit Gummiring werden sterilisiert und dadurch haltbar, wenn man sie im Wasserbad kocht. Diese Erfindung des früh verstorbenen Chemikers Rudolf Rempel (1859 bis 1893) hat Johann Weck bereits 1895 erworben. In einem Brief an die Firma Weck schrieb Rempels Witwe: „Etwa 50 Jahre sind es her, seit mein verstorbener Mann, Dr. Rudolf Rempel, Chemiker an der AG für Kohledestillation, Gelsenkirchen … die ersten Versuche, Nahrungsmittel zu sterilisieren, machte. Zu diesen ersten Versuchen benützte er Pulvergläser aus dem chemischen Laboratorium, deren Rand er abgeschliffen hatte. Er versah die Gläser mit Gummiring und Blechdeckel und kochte die Nahrungsmittel im Wasserbad, indem er einen schweren Gegenstand (Stein oder Gewicht) auf den Deckel des Glases legte.

Die sterilisierte Milch, die er nach Monaten aufmachte, als Besuch ins Laboratorium kam, zum Kaffee vorzusetzen, schmeckte wunderbar frisch. Nun begannen die Versuche zu Hause an den dienstfreien Sonntagen mit Obst und Gemüse, das wir aus unserem großen Garten holten. Ich habe die Gläser auf dem Spülstein mit Hilfe von Schmirgelpulver abgeschliffen, was keine kleine Arbeit war, und wir probierten auf alle möglichen Arten, Obst und Gemüse mit schönem Aussehen zu sterilisieren. Meist schlossen einige Gläser nicht, die geschlossenen hielten sich aber ausgezeichnet. Nun handelte es sich darum, einen Apparat herzustellen, der den Deckel während des Kochens auf den Gläsern festhielt. Ein Apparat, in dem man bei dem Kochen die Gläser hineinschraubte, bewährte sich in den wenigsten Fällen. Es wurde dann ein Apparat gebaut, auf dem die Gläser unter Federdruck standen. Aber auch damit hatte man noch Misserfolge. Ich hatte etwa 80 bis 100 von Obst und Gemüse aller Art für uns hergestellt, und viele der Versuche, ein schönes Aussehen der Konserven zu erzielen, waren nach vieler Sonntagsarbeit gelungen. Eines Tages war ein Patentanwalt, Dr. Otto Sack aus Leipzig, unser Gast. Er hielt im technischen Verein einen Vortrag über das neue Patentgesetz und den Gebrauchsmusterschutz. Mein Mann war der Vorstand dieses Vereins. Als Dr. Sack nun den in allen Farben glänzenden Vorrat von Konserven sah, war er ganz begeistert und sagte zu meinem Mann: ‚Sie haben eine große Erfindung gemacht. Es gibt noch kein Konservierungsverfahren außer den Blechbüchsen, das sich bewährt.'"

Dagegen muss man beim Gemüse sehr auf der Hut sein, damit es beim Sterilisieren „al dente" bleibt und nicht zu weich wird. Auch kommt hinzu, dass es durchs Einwecken geschmacklich nicht wesentlich gewinnt. Hier, wie insbesondere auch beim komplizierter einzuweckenden Fleisch, ist das Einfrieren gewiss unproblematischer.

Vorzugsweise Obst

Als Maßgabe für Obst wie Beeren, Kirschen, Zwetschgen, Pflaumen oder Reneklоden gilt: 500 Gramm Zucker pro Liter Wasser. Der Zucker wird nach der Weck-Regel 7 in kaltes Wasser geschüttet, das man unter Rühren aufkocht. Werden die Früchte vor dem Einkochen damit begossen, wird die Gefahr späterer Schimmelpilzbildung vermieden.

Im Gegensatz zu Eingemachtem wie Marmeladen, Konfitüren und Gelees, deren Haltbarkeit auf der Kombination von Hitze und Zucker beruht, lässt sich Obst allerdings auch ohne Zucker einwecken, was von besonderem Wert

Mangold ist ein Gemüse mit ausgeprägtem Eigengeschmack. Blattgrün und Stängel haben jedoch recht unterschiedliche Kochzeiten. Deshalb empfiehlt sich getrennte Verwertung.

So wird's gemacht:

1

2 kg Mangold in einzelne Stiele zerlegen, das „Grün" für ein eigenes Gemüse zur Seite legen" (1).

2

Von den Stielen die Fasern entfernen (2).

Was die Pflaume fürs Mus und die Quitte fürs Gelee, das ist die Mirabelle fürs Einwecken. Beim Kauf sollte man auf goldgelbe Früchte achten.

So wird's gemacht:

Feste Früchte auswählen und entstielen (1) in heißem Wasser die Wachsschicht von der Fruchthaut lösen.

Mirabellen in die Gläser schichten und mit Zuckerlösung (1 l Wasser/ 500 Gramm Zucker), der man eine Stange Zimt oder Nelken beigeben kann, übergießen (2).

Gläser verschließen und einwecken (3).

Nach der angegebenen Zeit sofort mit der Spezialzange aus dem Einmachtopf heben (4), erkalten lassen, kühl und dunkel aufbewahren.

1

2

3

4

für Diabetiker ist. Man füllt das Glas dann mit reinem ungezuckerten, aber sprudelnd heißem Wasser.

Zum Verzehr wird die ungezuckerte Flüssigkeit dann nach Geschmack eingesüßt und nachgewürzt, hochgekocht und über die eingeweckten Früchte gegossen. Über Nacht im Kühlschrank durchgezogen, sind sie köstlich gesund.

Obwohl gewissermaßen alles „einweckbar" ist, empfehlen wir die Methode vor allem für Obst, weil es durch die Lagerung im eigenen Sirup geschmacklich oft eminent gewinnt und es noch immer keine bessere Methode gibt, Früchte sozusagen am Stück über den Winter zu bringen.

Ganz besonders Mirabellen!

Ähnlich wie die Ananas fürs Kandieren, die Pflaume fürs Mus, die Bitterorange für die Marmelade und die Quitte fürs Gelee ist die Mirabelle das ideale Einweckobst. Bei der Auswahl der zu konservierenden Früchte muss man allerdings akribisch sein. Es kommen nur goldgelbe, aber gleichwohl feste Exemplare in

3

Mangoldstiele in glashohe Stücke zerteilen und in Salzwasser etwa fünf Minuten blanchieren (3).

4

Die Stiele in die Gläser stellen, mit dem heißen Blanchierwasser übergießen und 90 Minuten bei 100 °C einwecken (4).

Ein „hitziges“ Kompott aus Zwetschgen, das leicht erhitzt besonders apart zu Vanilleeis mundet.

So wird's gemacht:

Die Früchte halbieren und entsteinen, in eine Schüssel geben, mit Einmachzucker bestreuen und über Nacht stehen lassen (1).

Die mit Wasser, Wein, Zimt und Nelken vermischten Früchte einmal kurz aufkochen, mit Zwetschgenwasser abschmecken, gegebenenfalls noch etwas Zitronensaft beigeben (2).

Das Kompott in die vorbereiteten Einweckgläser geben. Bei 90 °C pasteurisieren (3).

Nach 30 Minuten mit der Spezialzange aus dem Einmachtopf heben, erkalten lasssen, kühl und dunkel aufbewahren (4).

1

2

3

4

Frage. Sollten die Mirabellen diesen Kriterien nicht genügen, empfiehlt es sich, sie zu entsteinen und als Kompott einzukochen. Auf ein Kilogramm Früchte rechnet man dabei knapp 200 Gramm Einmachzucker, mit dem man die entsprechend präparierten Mirabellen bestreut. Man lässt sie eine Nacht lang ziehen und köchelt sie dann im eigenen Sirup unter Abschmecken bis zur Musfestigkeit ein. Als Gewürz ist hier vor allem eine Zimtstange zu empfehlen, die vor dem Abfüllen der heißen Masse wieder herausgenommen wird. Das Mirabellenkompott wird hernach bei 90 °C eine halbe Stunde im Einmachkessel sterilisiert.

Die ideale Mirabelle indes, wenn sie denn den geschilderten Anforderungen an Farbe und Konsistenz genügt, muss, wie das im Fachjargon heißt, „hart gelb“ sein. Sie wird nur entstielt und bleibt ansonsten ganz. Nur noch kurz in heißes Wasser getaucht, damit sich die kleine Wachsschicht, die auf der Fruchthaut liegt, lösen kann!

Nun die Zuckerlösung vorbereiten – man rechnet bei Mirabellen mit 500 Gramm Zucker pro Liter Wasser. Die Früchte in Gläser geben und mit der Zuckerlösung auffüllen. Die Flüssigkeit muss auch hier etwa daumenbreit über den Mirabellen stehen. Dann bei 90 °C 30 Minuten einkochen.

Bühler Kompott aus Zwetschgen, Kirschen oder Renekloden

Ein „hitziges“ Kompott aus der sonnenverwöhnten mittelbadischen Oberrheinebene, wo an den Westhängen des Schwarzwaldes neben

einer Salzlake auf, die wiederum daumenbreit über den Spargelköpfen stehen sollte, und sterilisiert sie etwa zwei Stunden bei 100 °C. Ebenso verfährt man mit Schwarzwurzeln. Bei dieser Temperatur und Einkochzeit sterilisiert man auch Erbsen, die vorher ausgepult sein müssen, und ganze Bohnen, seien sie geschnitten oder seien es die kleinen, ganz bleibenden Buschbohnen. Artischocken werden vorher nach Kräften präpariert, indem man die harten Blattspitzen mit der Schere abschneidet. Dann werden sie in leichtem Salzwasser mit Zitronensaft zehn Minuten abgekocht, ins Einmachglas gefüllt und mit dem Vorkochwasser übergossen. Das Einwecken von Artischocken dauert bei 100 °C 90 Minuten. Ähnlich werden Pilze eingeweckt. Man putzt sie und wässert sie dann einige Minuten in kaltem Wasser. Danach werden sie in reinem Wasser ohne jeden Zusatz etwa 15 Minuten gekocht. Nun legt man sie mit dem Schaumlöffel in Gläser. Erst danach wird die leicht gesalzene und abgeschmeckte Pilzbrühe durch ein sauberes Nesseltuch gegossen. Ihre Einweckzeit beträgt bei 100 °C 90 Minuten

„Eingemachtes Kalbfleisch" und Gulasch

Auch Fleisch und Wurst lassen sich einwecken. Aber hier scheint das Einfrieren dem reichlich komplizierten Einwecken doch überlegen. So muss das Fleisch hier ganz und gar durchgekocht sein, weil sonst die Gefahr besteht, dass die gesamte Konservierungsmasse „umkippt". Reizvoll ist allerdings das nicht ohne Grund so genannte „Eingemachte Kalbfleisch", das man in einer Gemüsebrühe aus Zwiebeln, Gelben Rüben, Sellerie, Petersiliewurzeln, Lorbeerblättern und Gewürzen nach Wahl, darunter natürlich Pfeffer, aber auch Senfkörner, Piment und Lorbeerblätter, durchkocht. Es darf nicht zu weich werden! Also immer wieder probieren.

Eingemachtes Kalbfleisch

Es gilt als schwäbische Spezialität und ist, richtig „gemacht" oder vielmehr eingeweckt, eine Köstlichkeit, weil es ja lange in seiner eigenen Brühe liegt, mit der man es schließlich nach dem Anbraten wieder übergießt. Die Sprachform „Eingemachtes Kalbfleisch" für das noch rohe Fleisch greift dem Konservierungsprozess bereits vor, weil sich dies durchwachsene Brust- und vor allem Halsfleisch mit seiner langen Garzeit besser wohl als jedes andere Fleisch zum Einmachen eignet.

Für die schwäbische Spezialität Eingemachtes Kalbfleisch eignen sich durchwachsenes Brust- und vor allem Halsfleisch ganz besonders.

So wird's gemacht:

Das Fleisch in einer nach Belieben gewürzten Brühe aus Zwiebeln, Gelben Rüben, Sellerie, Petersilienwurzeln und Lorbeerblättern sieden. Es soll durchgekocht, aber nicht zu weich sein (1).

Nach wiederholtem Probieren, ob es ganz durchgekocht ist, das Fleisch mit dem Schaumlöffel aus der Brühe nehmen (2).

Das Fleisch nach einer starken Stunde mit dem Schaumlöffel aus der Brühe nehmen und in die Gläser füllen. Danach wird die Fleischbrühe, wiederum durch ein engmaschiges Tuch geseiht, dazugegossen. Man sterilisiert es bei 100 °C etwa 75 Minuten. Ebenso wird mit Kalbsgulasch oder Kalbshaxen verfahren, nur dass die Haxe leider meist nicht ins Glas passt, das Fleisch daher vom Knochen genommen werden muss. Deshalb ist eben auch hier das Einfrieren vorzuziehen. Aber mit eingemachtem Rindsgulasch kann man das Einwecken auch ohne Risiko versuchen. Es wird ebenso wie Kalbsgulasch oder Eingemachtes Kalbfleisch behandelt.

Chutney und Relish: Bereicherung aus der indischen Küche

Diese ursprünglich indischen Spezialitäten, zunächst von den Engländern übernommen, bereichern nun auch unsere Küche. Relishes bestehen aus oftmals überraschenden Gemüse- und Gewürzzusammenstellungen, Chutneys sogar aus Mischungen verschiedenster Gemüse mit Früchten und Gewürzen. Der Kombinationsreichtum beider Würzsoßen scheint unbegrenzt, weshalb sie auch unter Konservierungsgesichtspunkten sehr interessant erscheinen, denn hier lässt sich vieles auf

raffinierte Weise haltbar machen, wofür es sonst keine unbedingt angemessenen Methoden gibt – etwa Zwiebeln nach einer üppigen Gartenernte, die dazuhin nur geringen Aufwand erfordern.

Als Beilagen zu Roastbeaf, kaltem Braten oder auch Fleischfondue erfreuen sich Relish und Chutney bei Feinschmeckern zunehmender Beliebtheit. Nelken, Pfeffer, Zimt und vor allem Ingwer sind die Stammgewürze für beide Arten der Zubereitung, aber klein gehackte Zwiebeln geben ihnen den geschmacklichen Kern. Essig, am besten aus Rotwein, sowie Roh-Rohrzucker oder einfach nur brauner Zucker runden diese Würzsoßen geschmacklich vollends ab.

3

Fleisch portionieren und in Weckgläser geben (3).

4

Gläser mit der durchgeseihten Brühe auffüllen (4).

5

Gläser verschließen und bei 100 °C etwa 75 Minuten sterilisieren (5).

Gemüsestückchen kennzeichnen ein Relish

Für ein einfaches Gemüserelish kommen an „Rohmaterial" etwa ein Kilogramm Zwiebeln, Karotten, Erbsen, Zucchini und Bleichsellerie in Frage. Zum Würzen nimmt man zwei bis drei Knoblauchzehen, 200 Gramm Roh-Rohrzucker, gemahlenes Senfpulver, Koriander aus der Mühle, Salz und wahlweise Wein- oder Obstessig. – Das Gemüse putzen und in etwa erbsengroße Stückchen hacken. Bequemer geht es im Küchenmixer. Aber Vorsicht, damit nicht alles zu Mus wird. Die Masse wird bei kleiner Hitze etwa eine Dreiviertelstunde geköchelt. Dabei ständig abschmecken. Hier wird nun im Gegensatz zum musiggeschmeidigen Ketschup nicht passiert, denn zum Relish gehört die leicht körnige Gemüsekonsistenz. Es wird deshalb sofort heiß in Gläser mit Gummiring und Bügelverschluss abgefüllt. Man verfährt hier ebenso wie bei der Marmelade: Die Gläser müssen heiß gereinigt sein und bei geöffnetem Deckel kopfunter auf Küchentüchern abtropfen. Die Tücher werden dann durch heißes Wasser gezogen, ausgewrungen und dienen so zum Abstellen der Gläser beim Heiß-Einfüllen. Auch danach verfährt man genauso wie mit Marmeladen und bringt das Einmachgut sofort an einen kühlen, dunklen Ort.

Aus Paprika und Tomaten

Ebenso hält man es mit dem Paprika-Tomaten-Relish, das geschmacklich wiederum an Ketschup erinnert, aber doch feiner, „gemüsiger" wird. Auf je 250 Gramm Tomaten und Zwiebeln kommen eine rote, eine grüne und eine gelbe Paprikaschote. Als Gewürze verwendet man hier drei bis vier Knoblauchzehen, Pulver von gemahlenen Senfkörnern und edelsüßem Paprika, etwas Cayennepfeffer und

einen Esslöffel Tomatenmark, ferner Salz sowie 200 Gramm rohen Rohrzucker. Die Masse wird entweder klein gewürfelt oder im Küchenmixer vorsichtig klein gehackt. Anschließend etwa ebenso lange wie das Gemüserelish in 1/4 Liter Rotweinessig köcheln, immer wieder abschmecken und in die vorbereiteten Gläser füllen.

Ketschup ganz nach eigenem Geschmack

Ketschup ist die populärste Würzsoße. Man kann ihr die verschiedensten Nuancen verleihen, von süßsauer bis scharf, von mild-fruchtig „tomatig" bis würzig. Unter konservierungstechnischen Gesichtspunkten ist es die eleganteste Methode, lediglich das Tomateninnere einzukochen.

Man köchelt die Tomatenflüssigkeit mit Zwiebelwürfeln, Knoblauchzehen, Zucker, Salz, mildem Essig, Pfeffer, Muskat, Lorbeer etwa eine Stunde lang. Beim Abschmecken können sich weitere Zutaten wie Zitronenschale oder süßes Paprikapulver ergeben. Danach wird die noch recht flüssige Masse durch ein Haarsieb passiert und das so entstandene Mark ganz nach eigenem Gusto mit Einmachzucker versetzt. Unter viel Rühren langsam zur gewünschten Konsistenz einkochen. Hat das Mark die angestrebte Festigkeit erreicht, sofort heiß in Gläser füllen und bei 90 °C im Einmachkessel etwa fünf Minuten pasteurisieren. So behandelt und im Dunklen kühl gelagert, hält das Ketschup etwa ein Jahr. Einmal geöffnet, und das gilt für Eingewecktes und Eingemachtes gleichermaßen, sollte man es im Kühlschrank aufbewahren und schnell verzehren.

DAS BESONDERE REZEPT

Gelee aus unreifen Äpfeln

besticht durch seine schöne helle Farbe. Man gibt ihm zum Einkochen einige Löffel eigenes Apfelpektin bei und bereitet es im Übrigen ähnlich vor. Sie brauchen:

● 5 kg Äpfel ● 2 kg Gelierzucker ● 3 l Wasser ● 1 Gläschen Calvados nach Belieben

Die klein geschnittenen Äpfel werden im Wasser weich gekocht, wobei man den Früchten Schalen und Kerngehäuse wegen ihres gelierenden Pektingehalts belässt. Nach der „Nadelprobe", dem Einstechen in die Äpfel zur Prüfung, ob sie bereits weich sind, was nach etwa einer halben Stunde der Fall sein sollte, alles eine Nacht lang stehen lassen. Danach über ein Tuch wie bei der Pektingewinnung (Seite 33) abfiltern. Den Saft aufkochen und unter kräftigem Rühren etwa zwei Kilogramm Gelierzucker einrühren. Abschäumen, abschmecken, gegebenenfalls ein Gläschen Calvados beigeben und die Gelierprobe machen. Schnell und heiß in die vorbereiteten Gläser füllen.

DAS BESONDERE REZEPT

Tomaten-Paprika-Konfitüre mit Nektarinen

Aus der ungewöhnlichen Kombination von Tomaten und Paprika mit Nektarinen gewinnt man einen überraschenden Brotaufstrich, aber auch eine interessante Beilage zu kaltem Fleisch und Fondue. Für diese Konfitüre benötigt man:

● 300 g längliche Tomaten („Flaschentomaten") ● 300 g grüne Paprikaschoten ● 250 g Nektarinen ● 150 ml Weißweinessig ● 150 ml Pfirsichnektar ● 250 g Extra Gelierzucker ● Salz, Pfeffer, Paprika rosenscharf, Oregano und Basilikum

Die Stielansätze entfernen und die Tomaten kreuzweise einschneiden. Kurz in kochendes Wasser legen, dann kalt abschrecken, enthäuten und würfeln. Die Paprikaschoten halbieren, weiße Scheidewände und Kerne entfernen. Die Schoten waschen und würfeln. Je 250 g Tomaten- und Paprikawürfel abwiegen. Nektarinen waschen, abtropfen lassen, halbieren und entsteinen, dann fein schneiden und 200 g abwiegen.

Tomaten, Paprika, Nektarinen, Pfirsichnektar, Essig und Gelierzucker in einen Topf geben, unter ständigem Rühren hochkochen, dann unter gelegentlichem Rühren fünf Minuten köcheln lassen. Mit Salz und Gewürzen abschmecken und sofort bis auf eine Daumenbreite unterm Rand in die vorbereiteten und auf feuchte Tücher gestellten Gläser füllen.

Sauerkirschenkonfitüre

Im exotischen Hauch für einheimische Früchte liegt der Reiz dieses Rezepts. Sorgfältig abschmecken ist aber unerlässlich, damit die Vanille den Fruchtgeschmack nicht unterdrückt, sondern geschmacklich akzentuiert!

- 1,5 kg Sauerkirschen
- 1 kg Gelierzucker
- 2 Vanilleschoten
- 1 Zitrone

Die gewaschenen und gut abgetropften Kirschen entsteinen (Vorsicht Spritzgefahr!), mit dem Gelierzucker mischen, das Mark der Vanilleschoten untermischen und alles zusammen in einem Topf ziehen lassen, bis sich nach zwei bis drei Stunden reichlich Saft gebildet hat. Unter mehrmaligem Abschmecken den Saft einer halben Zitrone zugeben und die Masse unter ständigem Rühren zunächst hochkochen, dann weitere drei Minuten bei mittlerer Hitze kochen lassen. Nach gelungener Gelierprobe in Gläser auf feuchtheißen Tüchern füllen und sofort verschließen. Kühl und dunkel aufbewahren.

Herbstliche Dreifrucht

Frühherbstliche reife Äpfel, Birnen und Zwetschgen ergeben eine kernige Konfitüre.

- 1 kg Äpfel
- 1 kg Birnen
- 1 kg Zwetschgen
- 3 kg Zucker
- ½ l Wasser
- Nelken, Zimtpulver, geraspelte Zitronenschale, 1 Schuss Rotwein

Äpfel und Birnen schälen, in Schnitze teilen und entkernen, die Pflaumen entsteinen. Die Birnen werden mit einem Drittel des Zuckers und dem halben Liter Wasser gekocht. Sobald sie weich sind (Nadelprobe!), nimmt man sie mit dem Schaumlöffel heraus und stellt sie in einer Schüssel beiseite. Sie dürfen keineswegs zerfallen sein! Im übrig gebliebenen Birnensaft kocht man nun die Apfelschnitze und anschließend die Pflaumen und beachtet wiederum, dass sie nicht zerfallen dürfen. Dann lässt man den Saft mit dem Zucker noch etwa 15 Minuten einkochen und gibt die Früchte unter Rühren bei, bis sie Marmeladekonsistenz erreicht haben. Abschmecken, gegebenenfalls Nelken und Zimtpulver, geraspelte Zitronenschale und einen Schuss Rotwein beigeben. Sofort heiß in vorbereitete Gläser füllen.

WEITERE REZEPTE

Hägenmark

Eine schwäbische Herbstspezialität, die aus sehr reifen, also schon fast weichen Hagebutten hergestellt wird.

- 500 g Mark von Hagebutten
- 500 g Einmachzucker
- ½ l Rotwein

Man entkernt die Früchte, wäscht sie gründlich unter kaltem Wassser, tupft sie ab und setzt sie in einem Steinguttopf mit dem Rotwein im Kühlen an – am besten passt ein württembergischer Trollinger. Gelegentlich umrühren. Danach kocht man die Masse hoch und drückt sie durch ein Haarsieb. Aufkochen, abschmecken, gegebenenfalls etwas Zimt beigeben, mit Kirschwasser oder auch Obstler abschmecken und unter Rühren etwa eine Stunde bis zur Muskonsistenz einkochen lassen. Heiß abfüllen, kühl und dunkel lagern.

Rosenkonfitüre

Wie man einen Rosenstrauß zu besonderen Anlässen verschenkt, so ist diese Konfitüre besonders für Feste oder als ausgefallenes Mitbringsel gedacht.

- 200 g stark duftende Rosenblüten, unbehandelt
- ½ l Wasser
- ½ l milder Weißwein, trocken
- 1 kg Einmachzucker
- 1 Vanilleschote
- 4EL Rosenwasser

Von den Rosen legt man zwei ganze Blüten zur Seite. Sie dienen später als Zierde im Glas. Von den restlichen Rosen zupft man die Blütenblätter ab und vermischt sie mit Wassser und Wein. Die Vanilleschote nur aufschlitzen, nicht ausschaben. Alles in die Wasser-Wein-Mischung legen, aufkochen und fünf Minuten köcheln lassen. Nun die Rosenblätter durch ein Sieb gießen und mit einem Holzstampfer ausdrücken. Den Einmachzucker in den Sud rühren, aufkochen und langsam einkochen lassen. Die beiseite gelegten Rosenblüten abzupfen, ihre Blätter kalt abwaschen und kurz in der Konfitürenmasse mitkochen. Das Rosenwasser einrühren und abschmecken. Heiß in die vorbereitenen Gläser füllen. Sofort verschließen und dunkel abstellen.

Unreife Stachelbeeren

Unreife Stachelbeeren sind nicht nur äußerst ergiebige Pektinfrüchte, sie ergeben auch eine köstlich fruchtige und, wie das Gelee, mit ihrem hellen Grün eine farblich sehr aparte Konfitüre.

- 1 kg Stachelbeeren
- 500 g Einmachzucker
- 1/2 l Wasser

Man löst den Einmachzucker im Wasser auf und kocht hoch. Die Früchte werden vor dem Aufplatzen geschützt, indem man sie vorher leicht mit einem Zahnstocher anpiekst. Dann werden sie ins Einmachglas gelegt. Den heißen Sirup darüber gießen. Er muss wie immer daumenbreit über den Früchten stehen, bevor man die Gläser bei 90 °C etwa eine Stunde pasteurisiert.

Tomatenkonfitüre auf korsische Art

Zu den noch kaum entdeckten Spezialitäten der Mittelmeerländer gehören Konfitüren aus reifen Tomaten. Unser Vorschlag folgt einem korsischen Rezept:

- 2 kg Tomaten
- 1,5 kg Zucker
- 1 Zitrone, unbehandelt
- 1 Vanilleschote

Die Tomaten sollen dunkelrot, also vollreif, fest und fleischig sein. Man gibt sie für eine Minute in kochend heißes Wasser, schreckt sie ab und schält sie. Nun werden sie geviertelt, sorgfältig von den Kernen befreit und zum Abtropfen in einen Durchschlag gelegt.

Von der Zitronenschale das Gelbe sehr dünn abnehmen und in feine Streifen schneiden. Die Vanilleschote auskratzen und das Mark mit der fein geschnittenen Zitronenschale unter den Zucker mischen.

Schicht um Schicht Tomaten und Zucker in einen Kochtopf geben und durchziehen lassen. Nach zwölf Stunden rasch hochkochen und auf kleiner Flamme fünf bis sechs Minuten weiterköcheln. In vorbereitete Gläser füllen, sofort verschließen, kühl und dunkel aufbewahren.

WEITERE REZEPTE

Konfitüre von grünen und gelben Zucchini

Die oft etwas langweiligen Zucchini, die in guten Jahren üppig ins Kraut schießen, werden nach unserem Rezept zur pikanten Überraschung.

- 1 kg grüne und gelbe Zucchini (es dürfen aber auch nur grüne oder gelbe sein.)
- Saft von 4 Zitronen, am besten Limonen
- 3 bis 4 Stängel Zitronengras aus dem Asienshop
- Abgeriebene Schale einer unbehandelten Zitrone
- 1 kg Gelierzucker
- 1 Prise Salz, gegebenenfalls einige Spritzer Tabasco

Zucchini waschen, aber nicht schälen, die Enden abtrennen. Zucchini in Scheiben schneiden und mit dem Zitronensaft beträufeln. Die zarten Zitronengrastriebe auslösen und mit dem Messer zerkleinern. Alles in den Mixer geben und pürieren. Die Masse abwiegen und die gleiche Menge Gelierzucker dazugeben. Eine Nacht durchziehen lassen. Dann etwa fünf Minuten sprudelnd kochen lassen. Abschmecken, bei Bedarf etwas nachsalzen. Auch kann Tabasco der Sache Pep geben. Die Masse in entsprechend präparierte Gläser einfüllen und sofort verschließen. Kühl und dunkel lagern.

Wacholder-Gsälz

Frische Wacholderbeeren gibt es im Handel nicht zu kaufen. Wer mit diesen für Konfitüren gewiss ausgefallenen Früchten experimentieren will, muss also hinaus in die herbstliche Landschaft, etwa auf die Schwäbische Alb oder in die Lüneburger Heide und nach den säulenförmigen Wacholdersträuchen oder -bäumen Ausschau halten. Man erntet in diesem Fall die mit den blauen Beeren besetzten Zweige.

- 500 g Wacholderbeeren
- 250 g Zucker
- Zitrone

Die Wacholderzweige gründlich waschen, dann erst die Beeren abzupfen und mit dem Zucker in einen Topf geben. Unter Rühren aufkochen lassen, dann weiterkochen und auf die Konsistenz achten: Sobald die Masse dicklich geworden ist, kann das Wacholdergsälz mit Zitronensaft abgeschmeckt werden. Ist die Gelierprobe bestanden, wird die Konfitüre in vorbereitete Gläser abgefüllt.

Pfirsichkonfitüre mit Rosmarin

Um eine herbe Geschmacksnote bereichert der sonst eher Fleisch und pikanten Gerichten zugeordnete Rosmarin den sanften Pfirsich.

- 800 g reife Pfirsiche
- 500 g Gelierzucker
- 1 Zitrone, unbehandelt
- 1 Zweig frischer Rosmarin
- Bittermandelöl

Die Früchte kurz in kochend heißes Wasser geben, abschrecken, häuten, halbieren und die Steine herausnehmen. Pfirsiche zerkleinern, 500 Gramm davon abwiegen und mit dem Gelierzucker in einen Topf geben. Von der Zitrone einige Streifchen Schale dünn abnehmen und die Rosmarinnadeln abzupfen. Beides mischen und fein hacken. Nachdem die Pfirsichmasse zwei bis drei Stunden Saft gezogen hat, wird sie mit dem Pürierstab zu Mus verarbeitet. Nun gibt man Zitronensaft, den Rosmarin mit Zitronenschale und unter mehrmaligem Abschmecken tropfenweise Bittermandelöl dazu. Unter Rühren wird die Masse zunächst hochgekocht, dann lässt man sie bei mittlerer Hitze weitere drei Minuten köcheln. Wenn die Gelierprobe bestanden ist, kann sie abgefüllt werden, wie immer: in heiß ausgespülte Gläser auf feuchtheißen Tüchern.

Banankonfitüre mit Ingwer

Besonders im Winter bringen Sie mit diesem ausgefallenen Rezept Abwechslung auf den Frühstückstisch. Erfreulich auch, dass diese Konfitüre mit ca. 1700 kcal pro Liter unter ihresgleichen im unteren Bereich rangiert.

- 500 g geschälte Bananen
- 2 eingelegte Ingwerpflaumen
- 400 g Zucker
- 80 ml Zitronensaft
- 2 EL weißer Rum
- Pektin

Die Ingwerpflaumen fein würfeln, die Bananen durch die „Flotte Lotte" drehen oder gründlich mit einer Gabel zerdrücken. Beides mischen, Zitronensaft, Rum, Zucker, Pektin und einem Schuss Wasser in einen schweren Topf füllen und unter Rühren zum Kochen bringen. Die Masse drei Minuten kochen lassen, dann heiß in die vorbereiteten Gläser füllen, die sofort verschlossen werden. Man benötigt nur etwa eine halbe Stunde für die Herstellung dieser winterlichen Konfitüre.

WEITERE REZEPTE

Feigenkonfitüre mit Sekt

Bei Feigen kommt es darauf an, genau den Zeitpunkt der Reife und des vollen Aromas zu treffen. Man sollte sie, auch wenn sie noch so verlockend aussehen, nicht vor August/September kaufen. Auch dann lohnt sich immer noch die Geschmacksprobe, bevor man zugreift.

- 400 g Feigen, schon geputzt
- 1 Zitrone, unbehandelt
- 500 g Gelierzucker
- 1/8 l trockener Sekt

Die Feigen werden gewaschen, abgetrocknet, halbiert und gewogen. Von 400 g Früchten das Innere aus den Häuten lösen und fein zerkleinern. Zitrone gut waschen, ein wenig Schale abreiben, den Saft auspressen und unter die Feigen mischen. Zusammen mit dem Gelierzucker und der abgeriebenen Schale in einen Topf geben und etwa zwei Stunden zugedeckt stehen lassen, bis sich Saft gebildet hat. Nun den Sekt dazugießen und die Masse unter Rühren hochkochen. Weitere fünf Minuten kochen lassen, Gelierprobe machen und die Konfitüre sofort in vorbereitete Gläser füllen, die umgehend verschlossen werden.

Gelee von Blutorangen mit Minze

Blutorangen gibt es nur in den Monaten um den Jahreswechsel. Gerade in dieser früchtearmen Zeit ist diese feinherb schmeckende Geleevariante besonders willkommen. Von Vorteil ist außerdem, dass sie sich rasch und einfach zubereiten lässt.

- 1,5 kg Blutorangen
- 500 g Gelierzucker
- Zitrone unbehandelt
- einige Zweige frische Minze

Man mischt einen halben Liter frisch gepressten Blutorangensaft mit dem Gelierzucker und rührt, bis der Zucker sich aufgelöst hat. Von der Zitrone wird sodann die Schale - nur die äußere gelbe Schicht! - hauchdünn abgetrennt, in feine Streifchen geschnitten und zum Saft der Blutorangen gegeben. Die Minzenblätter abzupfen, fein schneiden und zugedeckt beiseite stellen. Nun bringt man den Blutorangensaft unter Rühren zum Kochen und lässt ihn unter fortgesetztem Rühren drei Minuten sprudelnd kochen. Nach bestandener Gelierprobe wird die Minze untergemischt, dann kann man die Flüssigkeit in die sachgerecht vorbereiteten Gläser füllen. Diese sofort verschließen und auf den Kopf stellen, damit sich die Minzenblättchen gleichmäßig verteilen.

Apfelgelee mit Minze

Das zuweilen etwas blasse Apfelgelee bekommt durch diese Zubereitung nicht nur einen willkommenen Geschmacksakzent, sondern mit dem kräftigen Grün der Minze vor allem auch eine optische Aufwertung.

- 1 kg Äpfel
- 500 g Gelierzucker
- 1 Bund frische Minze

Die Äpfel waschen und abtropfen lassen, Stiel- und Blütenansätze entfernen, dann grob zerkleinern. Die Apfelstücke in einem Topf mit Wasser bedeckt köcheln, bis sie weich sind. Auf bewährte Weise (Seite 34) durch Küchengaze abgießen. 0,6 l der Flüssigkeit mit dem Zucker in einen Topf geben und unter Rühren erhitzen, damit sich der Zucker vollständig auflöst. Hochkochen und zehn Minuten weiterkochen. Sobald die Gelierprobe bestanden ist, den Topf beiseite stellen und abkühlen lassen. Dann die Minze einrühren, das Gelee in vorbereitete Gläser füllen und im Kühldunkel aufbewahren. Ein Jahr Haltbarkeit.

Prosecco-Gelee

Unter dem Gesichtspunkt der Vorratshaltung empfiehlt sich dies Rezept auch, um günstige Prosecco-Angebote auszunützen, die es ja immer häufiger gibt. Dann wird es ein spritziger Wachmacher auf dem Frühstücksbrötchen, der im Übrigen sehr schnell und einfach zu machen ist.

- 0,7 l trockener Prosecco oder Frizzante
- 350 g Gelierzucker „Extra"
- nach Geschmack einige Tropfen Limonensaft

Prosecco mit feinem Gelierzucker verrühren und einige Minuten sprudelnd einkochen lassen. Auf kalt benetzter Untertasse 1 TL der heißen Masse zum Abschmecken geben. Falls es zu süß sein sollte, einige Tropfen Limonensaft dazugeben. Heiß in entsprechende Bügelverschlussgläser füllen. Sofort verschließen. Kühl und dunkel lagern.

WEITERE REZEPTE

Quittenbrot

Eine Spezialität aus alten Zeiten, die unverdient durch das breite Sortiment industriell gefertigter Süßigkeiten weithin in Vergessenheit geraten ist. Wer allerdings den Geschmack von Quittenbrot kennen gelernt hat, wird ihn kaum vergessen.

- 1,5 kg Quitten
- 1 kg Zucker
- 1 Zitrone

Quitten abreiben oder abbürsten und gründlich waschen, sodann, von Blüten und Stielen befreit, in Achtel zerlegen und kochen. Sie müssen dabei gut mit Wasser bedeckt sein. Sobald sie musig geworden sind, werden sie mit der „Flotten Lotte" durchpassiert. Nun ein Kilogramm der Masse abwiegen, mit dem Zucker vermischen und zu festem Mus kochen. Zwischendurch nach Belieben gehackte Mandeln oder fein geschnittenes Orangeat zugeben. Immer wieder probieren: Der Rührlöffel muss in der Masse stehen bleiben! Nun die Masse auf ein mit Backpapier ausgelegtes Blech streichen und im Backofen bei geringer Hitze oder an der Luft trocknen. Wenn die gewünschte gummiartige Konsistenz erreicht ist, schneidet man Würfel oder Plätzchen aus und wendet sie in Puderzucker. In gut schließender Dose aufbewahren, damit das Konfekt nicht wieder Feuchtigkeit aus der Luft aufnimmt und klebrig wird.

Für Experimentierfreudige hier noch eine interessante Variante:

- 2 kg Quitten
- 1 kg Äpfel
- Zucker

Quitten abbürsten oder mit trockenem Tuch gründlich abreiben und mit den Äpfeln waschen. Quitten so in einen Topf geben und mit Wasser auffüllen, dass sie gut bedeckt sind. Eine Stunde kochen, abgießen und auskühlen lassen. Nun werden Quitten und Äpfel halbiert, von den Kerngehäusen befreit und durch den Wolf oder die „Flotte Lotte" gedreht. Die Masse wiegen, mit der gleichen Menge Zucker vermischen und zehn Minuten durchkochen. Das Ganze zuletzt auf ein mit Backpapier ausgelegtes Blech streichen und im Backofen bei geringer Hitze oder an der Luft trocknen lassen. Ausstechen oder ausschneiden, in Puderzucker wälzen, trocken aufbewahren.

TIPP

Handschuhe schützen!
Quitten verfärben die Haut hässlich braun, sobald man mit ihren Schnittflächen in Berührung kommt. Tragen Sie deshalb Haushaltshandschuhe, wenn Sie die harten Früchte bearbeiten. Und achten Sie darauf, dass Ihr Messer scharf ist und nicht am Fruchtfleisch abrutscht und Ihnen Verletzungen zufügt.

Weißes Johannisbeer-Gelee mit Holunderblüten

gelingt wegen des ausgereiften Aromas am besten von gelblichen Früchten. Dazu sollten, wie es in einem alten Rezept heißt, „einige in der Sonne gepflückte" Holunderblüten kommen, die man vorher sorgfältig entstielt.

- 1 l Saft von gelblichen Johannisbeeren
- 2 Dolden Holunderblüten
- 1 kg Gelierzucker
- 0,3 l Wasser

Die Johannisbeeren werden mit einem möglichst neuen Holzstampfer in einer Schüssel kräftig zerdrückt. Die zerstampfte Masse lässt man über Nacht durch ein grobes Nesseltuch über einem Haarsieb austropfen. Den Zucker mit dem Wasser etwa fünf Minuten aufkochen. Den Johannisbeersaft und gegebenenfalls zwei Esslöffel eigenes Beerenpektin dazugeben und 5 Minuten einkochen lassen. Heiß abfüllen, verschließen und kühlstellen.

Tomaten-Paprika-Gelee

ist vielseitig verwendbar und vergleichsweise einfach herzustellen.

- 500 g Tomaten
- 350 g rote Paprikaschoten
- 1 große Zwiebel
- 1 Zitrone
- 1/8 l Rotwein
- 500 g Gelierzucker
- Salz zum Abschmecken

Tomaten würfeln. Paprika in Streifen schneiden. Beides im Mixer pürieren. Zwiebel hacken und mit dem Püree und dem Zitronensaft zusammen in einen Topf geben. Zum Kochen bringen und zehn Minuten köcheln lassen. Zum Abgießen Nesseltuch auf ein Drahtsieb legen und eine Nacht in eine Schüssel durchtropfen lassen. Den Saft in einen Kochtopf gießen, mit Wein und Zucker verrühren und zum Kochen bringen. Mit Salz abschmecken. Das Tomaten-Paprika-Gelee soll möglichst fest sein. Man kann es dann in kleine Würfelchen geschnitten oder gar mit Formen ausgestochen als essbare Garnierung zu kaltem Braten reichen. Mit Rotwein verquirlt ist es eine überraschende Beigabe zu Fondues oder auch eine markante Grundlage für Salate auf Fleischgrundlage.

WEITERE REZEPTE

Aprikosen-Mandel-Paste

Wenn frisches Obst vom Markt verschwunden ist, lohnt es sich, auf eigene Vorräte zurückzugreifen, in diesem Fall auf getrocknete Aprikosen.

- 500 g getrocknete Aprikosen
- Wasser
- 1 kg Zucker
- 200 g geriebene Mandeln
- Saft einer halben Zitrone
- eine Prise Zimt
- einige Tropfen Mandelöl

Aprikosen kurz waschen und einweichen. Da die Früchte aufquellen, mehrmals kontrollieren, ob sie noch mit Wasser bedeckt sind. Nach ungefähr zehn Stunden werden sie in der „Flotten Lotte" zerkleinert und wieder zum Einweichwasser gegeben. Die Masse zuckern, unter Rühren hochkochen und weitere 20 Minuten köcheln. Bevor sie steif wird, Mandeln und Zimt zugeben und unter Rühren weiterkochen, bis der Löffel in der stockenden Masse stehen bleibt. Nun kann man sie wie alle Pasten weiterbehandeln und heiß in Gläser füllen, die man vorher mit Öl ausgepinselt hat, damit sie sich später leicht herausnehmen lässt. Dieses Produkt bleibt sechs Monate haltbar, wenn man es bei 90 °C eine halbe Stunde in den Einmachtopf stellt.

Apfel-Ingwer-Paste

Diese haltbare hausgemachte Süßigkeit erfordert Zeit und Geduld, aber den Aufwand wiegt das Endergebnis ohne weiteres auf.

- 1 kg Äpfel
- 875 g Zucker
- Saft einer halben Zitrone
- 100 g kandierter Ingwer
- 2 Prisen Zimt

Die Äpfel werden geschält, entkernt, in Stückchen geschnitten und in wenig Wasser zu Mus gekocht. Unterdessen den Ingwer in sehr feine Streifen schneiden. Exakt 500 Gramm Apfelmus abwiegen und mit Ingwer, Zucker und Zitronensaft unter Rühren weiterkochen, bis der Löffel in der stockenden Masse stehen bleibt. Nun kann die Paste heiß in Gläser gefüllt werden, die man vorher mit Öl ausgepinselt hat, damit sie sich später leicht herausnehmen lässt. Dieses Produkt bleibt sechs Monate haltbar, wenn man es bei 90 °C im Einmachtopf pasteurisiert.
Eine köstliche Variante ergibt sich, wenn man die Paste auf ein mit Backpapier ausgelegtes Blech gibt und sie in Würfel schneidet oder wie Weihnachtsplätzchen aussticht. In Zucker wälzen und zum Trocknen auslegen, ab und zu wenden. Trocken aufbewahrt hält dieses Konfekt mehrere Monate.

Holunder-Latwerge

Der im August üppig gedeihende Holunder eignet sich besonders für eine Latwerge (Seite 47).

- 1 kg Holunderbeeren
- 300 g Einmachzucker
- Obstwasser und Zitronenschale nach Bedarf
- einige Nelken und eine Messerspitze Muskat

Die Beeren gründlich waschen und abtupfen. Mit Wasser, das die Beeren nur eben bedeckt, zum Kochen bringen, bis sie nach etwa zehn Minuten weich sind. Durch ein Haarsieb drücken, Fruchtmark mit Zucker unter ständigem Rühren bis zur dicken Muskonsistenz einkochen. Gewürze beigeben und abschmecken. Gegebenenfalls mit etwas Zitronenschale und einem Schuss Obstwasser abschmecken. In vorbereitete Steingutgefäße oder Einmachgläser mit Bügelverschluss heiß abfüllen, kühl und dunkel lagern.

Pfirsiche mit Mandeln

Pfirsiche sind ein wunderbares Dessertobst, zudem machen sie sich schön golden im Glas und die Verbindung mit Mandeln verleiht ihnen einen Hauch Exotik.

- 1 kg Pfirsiche
- 25 g ungeschälte Mandeln, darunter 5 Bittermandeln (oder das Innere des Pfirsichkerns)
- 125 g Einmachzucker
- 1/4 l Wasser
- 1 TL Gewürznelken, abgeriebene Schale einer unbehandelten Zitrone.

Die Pfirsiche kurz in heißes Wasser tauchen, kalt abschrecken, enthäuten, halbieren und entsteinen. Verwendet man statt der Bittermandeln Pfirsichkerne, werden die Steine mit dem Nussknacker zerlegt und die inneren, mandelartigen Kerne in warmem Wasser aufgeweicht, damit sie sich leichter schälen lassen. Die Fruchthälften mit den Mandeln in Einmachgläser schichten (pro Literglas etwa ein Kilogramm), Wasser, Zucker, Gewürze und Zitronenschale so lange hochkochen, bis der Zucker sich aufgelöst hat. Abschmecken und über die Pfirsichhälften gießen. Im Einkochtopf bei 80 °C 30 Minuten pasteurisieren. Kühl und dunkel gelagert hält sich diese Konserve gut ein Jahr.

WEITERE REZEPTE

Apfel- und Zwiebel-Chutney

Leicht zu bereiten und unter Konservierungsaspekten ebenfalls äußerst sinnvoll ist ein Apfel-Zwiebel-Chutney.

- 1 kg säuerliche Äpfel
- 2 kleine gehackte Zwiebeln
- 100 g Sultaninen
- 350 g brauner Zucker (Rohrzucker)
- 1/8 l Weinessig
- Zimt und Nelken, ebenso gemahlen wie Ingwer, das eigentliche Chutney-Gewürz. Auch nimmt man, um der Sache noch ein wenige Pep mitzugeben, ein paar im Mörser zerstoßene Chilischoten dazu.

Der Kochvorgang ist ähnlich wie beim Relish (S. 58ff): Klein hacken, aufkochen und danach etwa 90 Minuten köcheln. Hier muss man wegen des vielen Zuckers allerdings mehr rühren, damit nichts anhängt. Immer wieder abschmecken, heiß abfüllen und kühl lagern.
Die übliche Haltbarkeitsdauer für Chutneys beträgt bei der Heißabfüllmethode an einem kühlen, dunklen Ort oder im Kühlschrank 2 bis 3 Monate. Sie lässt sich auf ein Jahr verlängern, wenn man die Gläser im Einmachkessel bei 80 °C eine halbe Stunde pasteurisiert.

Hagebutten-Chutney

Als Chutney, mit einem Schuss Tabasco oder einer kräftigen Prise Chili werden Hagebutten zum einheimischen Exoten.

- 1 kg Hagebutten
- 200 bis 250 g Zwiebelwürfel
- 100 g ungeschwefelte Rosinen
- 350 g Zucker
- 1/8 l Rotweinessig
- Ingwer, Zimt und Nelken gemahlen, Pfeffer- und Koriander aus der Mühle, Salz, einige Tropfen Tabasco oder eine Spur Chili bzw. Cayennepfeffer

Hagebutten entstielen und von Blütenblättern befreien. Der Länge nach aufschneiden und die Kerne restlos mit der Messer-Rückseite herausdrücken. Kalt abwaschen. Zwiebelwürfel, Rosinen, Zucker und Hagebutten mit etwas Wasser und dem Essig aufkochen. Gewürze hinzugeben und bei schwacher Hitze unter gelegentlichem Rühren knapp zwei Stunden vorsichtig einköcheln lassen. Die Chutney-Masse auf einer kalt abgeschwenkten Untertasse abschmecken. Heiss abfüllen, verschließen und kühldunkel deponieren. Dieser Exot vom Wegesrand ergibt eine feine Beigabe zu gegrilltem Fleisch und Fondue. Dieses Chutney hält etwa 1/4 Jahr, will man es für länger haltbar machen, muss es im Einmachkessel bei 80 °C etwa 30 Minuten pasteurisiert werden.

Rhabarber-Chutney

Dies Chutney wird kräftig süß-pikant. Wir empfehlen es zu kaltem Roastbeef ebenso wie zu Wild.

- 1 kg Rhabarber
- 750 g Äpfel
- 500 g Rohrzucker
- 1/4 l Rotweinessig
- 1/4 l Wasser
- 1/2 TL Ingwerpulver
- 200 g steinlose Dörrzwetschgen
- 150 g ungeschwefelte Rosinen (Sultaninen)
- 1 EL helle Senfkörner, Cayennepfeffer nach Belieben

Rhabarberenden abschneiden. Die Fäden abziehen und den Rhabarber in fingerkuppengroße Stücke schneiden. Äpfel schälen, Kerngehäuse entfernen, in ähnlich große Stücke wie den Rhabarber aufteilen. Zucker, Essig und Wasser aufkochen. Rhabarber und Äpfel beigeben und in einer Stunde zu einem dicken Brei einkochen. Unterdessen die Pflaumen klein hacken und mit Rosinen und Senfmehl dazugeben. Weiter einkochen lassen. Nach anderthalb Stunden abschmecken. Gegebenenfalls noch etwas Cayennepfeffer dazugeben und zur Geschmackshebung vielleicht auch eine Prise Zucker. Hat das Chutney die nötige „dick breiige" Konsistenz erreicht, heiß in vorbereitete Bügelgläser füllen, verschließen. Kühl- und dunkel lagern.

Mango-Chutney

- 500 g Mangofrüchte, unreif
- 180 g Zucker
- 50 ml Weinessig
- 20 g frischen Ingwer
- 2 Knoblauchzehen
- Orangenschale
- Chilischoten, schwarze Pfefferkörner, Nelken, Zwiebelsamen, Salz

Man schält die Mangos, entfernt den Kern und teilt das Fruchtfleisch in zentimetergroße Würfelchen.

Für den Sud erwärmt man den Essig und würzt ihn mit den im Mörser zerstoßenen Chilischoten, einigen Nelken, bis zu zwei Teelöffeln Zwiebelsamen, Pfefferkörnern und Salz. Den Sud köcheln lassen, bis er den Geschmack der Gewürze angenommen hat. Abschmecken und nötigenfalls nachwürzen.

Jetzt die Mangowürfelchen, den fein geschnittenen Ingwer und die hauchdünn abgenommene, ebenfalls fein geschnittene Orangenschale in den Sud geben. Köcheln lassen, bis die Masse eingedickt ist. Nun kann das Chutney in vorbereitete Gläser gefüllt werden. Sofort verschließen und vor dem Verzehr zehn Tage durchziehen lassen.

TIPP

Geschmack und Konsistenz verbessern

Einige Chutneys eignen sich auch als Zugabe zu Wildsoßen, deren Geschmack sie heben und deren Konsistenz sie dicken helfen können. Wir empfehlen in diesem Zusammenhang vor allem Hagebutten-Chutneys für Hirsch, Hase und Reh, Rhabarber-Chutney hingegen für Wildschwein.

WEITERE REZEPTE

Apfel-Ketschup

Für einen Liter Ketschup benötigen Sie

- 2 kg nicht zu süße Äpfel, geschält und entkernt
- 2 Zwiebeln
- 50 g Meerrettichscheiben, geschält
- 200 g Zucker
- 1 EL Salz
- 2 TL Zimt und je 1 TL weißer Pfeffer, Nelken und Senfkörner – allesamt gemahlen

Die Äpfel werden in Wasser eine halbe Stunde weich gekocht, durch ein Sieb gestrichen, mit den restlichen Zutaten versehen und unter Rühren und Abschmecken zur Ketschupdichte (wie Musdichte) eingekocht. Heiß in Bügel- oder Weckgläser abfüllen, zur Sicherheit noch etwa fünf Minuten bei 90 °C pasteurisieren. Kühl und dunkel aufbewahren. Eine hinreißende Mischung für Wildgerichte!

Ketschup aus ganzen Tomaten

Man kann Ketschup natürlich auch mit ganzen Tomaten ansetzen, etwa mit folgenden Zutaten:

- 1 kg Tomaten
- 100 Gramm Zwiebelwürfel
- 3 bis 4 Knoblauchzehen
- 1/4 l Weinessig
- 1 EL geschmacklich nicht allzu vordringliches Olivenöl
- Salz, Zucker, Lorbeer, Pfeffer und Muskat nach Belieben

Man kocht diese Masse langsam etwa 90 Minuten in einem festen Topf, rührt gelegentlich um und passiert sie durch ein Haarsieb oder die „Flotte Lotte“. Das Mark abschmecken und gegebenenfalls unter Zugabe von Zucker weiter einkochen bis zur Mus- oder „Ketschupfestigkeit“. Sofort heiß abfüllen und kühldunkel aufbewahren.

Gurken-Ketschup

Mit folgenden Zutaten erhält man ungefähr ein Kilogramm Ketschup, der vorzüglich zu kaltem Braten und Fondue mundet, aber auch zu Blattsalaten und hart gekochten Eiern passt:

- 4 große Salat- oder Flaschengurken
- 2 bis 3 Zwiebeln
- 1/4 l Apfelessig
- 20 g Senfkörner, 8 g schwarzer Pfeffer, frisch gemahlen, ca. 50 g Salz

Gurken und Zwiebeln schälen, klein hacken, einsalzen und über Nacht ziehen lassen, damit die Gurken Geschmack annehmen und Flüssigkeit verlieren. Im Gurkensaft einkochen und anschließend durch ein feines Haarsieb passieren. Das Mus unter Zugabe von Gewürzen, Salz und Essig rühren und einkochen lassen. Nach Bedarf Einmachzucker zugeben. Salz und Gewürze sollte man nach eigenem Gusto verwenden, während der Zubereitung immer wieder probieren. Heiß in vorbereitete Bügelverschlussgläser füllen und kühlstellen; sicherheitshalber noch bei 90 °C im Einmachkessel oder im köchelnden Wasserbad fünf Minuten pasteurisieren.

Gurkensalat eingemacht

Nach reicher Salatgurkenernte im Garten oder günstigen Angeboten auf dem Markt empfehlen wir diesen einfach herzustellenden Salat im Glas. Man benötigt

- 4 feste, dunkelgrüne Salatgurken
- 500 g rote Zwiebeln
- 2 bis 3 mittelgroße Möhren
- 1 Stück Meerrettich, 2 cm
- 1/4 l Rotweinessig
- 100 g Zucker
- 1 TL Dillsamen, 1 EL helle Senfkörner

Gurken, Zwiebeln, Möhren und Meerrettich schälen. Gurken und Zwiebeln in Scheiben schneiden, einsalzen, mischen und zwei Stunden ziehen lassen. Möhren und Meerrettich in Scheiben schneiden. Das Gemüse in vorbereitete Gläser schichten. Rotweinessig mit Wasser auf 1/2 Liter auffüllen, Zucker, Dillsamen und Senfkörner zugeben und aufkochen. Abschmecken. Die Einlage damit so begießen, dass die Flüssigkeit daumenbreit über dem Gemüse steht. Bei 80 °C 30 Minuten pasteurisieren. So halten die Gurken etwa sechs Monate. Um sie zum Salat anzumachen, braucht man etwas Oliven- oder Traubenkernöl und Rotweinessig. Durchmischen und vor dem Servieren noch etwa eine Stunde ziehen lassen.

WEITERE REZEPTE

Zwiebel-Relish

Eine auch unter Konservierungsgesichtspunkten höchst vernünftige Verwertungsform ergibt sich durch das nicht sonderlich aufwändige Zwiebel-Relish, bei dem sich leicht eine gute Zwiebelernte aus dem Garten oder ein günstiges Sonderangebot in einigen Gläsern unterbringen lässt. Auf ein Kilogramm Zwiebeln kommen vier bis sechs Paprikaschoten, dazu etwas Olivenöl, zwei Deziliter Sherry-Essig, edelsüßer Paprika und 100 Gramm brauner Zucker (Rohrzucker) zum Abschmecken sowie als aparte Note zwei Teelöffel eingelegte grüne Pfefferkörner. Wieder wird alles in Würfel geschnitten. Dann aber muss man richtig kochen, denn die Zwiebeln müssen in dem Olivenöl angedämpft werden. Die anderen Zutaten bis auf die grünen Pfefferkörner beigeben, kurz aufkochen, etwa eine Stunde köcheln lassen und weiter behandeln wie alle anderen Relishes.

Pilzfond für feine Suppen und Soßen

Pilze bieten sich für einen vielseitigen Fond an, insbesondere Champignons, die schon etwas aufgegangen sind und sich zum Kochen nicht mehr sonderlich eignen. Man putzt sie, schneidet die Stiele ab, salzt sie in einem Steingutgefäß ein und lässt sie etliche Tage im Kühlschrank stehen. Sobald sie Wasser gezogen haben, wird das Steingutgefäß mit Folie abgedeckt und für etwa drei Stunden ins köchelnde Wasserbad gestellt. Die Pilze sodann durch ein Drahtsieb passieren. Mit Essig und Gewürzen nach Wahl, etwa Muskat, Nelken, Pfefferkörnern und Zwiebelringen, versetzen und einkochen. Abschmecken und schließlich durch ein Nesseltuch, das man in ein Haarsieb gelegt hat, schütten. In kleine Halbliterflaschen füllen, verkorken und etwa 20 Minuten im Einwecktopf bei 90 °C pasteurisieren. Am Ende die Korken mit Siegellack verschließen, was der Sache auch optisch sehr gut steht. Ein solcher Pilzfond, im Englischen auch Pilzketschup genannt, eignet sich ganz hervorragend zur Verfeinerung von Soßen und Suppen.

Walnusspaste

So hart die Schale der Walnuss auch ist, sie kann nicht verhindern, dass sich das Öl der Frucht abbaut und ranzig wird. In guten Walnussjahren hat man deshalb oft ein Verwertungsproblem. Saucen und Cremes sind eine wohlschmeckende Lösung dafür. Für eine türkische Walnusssauce verbraucht man zum Beispiel:

- 500 g Walnusskerne
- 500 g Paniermehl
- 20 Knoblauchzehen
- 1/4 l Fleischbrühe
- 1/4 l Weinessig
- 80 ml Olivenöl
- Salz

Den Knoblauch schälen und durch die Presse drücken, die Nüsse zerkleinern, beides zusammen mit dem Paniermehl in eine Schüssel geben. Nun gießt man nach und nach abwechselnd Brühe, Essig und Öl hinzu und arbeitet die Masse mit dem Pürierstab durch, bis die Sauce cremig vom Löffel tropft. Abschmecken und portionsweise in kleine Twist-off-Gläser packen. Zu Brokkoli und Blumenkohl schmeckt Tarator, so der türkische Name, ebenso vortrefflich wie zu Geflügel, Kalbfleisch oder Fisch. Gut verschlossen und kühl gelagert hält sich diese Paste ungefähr drei Wochen.

Grundrezept Maronen

Maronen, auch „Ess- oder Edelkastanien" genannt, gibt es von Spätherbst bis Weihnachten oft sehr günstig. Bei uns gedeihen sie vor allem in der Südpfalz, wo man sie „Käschd" nennt. Hier unser Grundrezept:

- 1 kg Maronen in der Schale
- 1 l Wasser
- 1 Prise Zucker
- 3 l Wasser und 1 EL Salz zum Vorkochen der Kastanien

Die Maronen mit einem scharfen Schälmesser oben am Gipfel kreuzförmig einritzen und in leicht gesalzenem Wasser etwa 30 Minuten kochen. Herausnehmen, kalt abschrecken und schälen. Auf Gläser mit Bügelverschluss verteilen und mit leicht gesalzenem Wasser übergießen. Im Einkochkessel bei etwa 80 °C ca. 30 Minuten pasteurisieren und an einem kühlen, dunklen Ort aufbewahren. So kann man eine gute Ernte oder ein verlockendes Marktangebot gut übers Jahr retten. Denn Maronen lassen sich noch schlechter als etwa Walnüsse in der Schale aufbewahren. Sie trocknen aus. Aber derart haltbar gemacht, hat man die Grundsubstanz für Pürees und Konfitüren aus Maronen.

WEITERE REZEPTE

Maronenkonfitüre

Dieser kalorienreiche Brotaufstrich ersetzt leicht die zahlreichen im Handel erhältlichen, schokohaltigen Produkte. Auch ist er bestens geeignet, als Dessert ein leichtes Essen sättigend abzuschließen. Grundsubstanz bilden unsere nach dem Grundrezept eingelegten, pasteurisierten Kastanien.

- 750 g geschälte Maronen
- ½ l Wasser
- 500 g Zucker
- 1 Schuss Rum

Die geschälten Maronen mit $1/10$ Liter Wasser im Mixer pürieren. Zucker mit dem restlichen Wasser ($4/10$ l) so lange kochen, bis der Sirup leichte Blasen wirft. Püree peu à peu zugeben und weiterköcheln, bis der Topfboden beim Rühren für Augenblicke sichtbar wird. Den Rum zugeben. Kräftig umrühren, heiß in Bügelgläser füllen und sofort verschließen. So eingemacht, hält die Konfitüre an einem kühlen, dunklen Ort gut ein Vierteljahr. Längere Haltbarkeit erfordert halbstündiges Pasteurisieren bei 80 °C im Einweckkessel.

TIPP

Mit Rohrzucker süßen
Man kann statt normalem weißem Raffineriezucker auch Rohrzucker nehmen, der die Maronenkonfitüre bräunlich färbt, was durchaus passt. Aber Vorsicht, Rohrzucker süßt enorm! Er sollte deshalb nur portionsweise und unter ständigem Abschmecken zugegeben werden.

Maronenpüree rezent

Hierfür sind nach dem Grundrezept eingekochte Maronen bestens geeignet. Es geht alles recht einfach, da die Hauptarbeit, das Schälen, schon geleistet ist. Man braucht

- 750 g geschälte, vorgekochte Maronen
- ¼ l Fleischbrühe
- je eine Prise Zucker und Salz
- eine Spur Muskat
- gegebenenfalls einen Schuss Balsamico

Die Maronen unter vorsichtiger Zugabe der Fleischbrühe pürieren - die Masse darf nicht zu flüssig werden. Auf kleiner Flamme unter Rühren eindicken. Mit Salz, Pfeffer und Muskat abschmecken. Bei Bedarf noch etwas Zucker und Balsamico zugeben. Heiß in entsprechend präparierte Bügelverschlussgläser füllen und sofort verschließen. An einem kühlen, trockenen Ort einige Tage aufbewahren. Danach bei 80 °C 30 Minuten im Einkochkessel pasteurisieren. Dies rezente Püree, das man beim Anrichten dann noch mit etwas Crème fraîche anreichern sollte, veredelt insbesondere einen Gänse- oder Entenbraten in Verbindung mit Rotkraut oder einem „Winterlichen Sauerkraut“.

Süß und sauer –

kurze Dauer

Geschmackspointierung mit Gratiseffekt ♦ Leckeres Gemüsepotpourri ♦ Sauer oder süßsauer ♦ Pflümli zu Pflaumen, Grappa zu Trauben ♦ Anstich im Advent ♦ Wie in Bernstein verewigt ♦ Deftiges zum Vesper

In Essig, Öl und Alkohol

Das Einlegen in Alkohol, Essig und Öl gehört zu den natürlichen Konservierungsmethoden. Schon seit der Antike wird ja das Haltbarmachen mit Hilfe von Öl praktiziert. Unter seiner wasserfreien Schicht gedeihen keine Mikroorganismen, allerdings werden sie auch nicht abgetötet, sondern nur in ihrer Entwicklung gehemmt. Öl nimmt man deshalb weniger zur langfristigen Konservierung als vielmehr zur geschmacklichen Optimierung des Einlegeguts.

Ähnlich ist es mit Essig und Alkohol, obwohl beide hinsichtlich der Konservierung wirksamer sind und geschmacklich kräftigere Akzente setzen. Ihre Wirkung besteht darin, dass sie die Lebensmittel durchdringen und deren natürliche Flüssigkeit ersetzen. Alkohol ist dabei effizienter, weil er die Mikroorganismen abtötet, Essig hingegen verhindert nur ihr Wachstum. Gegenüber so zuverlässigen und lang wirkenden Erhaltungsmethoden wie Einwecken und Einfrieren ist das Einlegen also vor allem eine Art Geschmackspointierung mit dem Gratiseffekt kurz- bis mittelfristiger Konservierung.

SEIT DER ANTIKE BEWÄHRT

Schon in der mediterranen Antike wurde Öl als Konservierungsmittel verwendet. Vor allem Käse, Kräuter und Gemüse eignen sich dafür. Man sollte zum Einlegen aber nur gutes Olivenöl nehmen. Je weniger Säure, desto edler und entsprechend teuer ist es. „Extra natives Olivenöl" enthält bis zu ein Gramm Säure, „Natives Öl" bis zu zwei Gramm pro 100 Gramm Öl. „Olivenöl" ist ein Verschnitt aus raffiniertem und nativem Olivenöl, also keinesfalls mehr „Olio vergine extra", jungfräuliches, natürliches Öl.

Kleine Gürkchen oder Pickles oder Cornichons

Zum sauer Einlegen eignen sich besonders feste, fleischige Gemüse, vor allem Gurken und jegliche Art Kürbis. Mixed Pickles, den Sauer-Klassiker schlechthin, stellt man mit der kleinsten Gurkensorte her, den hörnchenförmigen Cornichons. Sie kommen im Spätsommer auf den Markt und sollten kaum größer als ein Finger sein. Silberzwiebeln und Karot-

Sauer eingelegte grüne Tomaten mit Champignons sind eine belebende Vorspeise und eine stimmige Beilage zu jeder Art von kaltem Braten.

So wird's gemacht:

1

Den Champignons, die noch geschlossen sein sollen, zur Hälfte die Stiele abschneiden (1).

tenscheiben werden jeweils ungefähr im Verhältnis 1:4 beigegeben.

Delikate Gemüse

Blumenkohlröschen und Brokkoli eignen sich hervorragend, ebenso Paprika, Oliven, Schalotten, Sellerie und Pilze – besonders Champignons, wenn sie noch fest und geschlossen sind. Mit der bei uns im Gegensatz zum Mittelmeerraum noch weitgehend unterschätzten grünen Tomate sollte man es im Übrigen unbedingt auch einmal versuchen, sofern man Tomaten im eigenen Garten hat. Auf den Märkten werden sie selten angeboten.

Gemüse sollte man nur sauer einlegen – außer eben Gurke und Kürbis, die auch süßsauer ihren Reiz haben. Wie bei allem Konserviergut nimmt man auch hier nur einwandfreie Stücke, reif, niemals überreif. Sie werden geputzt, gewaschen und dann zwei Tage in Salzwasser oder direkt in grobkörniges Salz gelegt. Dabei muss das Gemüse vom Salzwasser oder vom Salz selber gut bedeckt sein. Man darf dafür kein Metallgefäß, sondern nur Irdenes, Steingut oder Glas verwenden! Dann wird das Gemüse in kaltem Essigwasser abgewaschen – die Essigzugabe bewirkt, dass überschüssiges Salz entzogen wird – und hernach mit sauberen Tüchern oder Küchenkrepp trockengelegt.

Ein unentbehrlicher Zusatz

beim Sauer-Einlegen ist Essig, der nicht nur Gemüse, sondern auch Früchte wie Zwetschgen und Sauerkirschen haltbar macht. Damit er aus weitergärenden alkoholischen Flüssigkeiten entsteht, braucht man Essigbakterien („Essigmutter"). Die edelste Kreszenz ist der „Aceto balsamico", ein Essig so gut wie allerbester Wein und oft ebenso (sünd)teuer, wenn es etwa um Sorten geht, die 40 Jahre und länger in Holzfässern ausgereift sind. Hier kostet die Dreiviertelliterflasche leicht über tausend Mark. Indes gibt es Balsamico, in der italienischen Provinz Modena aus den Trauben des Trebbiano di Spagna gewonnen, auch erschwinglicher: edelste Sorten ab ca. 25 Mark für den Viertelliter. Balsamico ist sozusagen der Champagner unter den Essigsorten, deren es Unzählige gibt, wobei auch hier das Endprodukt nach der Qualität seiner Grundlage gerät. Branntweinessig auf der Basis von wasserverdünntem Spiritus sollte man ebenso wie Essigessenzen meiden. Es gibt mittlerweile exzellente, dabei aber auch preiswerte Essigsorten für unter 10 Mark pro halben Liter, die vor allem auch fürs Konservieren taugen: Apfelessig aus Apfelwein oder Cidre, köstlichste Arten von Rotweinessig, etwa vom Chianti. Ebenso empfehlenswert sind Kreszenzen vom Weißwein oder auch von Waldhimbeeren. Für unsere Zwecke ist der unaufdringliche Rotweinessig ganz besonders geeignet, eventuell mit einem Schuss Balsamico durchmischt.

2

Tomaten und Champignons mit allen Zutaten fünf Minuten im Essigsud köcheln lassen (2).

3

Alles mit der Schaumkelle aus dem Sud nehmen und in vorbereitete Gläser füllen (3).

3

Die gehackten Kräuter darüber streuen und alles mit dem nochmals aufgekochten Essigsud übergießen (4).

Konservierungsmittel Alkohol

Es heißt, man müsse gut ein halbes Pfund Weinbrandbohnen essen, um die Grenze von 0,5 Promille zu erreichen. Von einem Schuss Alkohol in einer eigenen Obstkonserve hat man also nichts zu befürchten. Vorsicht ist allerdings bei ganz in Alkohol eingelegten Früchten geboten, besonders beim Rumtopf. Für Alkoholkranke und Kinder sind Alkoholfrüchte selbstverständlich tabu.

Zum sauer Einlegen brauchen Sie pro Kilogramm Gemüse

- ½ l fünfprozentigen Essig
- ¼ l Wasser
- Lorbeerblätter
- schwarze und weiße Pfefferkörner
- Knoblauch, Nelken oder Piment, Koriander und helle Senfkörner
- Basilikum und Oreganum für Tomaten
- Dill und Borretsch für Gurken
- Rosmarinzweige für Pilze

Fürs Einlegen selber gibt es etliche Möglichkeiten: Gurken und Bohnen blanchiert man in Salzwasser, schreckt mit Eiswasser ab und füllt sie, gut abgetropft, in Gläser. Nebenbei kocht man den Essigsud mit den Gewürzen und Kräutern hoch, schmeckt mit Salz und einer Prise Zucker ab und gießt das Ganze noch kochend übers Gemüse. Bei dieser Methode bleibt das Eingelegte bissfest und geschmacklich dezent.

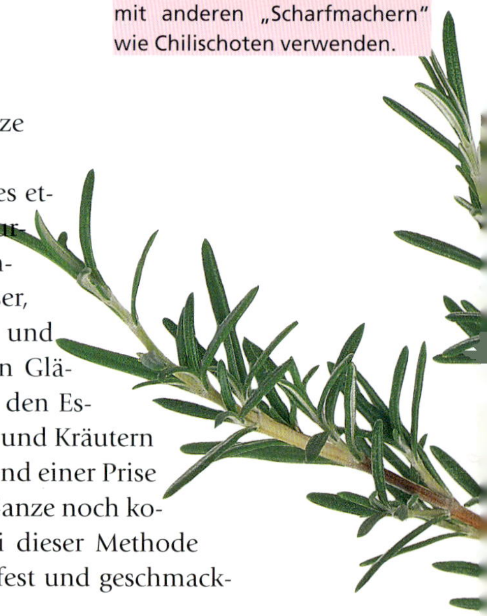

Vorsicht

Dunkle Senfkörner

Für dieses Gewürz gilt: je dunkler desto schärfer. Deshalb empfiehlt sich ein eher homöopathischer Umgang mit Senfkörnern in der Marinade. Vor allem sollte man sie nicht in Verbindung mit anderen „Scharfmachern" wie Chilischoten verwenden.

Sauer Einlegen für Fortgeschrittene

Eine andere Art des Einlegens ist etwas riskanter, im Ergebnis allerdings, wenn sie denn gelingt, auch ausgereifter. Hier nämlich kocht man das einzulegende Gemüse im Essigsud auf und gart es darin bis zur Bissfestigkeit. Nun wird das Einlegegut mit dem Schaumlöffel herausgefischt, ins Glas geschichtet, der Sud wiederum hochgekocht und in sprudelndem Zustand ins Glas gefüllt. Dabei muss das Eingelegte mindestens einen Zentimeter vom Sud überragt werden.

Ähnlich wie das saure geht auch das süßsaure Einlegen. Nur ist eben der Sud süßer und man sollte ihn noch sorgsamer abschmecken als den fürs sauer Einlegen: recht süß bei Kürbis und Senfgurken, weniger süß bei „süßen" Früchten wie Pflaumen, Zwetschgen oder Kirschen. Zum süßsauer Einlegen eignen sich Gurken und Kürbisse, ebenso festfleischige Früchte wie Pflaumen und Zwetschgen, Äpfel und Birnen, aber auch Quitten und Schlehen, Süß- und Sauerkirschen.

Tipp

Damit die Gläser heil bleiben

Füllt man heiße Flüssigkeit in Gläser, so besteht die Gefahr, dass sie zerspringen. Das ist besonders ärgerlich, wenn man schon sein vorbereitetes Gemüse eingeschichtet hat. Dieser Gefahr entgehen Sie, wenn Sie die Gläser auf feuchtwarme Tücher stellen, bevor Sie den heißen Essigsud einfüllen.

Cornichons in Rotweinessig

Eine besondere Form mit etwas herberen Ergebnissen als bei den bisher geschilderten Methoden ist das Einlegen roher Gemüse, insbesondere kleiner Gurken (Cornichons) in reinem Rotweinessig.

Sie brauchen

- 1 kg Gürkchen
- Schalotten
- Knoblauchzehen
- Chilischoten, Wacholderbeeren, Senf- und Pfefferkörner
- Thymian, Estragon, Rosmarin
- Rotweinessig
- 2 bis 3 Halbliter-Einmachgläser

Die Gürkchen werden zwei Tage in Salzwasser gelegt (8 g pro Liter Wasser, aber abschmecken, ob es nicht zu „lasch" ist) und kurz in Essigwasser gebadet. Dann füllt man sie in ein vorher mit heißem Wasser keimfrei gemachtes Einmachglas, versetzt sie kräftig mit Chilischoten, Schalotten, Knoblauchzehen, Wacholderbeeren, Pfeffer- und Senfkörnern. Zuletzt legt man Thymian-, Estragon- und Rosmarinzweige dazu und gießt alles mit Rotweinessig auf, der natürlich auch hier die Gemüsemasse um gut einen Zentimeter überdecken muss.

Tipp

Eine kernige Sache

Rehrücken oder Wildschweinkeule mit süßsauren Weichselkirschen (Sauerkirschen) garniert, eine kernige Sache, vollends naturbelassen, wenn man die Früchte vorher weder entsteint noch entstielt. Man darf sie mit den Fingern an den Stielen aus der Sauce ziehen. Esslokale der feineren Sorte, die so etwas servieren, reichen deshalb auch ein Aquamanile (kleines Handwaschbecken mit lauwarmem Wasser) zu dieser ungewöhnlichen Beilage.

Hochprozentige Genüsse

Früchte, Zucker und Alkohol sind schon deshalb eine ideale Kombination, weil sie sich beim Konservieren geschmacklich durchdringen, sodass sich beiläufig auch ein köstlicher Likör ergibt. Die Mischung aus Zucker und Alkohol macht Früchte auf Jahre hinaus haltbar und sie werden dabei immer besser, wie eben auch der natürliche Likör, der sie umgibt. Der Alkohol muss hochprozentig sein, nicht unbedingt teuer, aber auch kein Fusel. 54-prozentiger Rum ist ideal. Bei geringeren Prozenten des alkoholischen Getränks, mit dem konserviert werden soll, lässt sich mit einem Esslöffel reinem Weingeist, wie er in Apotheken erhältlich ist, pro Halbliterglas nachhelfen.

Zum Einlegen in Zucker und Alkohol eignen sich eigentlich alle Früchte, sie müssen nur reif und von exquisiter Qualität

Tipp

Das Pünktchen auf dem i der Nachspeise

Ob Pudding, Eiscreme oder Mousse, in Alkohol eingelegte Kirschen werten Ihre Desserts doppelt auf: Sie setzen einen kräftigen Farbakzent und fügen eine markante Duft- und Geschmacksnote hinzu.

sein, eben „I a". Vorbereiten muss man ebenso sorgfältig wie bei allen anderen Konservierungsmethoden: Waschen, Trocknen, in der Regel Entstielen und Entkernen und in die mit kochendem Wasser steril gemachten Gläser füllen. Die Zuckermenge richtet sich auch hier nach der Süße der Früchte: Für Ananas, Birne und Pfirsich nimmt man nur etwa ein halbes Pfund Zucker auf ein Kilogramm, für Aprikosen, Erdbeeren, Heidelbeeren oder Kirschen braucht man 500 Gramm Zucker. Bei Pflaumen oder Zwetschgen, ohnehin die hauptsächlichen Konservierungsfrüchte, sind Frucht- und Zuckermenge gleich.

Mit Zuckersirup übergossene Früchte versprechen ein besonders intensives Geschmackserlebnis.

1

So wird's gemacht:

Früchte und Zucker abwiegen, die sauberen Gläser auf feuchtheiße Tücher stellen, eventuell zur Geschmacksnuancierung Zimt und/oder Nelken bereitlegen (1).

Pflümli zu Pflaumen, Grappa zu Trauben …

Der Einlegvorgang selber ist denkbar einfach: Man füllt die entsprechenden Früchte ins Glas, zuckert sie ein, wobei man statt des raffinierten weißen Zuckers auch den wesentlich markanteren Rohrzucker nehmen kann, und gießt das Glas mit dem jeweiligen Alkohol so auf, dass alle Früchte gut bedeckt sind.

Es liegt nahe, Pflaumen und Zwetschgen mit Zwetschgenwasser, „Pflümli" oder Slibowitz, Himbeeren mit Himbeergeist, Kirschen mit Kirschwasser, Weintrauben mit Grappa, Birnen mit Birnengeist, Aprikosen mit Marillenschnaps, Äpfel mit Calvados zu versetzen. Wer seine Früchte mit dem komplementären Hochprozentigen kombiniert, wird auf jeden Fall überzeugende Resultate erzielen. Andererseits sind hier der Fantasie keine Grenzen gesetzt. Als Grundregel gilt lediglich, dass Nelken und Zimtstangen besonders gut zu Steinobst passen.

Spezialität für Leckermäuler

Der Vorgang des Einlegens lässt sich im Übrigen noch intensivieren, wenn man die Früchte, statt sie mit Zucker zu bestreuen, mit Zuckersirup übergießt.

Sie brauchen:

- 1 kg Früchte
- 500 g Zucker
- 1 EL Alkohol, am besten Cognac, Weinbrand oder Rum
- schweren Topf
- Rührlöffel (am besten einen neuen aus Holz)
- Zuckerthermometer

Zunächst löst man den Zucker in einem schweren, fest auf dem Herd stehenden Topf bei milder Hitze und unter ständigem Rühren in Wasser auf. Man mischt im Verhältnis 30

KRISTALLIN UND SÜSS

Arznei, Luxusgut, preiswertes Lebensmittel – so verlief der Weg des Zuckers in Europa. Zunächst wurden die wasserlöslichen süßen Kristalle aus amerikanischem Rohrzucker gewonnen. Auf deutschem Boden entstanden Raffinerien seit dem 16. Jahrhundert, zunächst in Augsburg, dann in Dresden und anderen Städten. Aber noch war Zucker ein Luxusartikel, bis es gelang, den begehrten Stoff aus Zuckerrüben zu gewinnen. Wichtig ist die Unterscheidung zwischen weißen und braunen Zuckerarten. Zu diesen gehört der Rohr-Rohzucker, ein Edelprodukt aus dem Mark des Zuckerrohrs mit honigfarbenem Goldton. Da er stark süßt, empfiehlt sich behutsamer Umgang damit, während man den üblichen braunen Rohrzucker wie normalen Zucker verwenden kann. Von den aus Zuckerrüben gewonnenen weißen Arten interessieren fürs Konservieren vor allem Normal-, Gelier- und Einmachzucker.

2

Die Früchte in luftdicht schließende Gläser schichten (2).

3

Den Zucker mit der angegebenen Wassermenge auflösen, zum Kochen bringen und, falls gewünscht, die Gewürze zugeben, bei 130 °C mit Alkohol ablöschen (3).

4

Die ins Glas geschichteten Früchte mit dem Zuckersirup übergießen, Gläser sofort verschließen und im Kühldunkel aufbewahren (4).

Gramm Zucker auf einen Esslöffel Wasser. Sobald sich der Zucker vollständig aufgelöst hat, bringt man ihn ohne weiteres Rühren zum Kochen. Wer es ganz genau machen will, benutzt ein Zuckerthermometer aus dem Fachhandel, das man in den Sirup legt. Sobald die süße Flüssigkeit 130 °C erreicht hat, wird der Sirup mit einem Esslöffel Alkohol pro Halbliterglas abgelöscht. Dann werden die ins Glas geschichteten Früchte damit übergossen. Nun sofort das Glas verschließen und an einen kühlen, dunklen Ort bringen! Die Früchte müssen vor dem Verzehr mindestens zwei bis drei Wochen in ihrer Flüssigkeit ruhen, halten sich aber bei entsprechendem Alkoholgehalt über Jahre und werden dabei von Tag zu Tag besser.

Klassiker Rumtopf

Ein Klassiker unter den in Alkohol eingelegten Früchten ist der Rumtopf. Sein Alphabet reicht von A wie Ananas bis Z wie Zwetschge. Auch hier gilt die Grundregel fürs Einlegen, dass man nur einwandfreie, reife, aber keine überreifen Früchte nimmt. Da man die berauschende Köstlichkeit ohnedies mindestens ein halbes Jahr ruhen lassen sollte, um sie dann nach alter Tradition am Ersten Advent „anzustechen“, empfiehlt sich allein aus Gründen der Haltbarkeit ein hochprozentiger Alkohol. Klassischerweise verwendet man einen in jedem Supermarkt erhältlichen 54-prozentigen Rum. Wer auf Geschmacksvarianten aus ist, kann aber auch mit anderen Hochprozentern experimentieren.

Der seit alters überlieferte deutsche Rumtopf beginnt mit der Erdbeersaison im Juni und endet im Oktober mit Birnen und Ananas. Die Gefäße, sie heißen „Rumtopf“ wie ihr Inhalt, sind aus Steingut und es gibt sie in oft gnadenlos kitschigen Ausführungen. Aber es genügt natürlich auch ein neutrales Gefäß aus Steingut. Sein Fassungsvermögen sollte allerdings mindestens fünf Liter betragen.

Der Rumtopfkalender nun sieht so aus: Im Juni gewaschene und entstielte Erdbeeren, im Juli entstielte und entkernte Weichselkirschen (Sauerkirschen) und Himbeeren; im August blanchierte, gehäutete und entkernte Pfirsiche und Aprikosen, je nach Geschmack gehälftelt oder in Streifen geschnitten; im „blauen Mond September“ kommen natürlich Pflaumen und Zwetschgen, halbiert und entsteint, hinzu; im

Oktober schließlich legt man kleine Stücke reifer Ananas obenauf und darüber, zum guten Schluss, geschälte und entkernte Birnenviertel.

Dass man für den Rumtopf nur sorgfältig ausgesuchtes Obst verwendet, versteht sich schon deshalb, weil die Sache doch etwas Arbeit macht und auch ins Geld geht, denn man sollte nur allerbesten Rum verwenden.

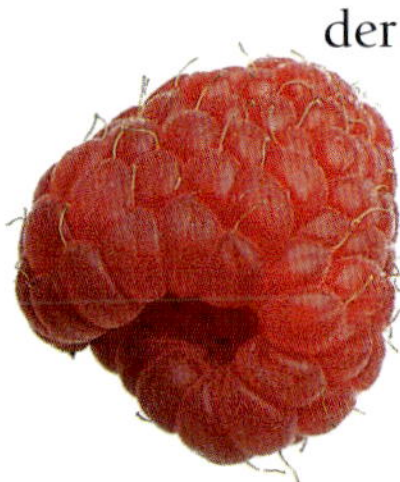

Die Herstellungsprozedur ist ähnlich wie bei den in Zucker und Alkohol eingelegten Einzelfrüchten: Alles wird nach der Vorbereitung trockengetupft, behutsam ausgelegt, eingezuckert und mit Alkohol so übergossen, dass der Pegelstand einen Zentimeter über die Früchte reicht. Anfangs wird man dabei mehr Alkohol brauchen als gegen Schluss, wenn schon die meisten Früchte ihren köstlichen Likör abgegeben haben.

Als Maßgabe zum Einzuckern gilt:

- 1 Pfund Früchte
- ein halbes Pfund Zucker
- genügend Rum

Ist das Gemisch ausreichend mit Alkohol bedeckt, rührt man behutsam mit einem sorgfältig gereinigten Holzlöffel um, damit der Zucker sich vom Boden löst. Um zu verhindern, dass Früchte obenauf schwimmen, legt man einen Teller darüber, der die Einlagen sozusagen unterdrückt und dafür sorgt, dass sie sich gleichmäßig mit dem Zucker- und Alkoholgemisch vollsaugen. Vor jeder neuen Lage muss der Teller dann entfernt werden, dabei gilt es Verunreinigungen sorgfältig zu verhindern, also äußerst sauber und zur Not mit heiß ausgekochten Gummihandschuhen arbeiten.

Sollten die Früchte trotzdem einmal zu gären beginnen, schöpft man sie ab und gießt zwei Esslöffel reinen Weingeist ins Steingutfass (96-prozentigen Alkohol, in Apotheken erhältlich). Sollte das Früchte-Alkohol-Gemisch aber immer noch weiter gären, ist es verdorben. Dann hilft nur noch Wegschütten.

Akzente ganz nach persönlichem Geschmack

Die Zusammensetzung dieses überlieferten Rumtopfs ist zwar untadelig, aber doch etwas puristisch. Leicht lassen sich nämlich noch Johannisbeeren aller drei Farben, Stachelbeeren und entsteinte Mirabellen dazulegen. Und wer es besonders gehaltvoll liebt, bedenkt seinen Rumtopf jeweils mit einer kleinen Zwischenschicht

VORSICHT!

Luft fern halten!

Falls Sie ein Gefäß ohne dicht schließenden Deckel für den Rumtopf verwenden, muss es bei jeder Neueinlage mit luftdicht anliegendem Cellophan verschlossen werden, sonst entweicht das köstliche Aroma! Ein Experiment ist auch der sonst zum Einsäuern verwendete „Kuhltopf" wert, dessen isolierender Wasserrand garantiert, dass kein „Geist" verfliegt.

(selbst) gedörrter Apfelringe, Sultanien oder auch gedörrter und entsteinter Zwetschgen. Man kann sie ebenso wie gedörrte Aprikosen oder Birnenschnitze statt des erntefrischen Obstes nehmen. Nur werden sie dann nicht mehr gezuckert, da gedörrte Früchte an sich schon extrem süß schmecken. Ähnliches gilt natürlich auch für mögliche Lagen aus Sultaninen (Rosinen) oder Dörräpfeln.

Glanz in Feinschmeckers Auge

Die alte mediterrane Methode des Einlegens in Öl ist wie erwähnt zum dauerhaften Einlegen nur bedingt tauglich. Man sollte sie, etwa bei Gemüse, mit anderen bewährten Konservierungsarten koppeln, so durch vorheriges Aufkochen mit Essigsud, dann hat man lange Freude daran. Vollends, wenn die Gläser nach dem Einlegen in Stanniol gehüllt werden, damit ihr Inhalt vor schädlicher Lichteinwirkung bewahrt bleibt. Denn Licht macht Öl ranzig und ranziges Öl schadet der Gesundheit. Dass sich die kleine Mühe des Umhüllens lohnt, sieht man, wenn man die Gläser wieder auspackt. Nichts Eingelegtes sonst ist optisch so präsent wie das in Öl Gelagerte, das nachgerade wirkt, als sei es in reinstem Bernstein verewigt.

Speiseöl mit individueller Geschmacksnote

So ein „Ölstück" besteht etwa aus eingelegten Kräutern, wofür man einfaches Sonnenblumen-, Distel- oder auch Olivenöl verwenden kann, denn die Idee bei dieser Art Konservierung ist, das Öl mit den Kräutern gewissermaßen zu parfümieren und geschmacklich aufzuwerten. Aber auch die Kräuter lassen sich weiterverwenden. In Frage kommen in unse-

Passt zum Vesper ebenso wie als Magenschließer nach einem mehrgängigen Menu: mit Knoblauch und nach Geschmack auch mit Chili-Schoten in Öl eingelegter Weichkäse. Als originelles Mitbringsel kann man seine Gastgeber damit erfreuen.

So wird's gemacht:

Käse entrinden und mit angewärmter Klinge in Würfel schneiden (1).

Die Würfel in einer Mischung aus fein geriebenen getrockneten Kräutern und Pfeffer wenden (2).

Käsestückchen mit Knoblauch und Chili-Schoten nach Geschmack ins Bügelglas schichten und mit Öl übergießen (3).

1

2

HERBES DE PROVENCE

Die bekannteste und vielseitigste Mischung getrockneter Kräuter sind die „Kräuter der Provence" (Herbes de Provence), in die neben Rosmarin und Thymian auch Liebstöckel gehört.

ren Breiten Basilikum, Bohnenkraut, Borretsch, Dill, Estragon, Kerbel, Liebstöckel, Majoran, Minze, Oregano, Petersilie, vor allem und immer wieder Rosmarin, Sellerieblätter und Thymian.

Man verliest die Kräuter nach der Ernte sorgsam. Zu einem Strauß zusammengebunden, wie wir's auch in unserem Kapitel übers Trocknen empfehlen (siehe Seite 113 f), lässt man sie nach unten hängend im Freien trocknen. Danach werden die Stiele abgeschnitten, die Kräuter im Glas untergebracht und mit Öl übergossen, sodass alles restlos bedeckt ist. Man verschließt das Glas, wickelt es wiederum in Stanniol und stellt es kühl. Die getrockneten Kräuter haben gegenüber frischen den Vorzug, das Öl nicht zu trüben. Es lässt sich dann nach etwa drei, vier Monaten als selbst hergestellte Delikatesse zum Braten oder Salat verwenden. Die Kräuter müssen abtropfen, sobald man sie entnimmt. Sie wirken, wenn man sie abzupft, fast wie frisch gepflückt und eignen sich dann besonders zum Mitschmoren – etwa im Fall von Rosmarin und Bohnenkraut. Eine optische Bereicherung eines jeden in Öl einzulegenden Kräuter-Bouquets ist die Zugabe eines frischen Zweigs mitten unter die getrockneten – auch hier wieder eignet sich Rosmarin hervorragend.

Ideal zum Vesperbrot

Ein weiterer Klassiker des Einlegens in Öl sind kleine Stücke Weichkäse. Grundsubstanz und Gewürzbeilagen erlauben hier vielerlei Kombinationen. Besonders eignen sich Schafs- und Ziegenkäse, aber auch entrindeter Brie oder Camembert. Man kann es außerdem mit Greyerzer (Gruyère) oder noch einfacheren Sorten wie Emmentaler und Gouda probieren.

Sie brauchen für ein Glas mit einem halben Liter Inhalt etwa:

- 300 g Käse Ihrer Wahl
- Kräuter, besonders Kräuter der Provence
- 1 Chilischote
- Knoblauchzehen nach Belieben
- ca. 0,3 l Olivenöl
- Bügelglas

Der entrindete Käse wird mit einer in warmes Wasser getauchten scharfen Messerklinge in Würfel geschnitten und in einer Mischung aus gemahlenem Pfeffer und getrockneten, fein geriebenen Kräutern gewendet, insbesondere Herbes de Provence. Die Würfel im Glas übereinander schichten, nach Geschmack getrocknete Chilischoten und Knoblauchzehen dazugeben, mit dem Öl auffüllen. „Dunkel" verpackt und kühl gestellt hält diese Käsewürfelmischung etwa zehn Tage.

Eine geschmacklich weniger markante Version lässt sich aus Schafskäse, Schalottenringen, Petersilie und der Schale einer ungespritzten Zitrone bereiten. Etwas Salz und Pfeffer nicht vergessen, sonst wird es denn doch ein bisschen bieder.

AUTORS GEHEIMTIPP

Mozzarella mit Basilikum, Pfeffer und Thymian

Drei Laibchen Mozzarella werden trockengetupft und in etwa zwei Zentimenter große Würfelchen geschnitten. Mit grob gemahlenem schwarzem Pfeffer, je nach Geschmack, bestreuen. Basilikum- und Thymianblätter dazugeben, am besten gehackt, damit sich ihre Geschmacksstoffe dem Öl gut mitteilen. Die in ein Halbliter-Glas geschichtete Käse-Kräuter-Masse mit erstklassigem Öl übergießen, bis die obersten Würfel gut daumenbreit bedeckt sind.

Bon appétit!

Pfiffig dagegen ist eine französische Würzkäse-Mischung, die etwa zu gebackenen Kartoffeln Sensation machen kann.

Sie brauchen

- 1 Stange jungen Lauch
- je 100 g Ziegen- und Schafskäse
- 50 g Gruyère
- 200 g Magerquark
- einige Knoblauchzehen
- ein Schnapsglas trockenen Weißwein
- Olivenöl
- Salz, Pfeffer, Zucker

Man mixt den zehn Minuten in Salzwasser geköchelten Lauch mit Knoblauchzehen, den Käsesorten und dem Magerquark. Dazu kommen ein Schnapsgläschen trockenen Weißweins und einige Tropfen edles Olivenöl. Man schmeckt mit Salz, gemahlenem Pfeffer und einer Prise Zucker ab. Die wohl abgewogene Masse wird auf ein leinenes Tuch gegeben und ausgepresst. Die übrig gebliebene Käsepaste kommt in einen Steinguttopf und wird zwei Zentimeter hoch mit allerfeinstem Olivenöl bedeckt. Gut zwei Wochen hält sich die Köstlichkeit im Kühldunkel.

DAS BESONDERE REZEPT

Angebratene Schalotten in Öl

Vorspeise und eine gefällige Salatgarnierung.

● 1 kg Schalotten ● 200 g Knoblauchzehen ● 1 Bund krausblättrige Petersilie, Rosmarinnadeln und Thymianblätter ● 3/4 l Olivenöl zum Anbraten und Einlegen ● weißen und schwarzen Pfeffer aus der Mühle sowie Salz nach Belieben

Schalotten schälen und an der „natürlichen" Stelle zweiteilen. Knoblauchzehen schälen. Petersilie waschen, trockentupfen und hacken. Rosmarinnadeln und Thymianblättchen abzupfen. Schalotten und Knoblauchzehen etwa zwei Minuten blanchieren, dann herausnehmen, in Eiswasser tauchen und gut abtupfen. Die Schalotten dann in Olivenöl mit Zugabe von etwas Butter mild anrösten, bis sie leicht bräunen. Aus der Pfanne nehmen, salzen und ins Einmachglas geben. Knoblauchzehen und Kräuter kurz in der Pfanne anrösten, bis der Knoblauch leicht glasiert. Mild salzen, pfeffern und über die Schalotten ins Glas geben. Olivenöl darüber gießen, bis es daumendick über der Einlage steht. Verschließen, dann kühl und trocken lagern.

DAS BESONDERE REZEPT

Früchte in Rotwein mit Rum oder Cognac

Servieren Sie diese Gaumenfreude als Dessert, entweder gut gekühlt zu einigen Kugeln Eis oder warm als gehaltvolle Beilage zu hauchdünnen Crêpes. Beachten Sie dabei, dass Trockenfrüchte „von Haus aus" sehr süß sind. Für ein Literglas mit Bügelverschluss nimmt man etwa

● je 200 g getrocknete Apfelscheiben, Birnenschnitze, Aprikosen und Pflaumenhälften ● 2 EL Rosinen ● 1/2 l herben Rotwein ● 1/4 l milden Rum (ca. 40 %) oder ähnlich gearteten Cognac ● 3 bis 4 Stangen Zimt, 1 TL Nelken und einige Stücke Sternanis zur Zierde

So wird's gemacht

Die Trockenfrüchte mit den Rosinen ins Glas schichten und mit dem Rotwein aufgießen. Über Nacht quellen lassen. Danach Gewürze beigeben und mit dem Rum oder Cognac übergießen, bis alle Früchte reichlich überdeckt sind. Von nun an müssen unsere alkoholisierten Trockenfrüchte noch mindestens sechs Wochen gut durchziehen, bevor sie auf ganz neuartige Weise herangereift sind.

Gewürzte Aprikosen

Süßsaure Aprikosen sind eine hinreißende Beilage zu Wildenten sowie zu Grau- oder Martinsgänsen.

- 1 kg feste, reife Aprikosen
- ¼ l Weinessig
- ⅛ l Wasser
- 500 g Einmachzucker
- ¼ l hochprozentiger Rum (54%)
- 1 Zimtstange, eine Hand voll Sternanis oder ½ EL Nelken, ½ EL schwarzer Pfeffer, Salz

Aprikosen waschen, halbieren und entsteinen. Zucker in den Sud aus Essig und Wasser einrühren, Gewürze beigeben, mit Salz abschmecken. Die Aprikosen im Sud ziehen lassen, nicht köcheln, weil sie schnell musig werden. Nach etwa fünf Minuten die Früchte herausnehmen und in vorbereitete Bügelgläser geben. Den Sud abschmecken, nochmals fünf Minuten köcheln lassen und dann über die Aprikosen gießen. In jedes Glas vor dem Verschließen einen Schuss Rum gießen. Wegen dieses Alkohols muss der Sud nicht nach Tagen erneut aufgekocht werden. Dennoch beträgt die Haltbarkeit bei entsprechender Lagerung rund drei Monate.

Pflaumen in Armagnac

Armagnac ist ein Weinbrand, der nur aus den Weißweinen des gleichnamigen Anbaugebiets erzeugt werden darf. Seine dunkle Farbe und einen rustikalen, herben Geschmack nimmt er in Fässern aus dunkler Pyrenäeneiche an. Mit Pflaumen geht er eine wunderbare Geschmacksverbindung ein.

- 1 kg reife, aber feste Pflaumen
- 250 g brauner Kandis
- 1 Stange Zimt
- ⅛ l Armagnac
- Sternanis und Koriander nach Belieben

Die gewaschenen und entstielten Früchte aufschneiden, den Stein entfernen und durch eine Mandel ersetzen. In einem schweren Topf Kandis und Wasser vermischen, die Früchte zugeben. Hat der Kandis sich aufgelöst, nimmt man die Früchte mit dem Schaumlöffel aus dem Sud und schichtet sie mit den Gewürzen in vorbereitete Gläser. Zunächst den Armagnac auf die Gläser verteilen, dann mit dem Sud auffüllen. Die Gläser verschließen und bei 75 °C 35 Minuten pasteurisieren. Zu Vanilleeis sind diese Pflaumen in Armagnac eine köstliche Ergänzung, ebenso munden sie zu Wildgerichten.

WEITERE REZEPTE

Quittenspalten in Whisky

Eine ausgefallene Möglichkeit, die klassische Geleefrucht Quitte auf ganz andere Art zu verarbeiten:

- 1 kg Quitten
- 1 kg Einmachzucker
- 50 g Rosinen
- 1 Zitrone, unbehandelt
- ¼ l Whisky
- ¼ l Wasser

Quitten gründlich abreiben und waschen, vierteln und von den Kerngehäusen befreien. Zitrone zunächst dünn schälen und dann entsaften. Wasser, Zucker, Schale und Saft der Zitrone werden sodann zusammen aufgekocht. Man gibt nun die Quittenscheiben in die kochende Flüssigkeit und lässt sie fünf Minuten sanft köcheln. Daraufhin die Rosinen bei geringer Hitze weitere fünf Minuten mitkochen. Whisky unterrühren, sobald die Quitten ausgekühlt sind. In Bügelverschlussgläser füllen, sofort verschließen und im Keller oder an einem kühl-dunklen Platz bis zu sechs Monate aufbewahren.

TIPP

Damit Blumenkohl nach Blumenkohl schmeckt

Eingelegter Blumenkohl neigt manchmal zu leicht tranigem Nachgeschmack. Dagegen helfen ein paar Tropfen Zitrone im letzten Aufgusssud, vielleicht sogar in Verbindung mit einigen Tropfen Balsamico.

Blumenkohl süßsauer

In Kombination mit anderen Gemüsen gehört Blumenkohl zu „Mixed Pickles“ und „Gewürzetagen“, aber er eignet sich auch hervorragend als „Solist“ für eine süßsaure Konserve.

- 1 großen, festen Blumenkohlkopf
- 1 l Wasser
- je 250 g braunen und weißen Zucker, gemischt
- ⅛ l Rotweinessig
- 2 EL Pfefferkörner, schwarze wegen des Farbkonstrasts zum Blumenkohl
- einige Körner Piment, 1 EL helle Senfkörner, einige Lorbeerblätter

Der Blumenkohl wird in Röschen aufgeteilt und etwa drei Minuten in Salzwasser blanchiert. Mit der Schaumkelle abtropfen lassen. Dann in Bügelverschlussgläser füllen. Essig, Zuckermischung und Gewürze zum Garwasser geben. Hochkochen und dann zehn Minuten köcheln lassen. Abschmecken, gegebenenfalls nachwürzen und heiß über die Blumenkohlröschen in ihren Gläsern gießen, die wie immer auf feuchtheißen Tüchern stehen. An den folgenden drei Tagen den Sud jeweils erneut aufkochen und über die Blumenkohlröschen gießen. Auf diese Weise hält der eingelegte Blumenkohl etwa ein Vierteljahr.

Bohnen süßsauer

Bohnen sind zum Konservieren ein Allroundgemüse: Man kann sie einfrieren, einwecken, einsäuern oder süßsauer einlegen. Immer müssen sie vorher ca. fünf Minuten in Salzwasser blanchiert werden, damit sie weich werden und vor allem ihr giftiges Phasin verlieren.

- 1 kg Stangen- oder Buschbohnen
- 500 g Zwiebeln (Schalotten oder die weißen Enden von Frühlingszwiebeln)
- ½ l roter Weinessig
- ¼ l Wasser
- 150 g brauner Zucker
- eine Hand voll Knoblauchzehen, 2 Stängel Dill, einige Chilischoten
- ersatzweise Peperoni), 2 TL helle Senfkörner, etliche Gewürznelken, je 1 EL Pimentkörner und helle Senfkörner
- Salz zum Abschmecken

Die Stangenbohnen werden gegipfelt, gefädelt und gewaschen. Gründlich abtropfen lassen und etwa fünf Minuten in leicht gesalzenem Wasser (abschmecken!) blanchieren. Dann in Eiswasser tauchen, damit die Bohnen ihre Farbe behalten. Abtropfen lassen.

Zwiebel (Schalotten) sowie Knoblauchzehen schälen und jeweils halbieren. Dillstängel unter fließendem Wasser waschen, trockentupfen und abzupfen. Chilischoten oder Peperoni der Länge nach aufschlitzen und entkernen. Dies alles und die Gewürze in Gläser mit Bügelverschluss füllen und den Sud bereiten: Weinessig mit Wasser aufkochen, den Zucker einrühren, bis er sich aufgelöst hat. Mit Salz abschmecken. Heiß über die Bohnen in die Gläser gießen und drei Tage kühl und dunkel lagern. Danach den Sud abgießen, hochkochen und die Bohnen nochmals damit übergießen. Diesen Vorgang nach drei und sechs Tagen wiederholen. Bei kühldunkler Lagerung halten solche Bohnen etwa vier Monate und sind als Gemüse oder Salat verwendbar.

Weitere Rezepte

Sauerkirschen süßsauer

Diese Sauerkirschen sind eine ideale Ergänzung zu jeder Art von Wild, ganz besonders zu Wildschwein.

- 1 kg Sauerkirschen
- 1/4 l Rotwein
- 1/4 l Rotweinessig
- 500 g Zucker
- 2 bis 3 ganze Stücke Sternanis (ersatzweise Nelken), je 1 TL Koriander- und schwarze Pfefferkörner

Die Sauerkirschen entstielen und entsteinen, die Steine zurückbehalten. Einen Sud aus Essig, Rotwein und Zucker bereiten, mit Salz abschmecken. Kirschen und Gewürze ins Bügelglas schichten. Einige Kirschsteine mit dem Hammer auf einem Holzbrett zertrümmern und – je nach Größe und Zahl der Gläser – Säckchen aus Küchenmull oder Würzkugeln damit füllen. Den heißen Sud über die Kirschsteine in die Gläser gießen und diese sofort verschließen. Nach drei Tagen haben die Kirschkerne ihre Schuldigkeit getan und der Einlage einen edelbitteren Hauch gegeben. Man nimmt sie heraus. Den Sud jetzt nochmals aufkochen und abschmecken, die Kirschen erneut übergießen und die Gläser sofort fest verschließen. Haltbarkeit bei angemessener Lagerung: etwa vier Monate.

Süßsaure Glasgurken

Diese Süßsauerkonserve hat ihren Namen von den Salat- oder Flaschengurken, die nach einer gewissen Einlegezeit wie gläsern wirken.

- 1 kg Salat- oder Flaschengurken
- 200 g Schalotten
- 1/4 l Weinessig
- 1/4 l Wasser
- 100 g Zucker
- einige Lorbeerblätter, einige Stängel Dill, 1/2 EL gelbe Senfkörner, je 1 TL Dill- und Anissamen
- Salz zum Abschmecken

Die Gurken mit dem „Ökonom" schälen und in etwa 1/2 Zentimeter dicke, die Schalotten dagegen in dünnere Scheiben schneiden. Gurken, Schalotten und Lorbeerblätter in vorbereitete Bügelverschlussgläser schichten. Die anderen Gewürze mit Essig, Wasser und Zucker aufkochen, mit Salz abschmecken. Feuchtwarme Tücher unter die Gläser legen, den Aufguss einfüllen und die Gläser schließen. Kühl und trocken aufbewahren. Den Sud nach drei und sechs Tagen nochmals aufkochen und über die Einlage geben. Diese Glasgurken, eine ideale Ergänzung für jedes kalte Buffet, halten gut drei bis vier Monate.

Auberginen italienisch

- 1 kg kleine Auberginen
- 1 Knoblauchknolle (besser eine frische Knoblauchzwiebel)
- 1/8 l kaltgepresstes Olivenöl, 1/4 l Rotweinessig
- Rosmarinzweige, Lorbeerblätter und 2 TL schwarze Pfefferkörner

Die Auberginen waschen, von den Stängeln befreien und in 1/2 Zentimeter dicke Scheiben schneiden. Auf einer großen Platte auslegen und salzen. Eine halbe Stunde ziehen lassen. Danach in einem Durchschlag kalt abbrausen. Mit Küchenkrepp trockentupfen. Knoblauchzehen schälen und längs halbieren. Das Öl am besten im eisernen Bräter erhitzen und erst die Knoblauchzehen, danach die Auberginenscheiben glasig braten. Mit Essig aufgießen und aufkochen lassen. Mit dem Schaumlöffel in große Einmachgläser schichten und dann den heißen, noch einmal abgeschmeckten Sud darüber gießen. Schnell verschließen und wie immer an einem kühlen, dunklen Ort aufbewahren. Die Prozedur mit dem aufgekochten Sud nach drei und zehn Tagen wiederholen, das erhöht die Haltbarkeit auf etwa vier Monate.

Basilikumbohnen

geben eine interessante Vorspeise ab und lassen sich mit Fleischgerichten variantenreich kombinieren.

- 2 kg Stangenbohnen
- 2 Bund Basilikum
- 200 g Einmachzucker
- frischer Meerrettich (ein Stück von 2 bis 3 cm)
- mehrere Knoblauchzehen, je nach Größe
- 1/2 l Essig
- 1/2 l Wasser
- Salz nach Belieben

Die Bohnen gipfeln, fädeln und gründlich waschen. In kochendem Salzwasser werden sie sodann blanchiert, nach fünf Minuten abgegossen und in Eiswasser abgeschreckt. Während die Bohnen abtropfen, werden die Knoblauchzehen gestiftelt und das Basilikum gewaschen, mit Küchenkrepp abgetupft und in vier Portionen aufgeteilt. Der Meerrettich wird geschält und grob geraspelt. Die Bohnen aufrecht in vier vorbereitete Gläser auf feuchtheißen Tüchern stellen, Meerrettich, Knoblauch und Basilikum anteilig dazugeben. Zucker, Essig und Wasser mischen, mit Salz abschmecken und erhitzen, bis sich der Zucker aufgelöst hat. Diesen Sud über die Bohnen gießen. Bei 85 °C eine halbe Stunde pasteurisieren. Kühldunkel gelagert halten diese Bohnen ein Dreivierteljahr.

Weitere Rezepte

Gemüse in Etagen

Es wirkt optisch sehr attraktiv, wenn man in hohe, 1,5 bis 2 Liter fassende Einmachgläser verschiedene Gemüse übereinander schichtet. Nahezu alles passt zusammen: Blumenkohl, Brokkoli und Rosenkohl, Champignons, Steinpilze und Buschbohnen, Gelbe Rüben und Paprika in allen Farben.

Die Gemüse waschen und präparieren: Blumenkohl in Röschen zerlegen, Bohnen gipfeln und fädeln, Karotten schälen, den Rosenkohl von Strunk und äußeren Blättern befreien, Paprika vierteilen und die Kerne herausholen, ein Stückchen vom Stiel der Pilze abschneiden. Alle Gemüse so in Salzwasser blanchieren, dass sie bissfest bleiben. Am wenigsten Zeit brauchen Pilze und Paprika, etwas mehr die Blumenkohlröschen und die gestiftelten Gelben Rüben. Am längsten dauert der Rosenkohl. Immer wieder anstechen oder Bissproben machen! Nach dem Blanchieren die Gemüse sofort in Eiswasser abschrecken, damit die Farbe erhalten bleibt. Gut abtropfen lassen. Jede Gemüsesorte für sich in die Gläser schichten. Sie brauchen

- 1 kg Gemüse
- 1/4 l Rotweinessig
- 1/4 l Wasser (Blanchierbrühe!)
- Senf-, Pfeffer- und Pimentkörner, einige Lorbeerblätter und Wacholderbeeren

Den Sud mit den Gewürzen aufkochen, etwa zehn Minuten köcheln lassen, mit Salz und Zucker abschmecken. Um ihm mehr „Pfiff“ zu geben, kann man ein bis zwei Esslöffel Balsamico und einen Esslöffel Olivenöl dazugeben. Die Flüssigkeit heiß über die eingelegten Gemüse schütten, sofort verschließen, kühl und dunkel lagern. Die Prozedur nach drei und zehn Tagen wiederholen, dabei den Sud erneut abschmecken. Gut gelagert hält diese delikate Konserve etwa vier Monate.

Spargel im Essigsud

Als Vorspeise oder Beilage an heißen Tagen außerhalb der Spargelsaison finden sauer konservierte Spargel die Anerkennung jedes Feinschmeckers.

- 1 kg Stangenspargel von bester Qualität
- 1/4 l Kräuteressig
- 1/2 TL Pfefferkörner, weiß
- 1 Bund Estragon
- Salz nach Belieben

Spargel schälen, auf Glashöhe zurechtschneiden, drei Minuten in reichlich Salzwasser blanchieren, in Eiswasser abschrecken und aufrecht in zwei vorbereitete Halblitergläser stellen. Aus dem Essig und der erforderlichen Menge Blanchierwasser einen Sud bereiten, mit Zucker abschmecken und die Spargel so begießen, dass sie vollständig bedeckt sind. Gläser verschließen und 55 Minuten bei 95 °C sterilisieren. Diese pikante Konserve hält vier bis fünf Monate.

Tipp

Spargelreste verwerten
Falls man die Spargel der Höhe des Einmachglases entsprechend kürzen muss, kann man die abgeschnittenen Stückchen im Rest des Blanchierwassers weich kochen. Dann nimmt man sie heraus, püriert sie und bereitet damit eine Spargelcremesuppe. Zum Ablöschen kann man das Blanchierwasser verwenden.

Türkisches Weißkraut

Leicht kommt es vor, dass man beim Einsäuern größere Stücke Weißkohl übrig hat. Pikant eingelegtes Kraut, eine Anleihe bei der türkischen Küche, bietet dann eine vortreffliche Verwertungsmöglichkeit.

- 1 kg Spitzkraut oder Weißkraut
- 1/4 l Weinessig
- 2 Knoblauchzehen
- 1/2 Chilischote
- Salz

Einen halben Liter Wasser kochen und erkalten lassen. Unterdes werden die äußeren, härteren Blätter vom Krautkopf abgenommen und drei Minuten blanchiert. Dann in Eiswasser abschrecken und gut abtropfen lassen. Nun schneidet man zunächst die unbehandelten, dann die blanchierten Blätter in mundgerechte Stücke oder Streifen und schichtet sie in ein hohes Glas. Dazu kommen die geschälten Knoblauchzehen und je nach Geschmack die ganze oder Teile der Chilischote. Zuletzt den Essig mit dem erkalteten Wasser mischen und salzen. Abschmecken, dann die Lake über das Kraut gießen. Nun wird das Glas verschlossen und für zwei Wochen kühl und dunkel aufbewahrt. Danach ist das Gemüse genussreif.

Weitere Rezepte

Weinblätter, eingelegt

In dieser Form kann auch der strengste Puritaner nichts gegen den Wein sagen. Als Vorspeise oder Beilage kennt man die vielfältig gefüllten Blätter vor allem aus der griechischen Küche. Wer in einer Weingegend lebt, wird kaum Schwierigkeiten haben, von einem Winzer eine Gratislieferung Weinlaub zu bekommen. Sie müssen allerdings sicher gehen, dass ihre Blätter nicht mit Insektiziden gespritzt sind.

- mittelgroße Weinblätter
- Meersalz
- Wasser

Reichlich Wasser zum Kochen bringen. Währenddessen die Blätter einzeln waschen, in kleinen Stapeln aufeinander legen und mit Bindfaden zu flachen Paketen schnüren. In einem Teil des kochend heißen Wassers kurz blanchieren, dann in Eiswasser abschrecken. Nun die Bindfäden aufschneiden und entfernen, sodann die Blätter einzeln flach in ein sterilisiertes Glas mit genügend großem Durchmesser legen. Einen kochenden Sud aus dem restlichen Wasser und 100 Gramm Meersalz pro Liter bereiten und in das Glas gießen. Dieser Vorrat hält etwa ein Jahr. Die Blätter vor dem Verbrauch gut abspülen, damit kein überschüssiges Salz darauf zurückbleibt.

Trauben pikant

Mit dieser zu Fasan, Wildschwein oder Rehbraten besonders gut passenden Beilage legen Sie als Gastgeber Ehre ein!

- 500 g feste kernlose Weintrauben
- 200 g Zucker
- 1/2 l Gewürztraminer
- 1/4 l Weißweinessig
- 1 Schuss Grappa
- 2 Chilischoten

Trauben waschen und die Beeren abzupfen. Von der Zitrone das Gelbe der Schale dünn abschälen, dann auspressen. Die Beeren in heiß ausgespülte und ausgetropfte Gläser schichten. Wein, Essig und Zitronensaft mit Zucker, Zitronenschale und Chilischoten in einen Topf geben und hochkochen. Einen Schuss Grappa untermischen. Mit dem sorgfältig abgeschmeckten Sud die Trauben übergießen, die Gläser sofort verschließen und den Inhalt vor dem Verzehr einige Wochen durchziehen lassen.

Artischocken in Öl

Neben Schinken- und Salamischeiben, einem halben Ei mit Sardelle und ein paar Oliven machen sich diese eingelegten Artischocken vortrefflich auf einem italienischen Vorspeisenteller.

- 2 kg kleine Artischocken
- 2 Zitronen
- 4 Knoblauchzehen
- 1 l Weißweinessig
- Olivenöl Extra Vergine
- Schwarze Pfefferkörner, Nelken, Lorbeerblätter, grobes Meersalz

Knoblauchzehen schälen und beiseite stellen. Zitronen auspressen und den Saft in eine große Schüssel geben, die zur Hälfte mit Wasser aufgefüllt wird. Artischocken von den äußeren harten Blättern befreien und die Spitzen der übrigen Frucht mit einer kräftigen Schere abschneiden. Die Stiele abschneiden, Stielansätze und Artischockenböden schälen und so präpariert in das vorbereitete Zitronenwasser legen. Weißweinessig und einen Liter des Zitronenwassers mit Salz, Lorbeerblatt, einigen Pfefferkörnern, zwei Gewürznelken und dem Knoblauch aufkochen. In diesem Sud werden die Artischocken ungefähr zehn Minuten gekocht. Mit dem Schaumlöffel nimmt man sie heraus, wenn sie weich, aber noch al dente sind. Artischocken auskühlen und abtropfen lassen, dann in ein dicht schließendes Glas mit Bügelverschluss schichten. Pfefferkörner, ein Lorbeerblatt und die Knoblauchzehen aus dem Sud dazugeben, mit Olivenöl übergießen, sodass die Artischocken reichlich bedeckt sind. Gläser verschließen und kühldunkel aufbewahren. Sechs bis acht Wochen braucht dieses Edelgemüse, bis es genussreif ist.

WEITERE REZEPTE

Schalotten und Egerlinge in Öl

Schalotten und Egerlinge sind in Supermärkten mit gut sortierten Gemüseabteilungen fast immer erhältlich. Der Egerling, auch „Steinchampignon" genannt, hat einen braunen, festen Kopf und ähnelt ein wenig dem Steinpilz. Wenn diese Pilze erst einmal aufgegangen sind, eignen sie sich eher zum Trocknen. Zum Einlegen müssen die Köpfe noch fest sein, dann lassen sie sich auch unter fließendem Wasser abwaschen, ohne selber Wasser zu ziehen.

- 1 kg Pilze
- 1 kg Schalotten
- 1/4 l Rotweinessig oder Balsamico, wenn man's feiner haben will
- mindestens 1/2 l kalt gepresstes Olivenöl
- eine Hand voll getrocknete Lorbeerblätter, je 1 EL weiße Pfefferkörner, Piment und Senfkörner, 2 bis 3 Knoblauchzehen

Die Champignons putzen, also mit dem Messer leicht abschaben und am Stiel unter fließend kaltes Wasser halten. Die Stiele etwas kürzen, erst danach trockentupfen.
Schalotten schälen und in Zehen aufteilen. Flüssigkeit aus Essig und Wasser, der man auch einen Schuss herben Weißwein mitgeben kann, hochkochen und abschmecken. Schalotten und Champignons etwa fünf Minuten mitköcheln. Das Einleggemüse mit dem Schaumlöffel herausheben, gut abtropfen lassen, mit Küchenkrepp trockentupfen, dann in einem Bräter mit Öl glasig anbraten. Währenddessen dem köchelnden Sud die Gewürze beigeben, abschmecken. Die Einlage in die Bügelverschlussgläser geben, den abgeschmeckten Sud darüber gießen. Kühl und dunkel lagern. Nach etwa drei und dann wieder nach zehn Tagen den Sud jeweils erneut aufkochen, abschmecken und die Einlage wieder damit übergießen. Gut gelagert hält diese Konserve etwa vier Monate.
Man kann diese klassische Gemüseeinlage statt mit Schalotten auch mit den weißen Enden der Frühlings- oder Lauchzwiebeln ansetzen. Da sie weniger „geschmacksträchtig", also nicht so scharf „zwieblig" schmecken wie Schalotten, empfiehlt sich hier die Zugabe einiger Knoblauchzehen. Beides, Knoblauch wie auch die kleinfingerlang zugeschnittenen Frühlingszwiebeln brät man vorher in Olivenöl leicht glasig.
Wie alles eingelegte Gemüse eignet sich der Zwiebel-Champignontopf zu allen Arten von kalten Braten, ebenso zu Käse oder Fleischfondue – aber auch zum gefahrlosen, weil ziemlich kalorienarmen Naschen!

TIPP

Pilze putzen
Geschlossene Champignons mit ihrer festen, glatten Außenhaut lassen sich noch am ehesten unter fließend kaltem Wasser abwaschen, die meisten Pilze leiden indes unter dieser Wasserkur, namentlich der zarte Steinpilz. Deshalb nehmen die Küchenprofis einfach ein Pinselchen mit mittelharten Borsten und reinigen (entsanden) ihre Pilze damit.

Grüne Tomaten, pikant eingelegt

Dies Rezept ist unter Gesichtspunkten des Konservierens besonders reizvoll, wenn sich im Garten eine reiche Tomatenernte andeutet und noch grüne Früchte neben reifen roten hängen. Dann ist es sicher von Gewinn, grüne Tomaten einzumachen, zumal sie eine pikante Beilage zu Wild, Schmorbraten und gegrilltem Fleisch abgeben.

- 1 kg grüne Tomaten
- ½ l Kräuter- oder Weinessig
- ¼ l Wasser
- 4 EL Olivenöl
- 150 g Raffineriezucker
- 5 Dilldolden, 1 EL Chilischoten, einige frische Lorbeerblätter, 3 bis 4 EL gelbe Senfkörner
- Salz nach Geschmack

Die Tomaten werden gewaschen und die Stängelansätze herausgeschnitten, sodann die Tomaten mit einem Zahnstocher oder Schaschlikspieß angestochen, danach eingesalzen und mit einem Deckel beschwert. Über Nacht ziehen lassen. Auf diese Weise werden die Bitterstoffe entzogen, die besonders bei unreifen Früchten reichlich vorhanden sind. Das ausgetretene Wasser abgießen und die Tomaten waschen. Abtropfen lassen und abtupfen, dann die Tomaten mit den Lorbeerblättern, Senfkörnern und Dilldolden im Einmachglas unterbringen. Speziell für grüne Tomaten eignen sich hohe Zweilitergläser mit Gummiring und Bügelverschluss. Hernach bringt man den Sud aus Essig und Wasser zum Kochen, schmeckt ihn mit Zucker und Salz ab, gießt das Olivenöl über die Tomaten im Glas und dann erst den heißen Sud. Hier gilt wie immer, dass die Gläser nur auf feuchtheißen Tüchern eingefüllt werden dürfen, weil sonst die Gefahr besteht, dass sie springen. Nach einer und dann wieder nach zwei Wochen wird dieser Vorgang wiederholt: Den Sud hochkochen und Tomaten erneut übergießen. Nun lassen sich die grünen Früchte etwa vier Monate kühl und dunkel aufbewahren.

Sollten im Garten nach einem kräftigen Regen unreife Tomaten abgefallen sein, lässt sich daraus mit denselben Zutaten auch ein Relish machen: Früchte wie oben vorbereiten, ausgetretene Flüssigkeit abgießen, die Tomaten abwaschen, gut abtrocknen und klein hacken. Bei geringer Hitze in der Essig-Wasser-Mischung unter Zugabe von Zucker (nach Geschmack) unter viel Rühren einkochen lassen. Heiß in Bügelverschlussgläser abfüllen. Im Kühldunkel aufbewahrt ist dies Relish etwa vier Monate haltbar.

WEITERE REZEPTE

Soleier, raffiniert

Soleier sind neben „Kalbsleber Berliner Art" und Currywurst wohl der einzige hauptstädtische Beitrag zur Kulinarik. Sie gelten als bewährter und übrigens nicht allzu kalorienhaltiger „Magenstopfer" zum Bier. Mit ein wenig Kunstverstand eingelegt, werden sie zur Zierde für den Gasthaustresen und auch für jedes kalte häusliche Buffet. Die Rezepte sind vielfältig. Will man's ganz spartanisch-berlinerisch, verwendet man nur Salz und Zwiebeln. Eine interessante Geschmacksvariante ergibt sich zum Beispiel, indem man die Eier in einen Kräutersud legt. Unser Vorschlag aber gerät etwas reichhaltiger: Beliebig viele Eier werden, nachdem man sie angestochen hat, kalt aufgesetzt und etwa 15 Minuten vom Aufsetzen an sprudelnd hart gekocht. Gut kalt abschrecken, damit sie später leicht aus der Schale gehen. Nun die Eierschalen leicht anschlagen, die Eier selber kalt stellen und einen Sud bereiten:

- ¼ l Weinessig
- ¾ l Rotwein
- Pfeffer, Ingwer, Piment, Lorbeerblätter, Senfkörner, Zwiebelringe
- Zucker und Salz nach Belieben

Den Sud aufkochen lassen und abschmecken. Die harten Eier in ein Glas mit Bügelverschluss schichten, heiß übergießen und 24 Stunden ziehen lassen. Abgießen, den Sud nochmals aufkochen, abschmecken und die Eier erneut übergießen. Weitere zwei Wochen im Glas mit Bügelverschluss ziehen lassen, dann sind die verfeinerten Soleier „durch". Man kann sie nach dem Öffnen in eine Bonbonniere umfüllen, was dieses sehr einfache Gericht optisch erheblich aufwertet. So umgefüllt muss man die Eier recht schnell verzehren, am zünftigsten mit etwas Senf, besser „Mostrich".

TIPP

Pikante Eier – klare Brühe

Den Trick mit den Schalen frisch aufgeschlagener Eier, die zur Klarheit einer Fleischbrühe beitragen, kann man sich doppelt zunutze machen: Die Eier werden heiß abgewaschen, angestochen und im Sud hart gekocht. Das ergibt Soleier mit besonders rezentem Geschmack, auch wenn ihr Weiß durch die Fleischbrühe etwas ins Gelbliche übergeht.

Pesto

Genua und Ligurien nehmen die Erfindung dieser Sauce für sich in Anspruch, die jedes Nudelgericht zur Delikatesse macht. Es gibt sie in vielerlei Spielarten, jede ligurische Stadt wartet mit einer eigenen Variante auf. Als Grundrezept sei empfohlen:

- 10 EL frisch geriebener Parmesan
- 1 dl Olivenöl Extra Vergine
- reichlich 2 Tassen gehackte Basilikumblätter
- 5 EL Pinienkerne
- 2 Knoblauchzehen, ausgepresst
- Pfeffer aus der Mühle und Salz nach Belieben

Basilikum waschen und abtropfen lassen, die Stiele entfernen, Blätter mit dem Messer zerkleinern, dann zwei Tassen abmessen und im Mörser zu einer Paste verreiben. Pinienkerne hacken und zusammen mit den ausgepressten Knoblauchzehen sowie Pfeffer und Salz einarbeiten. Sorgfältig abschmecken, denn Knoblauch und Parmesan würzen mit! Dann das Olivenöl esslöffelweise zugeben, dabei die Masse ständig durcharbeiten. Wenn die Sauce flüssig vom Stößel tropft, mischt man zuletzt den Parmesan unter.

Einen „Pesto provencal" erhält man, indem man je 1 EL Rosmarin, Thymian und Majoran in die Masse einarbeitet.

Grundrezept Senf

Senfbereitung ist eine interessante Möglichkeit, gute Angebote oder reiche Ernten von Gartenkräutern sinnvoll zu nutzen. Lauchzwiebel, Petersilie, Basilikum und Estragon von Markt und Garten, in Senf eingebettet, ergeben eine frische, sanftwürzige Substanz, die gut zu kaltem Fleisch, harten Eiern und natürlich zu allen Arten von heißer und kalter Wurst passt.

- 100 g gemahlene Senfkörner
- 80 bis 100 ml Wasser
- ca. 60 ml Weinessig
- 1 EL Salz
- 2 EL Zucker

Die Zutaten mit einem hölzernen Rührlöffel untereinanderheben, dann mit dem elektrischen Handrührer im langsamsten Gang geduldig vermischen. Abschmecken, eventuell noch etwas Zucker, Salz oder Essig dazugeben und so lange rühren, bis der Senf seine cremige Konsistenz erreicht hat. In fest verschließbare Gläser füllen. Senf verliert unter Lichteinwirkung besonders an Geschmack! Deshalb kühl und dunkel lagern. Nach etwa einer Woche hat der Senf sein volles Aroma entwickelt. In dieser Grundmasse lassen sich nun vor allem Kräuter konservieren, sei's einzeln oder im Bukett.

TIPP

Damit man sich nicht verwürzen kann und die Senfmasse auch schön geschmeidig und fest wird, empfiehlt es sich, für die Herstellung immer noch einiges Senfpulver zum Nachmischen in Reserve zu haben.

Weitere Rezepte

Kräutersenf

Die Vorgehensweise ist ähnlich wie beim Lauchzwiebel-Senf. Und auch hier empfiehlt sich eine größere Senf-Grundmasse.

- 400 g helle Senfkörner
- 1/3 l Wasser
- 1/4 l Weinessig
- 4 EL Salz
- 8 EL Zucker
- je ein Bund Estragon, Basilikum, Thymian und Liebstöckel, 1 Zweig Rosmarin, einige geschälte Knoblauchzehen

Senfherstellung wie im Grundrezept. Kräuter kalt abwaschen, behutsam trockentupfen und mit der Küchenwiege kleinhacken. Knoblauch ganz fein pressen. Die Kräutermasse unter den Senf mischen und in kleine, fest schließende Gläser abfüllen. Kühl und dunkel lagern. Nach etwa zehn Tagen hat sich der Senf geschmacklich entwickelt.

Tipp

Aromatisches Gewürzmehl

Um Gewürze wie Senfkörner oder Piment zu mahlen eignen sich Kaffeemühlen mit Feinmahlgang, wie er für Mokkapulver vorgesehen ist. Den unerwünschten Kaffeegeschmack kann man allerdings nur mit einer ungebrauchten Mühle verhindern. Aber die Anschaffung lohnt, denn so ergibt sich aus allen Gewürzkörnern ein feines, frisches und vollaromatisches Mehl.

Senf mit Lauchzwiebeln

Zur Verarbeitung einer reichhaltigen Ernte Lauch- oder Frühlingszwiebeln empfehlen wir:

- 400 g helle Senfkörner
- 1/3 l Wasser
- 1/4 l Weinessig
- 4 EL Salz
- 8 EL Zucker
- 1 kg Lauchzwiebeln

Die Senfmasse nach dem Grundrezept bereiten. Sie sollte recht fest sein, da die Lauchzwiebeln durch ihren eigenen Saft viel Feuchtigkeit zur Gesamtmasse beitragen. Von den Zwiebeln wird die äußere weiße Haut abgenommen und der Wurzelrest ausgeschnitten. Oben läßt man, allein der Farbe wegen, etwas Grün übrig. Die Zwiebeln kalt abwaschen, gut trockentupfen und ausschütteln, damit das Wasser aus den Zwiebelröhren entweicht. Mit einem scharfen Messer in feinste Ringe schneiden (Mit der Kräuterwiege oder gar mit dem Küchenmixer werden die Lauchzwiebeln „matschig"!) Die Zwiebelringe mit dem Holzlöffel unter die Senfmasse heben und in 1/4 Liter fassende Gläser abfüllen. Nach etwa zehn Tagen haben sich Zwiebel- und Senfmasse geschmacklich vereinigt.

Voller Runzeln und

doch jugendfrisch

♦ Nur allerbeste Qualität ♦ Dörrgut luftdicht lagern! ♦ Auf der Leine: Kräuter, Äpfel, Egerlinge ♦ Darre oder Backofen? ♦ Erfolge mit dem Automaten

Das Wasser an die Luft befördern

Das Trocknen ist gewiss die älteste wirksame Konservierungsmethode für Früchte, Gemüse, Fisch und Fleisch. Getreidedarren sind schon aus den römischen Rheinprovinzen bekannt. Mangels anderer zuverlässiger Erhaltungsmethoden hat man früher sogar Spargel getrocknet.

An der Luft, im Backrohr und per Automat

In den Mittelmeerländern ist die Produktion von Trockenfrüchten wie Feigen, Datteln, Rosinen oder Aprikosen seit langem ein florierender Industriezweig. In unseren Breiten indes reicht die Außentemperatur zur Erntezeit der wichtigsten zum Trocknen geeigneten Früchte meist nicht mehr aus. Früher war deshalb zumindest in ländlichen Gebieten ein Trocken- oder Dörrboden üblich. Heute behilft man sich im Haushalt oft mit der Backröhre. Wieder in Mode gekommen sind auch Dörrautomaten, in die man bis zu zehn Dörrsiebe übereinander stapeln und dabei äußerst ökonomisch arbeiten kann.

Schimmelpilze und Bakterien ausgetrickst

Fürs Dörren kommen besonders Obst, Gemüse, Pilze und Kräuter in Frage. Durch Wasserentzug wird Schimmelpilzen und Bakterien die Lebensbasis entzogen. Die Keimabtötung wird also nicht wie etwa bei der Sterilisation durch den Wärmestrom bewirkt. Beim Dörren bestimmt die Wärme den Grad des Wasserentzugs und die trockene, strömende Luft den Grad des Gelingens. Denn die in den Früchten und Gemüsen enthaltene Feuchtigkeit muss abziehen, damit trockene Luft nachströmen kann. Die ideale Temperatur liegt dabei zwischen 30 und 70 °C. Bei „Mittelmeertemperaturen" von 30 bis 35 °C geht das Trocknen

Für die vitaminarme Zeit

Die ebenso mühsame wie intensive Kochkunst am Ende des 19. Jahrhunderts schildert Henriette Löffler in ihrem bekannten Kochbuch. Über die Vorteile des Dörrens belehrt sie uns folgendermaßen: „Besonders die bürgerliche Küche hat sich schon seit Jahrhunderten damit beschäftigt, ihren Haushalt mit gedörrten und getrockneten Früchten für die Zeit zu versorgen, in welcher frische Früchte nicht zu bekommen sind. In neuerer Zeit sind gedörrte Früchte ein ganz bedeutender Handelsartikel geworden, gleichwohl lohnt es, besonders in früchte- und gemüsereichen Jahren sich seinen Bedarf selbst zu dörren, weil man durch die Auswahl der frischen Früchte und durch die sorgfältige Behandlung derselben vor Schaden bewahrt bleibt."

am schonendsten vonstatten, bleiben vor allem die Nährstoffe am ehesten erhalten. Dörren bei 70 oder gar 80 °C mag energiesparend sein, weil es nicht lang dauert, vernichtet aber mehr Nährstoffe. Vernünftig dosierbare Werte zwischen Ökologie und Ökonomie bietet auch hier das Dörrgerät, auf das wir deshalb ausgiebig eingehen werden.

Das Dörrgut – einwandfrei und reif!

Grundvoraussetzung beim Trocknen wie bei jeder anderen Art des Konservierens: Die Materialien müssen stimmen. Alles, was getrocknet werden soll, muss in jeder Hinsicht einwandfrei sein, also reif, aber nicht überreif und ohne Flecken oder Druckstellen. Nach dem Präparieren kommt das Trockengut sofort auf die vorbereitete, schon vorgewärmte Dörreinrichtung. Obst mit weißem Fruchtfleisch, besonders Äpfel, Birnen und Pfirsiche, wird mit Zuckerwasser und einem Schuss Zitronensaft blanchiert, damit es hell bleibt. Wo auch immer man trocknet, das Dörrgut wird grundsätzlich nebeneinander gelegt, niemals aufeinander, sonst trocknen die einzelnen Stücke nicht gleichmäßig.

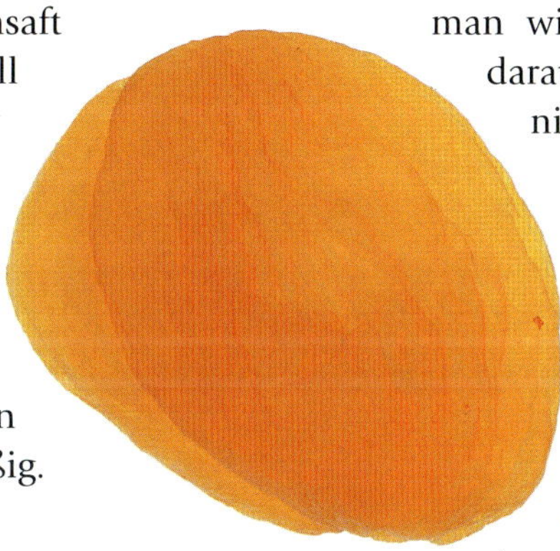

Probe aufs Exempel

Sie haben richtig gedörrt, wenn

- Früchte keinen Saft mehr abgeben, wenn man sie drückt oder biegt
- Gemüse sich lederartig anfühlt
- Pilze rascheln
- Kräuter bröseln

Das fertige Trockengut, in hermetisch schließenden Gläsern untergebracht, wird ganz genau wie Eingemachtes, Eingelegtes und Eingewecktes dunkel und kühl gelagert – möglichst bei Temperaturen um die 15 °C. Wenn die Gläser nicht ganz dicht schließen, wird Feuchtigkeit angezogen und das Trockengut verdirbt schnell. Empfehlenswert sind auch hier Gläser mit Gummiring und Bügelverschluss, wobei man wie beim Einmachen und Einwecken darauf achten muss, dass die Gummiringe nicht porös sind.

An Luft und Leine

Einfach und billig ist das Trocknen an der Luft. Naturgemäß erfordert diese Technik in unseren Breiten mehr Mühe und Risikobereitschaft als in Gegenden mit spätsommerlichen und frühherbstlichen Temperaturen um 30 °C. Am allereinfachsten gelingen bei uns Küchenkräuter, die man bündelweise an den Stengeln zusammenschnürt und „kopfunter" an einer Leine trocknen lässt. Erfahrungsgemäß gedeihen hierzulande Petersilie, Dill, Basilikum, Lauchzwiebeln, Liebstöckel, Selleriekraut, Kerbel, Borretsch, Rosmarin und Thymian schon auf dem Küchenbalkon und lassen sich

dort dann auch gut dörren. Ebenso wie dünn geschnittene, mit Zuckerwasser und Zitrone vorbehandelte (blanchierte) Apfelscheiben oder dünn geschnittene Pilze, vornehmlich Champignons oder Egerlinge (Steinchampignons). Etwas mühsamer ist es dann schon, Bohnen und Erbsen an einer dünnen Schnur zum Trocknen aufzufädeln.

Täglich wenden und vor Sonne schützen

Größere Mengen lassen sich am besten auf selbst gebastelten Darren trocknen. Alte Bilder- oder Fensterrahmen werden mit Fliegengitter aus Draht oder Nylon bespannt oder man baut mit 5 cm breiten Dachlatten etwa 40 bis 50 cm^2 große „Idealrahmen", auf die man ebenfalls Fliegengitter nagelt oder tackert. Die Rahmen legt man im Abstand von etwa 15 cm auf Holzpflöcke oder Ziegelsteine. Nun kann auch hier das Trocknen beginnen, nur wird man eben das Trockengut unter Berücksichtigung unserer Luftverhältnisse in dünne Scheiben schneiden und großzügig nebeneinander auslegen – wie gesagt keinesfalls übereinander. Und jetzt muss täglich gedreht werden, sonst besteht die Gefahr, dass die Stücke zu schimmeln beginnen. Andererseits sorgt eben gerade unser mildes Klima für ein schonendes, die Nährstoffe bewahrendes Trocknen. Nur darf das Dörrgut keiner direkten Sonnenstrahlung ausgesetzt werden. Wer also im Garten oder auf dem Balkon ein entsprechendes Plätzchen hat, das darüber hinaus trocken, warm und gut belüftet ist und wer auch gern noch ein wenig bastelt, sollte es mit dieser noch geradezu archaischen Trockenmethode versuchen, zumal sie ökologisch durch die Ausnutzung natürlicher Gegebenheiten unübertreffbar ist.

Ein weites Feld für Bastler

Für „professionelle“ Bastler empfehlen sich darüber hinaus selbst zu bauende Trockenschränke, die man in kleineren Ausführungen über eine elektrische Herdplatte als Energiequelle stellen kann. Man kann sogar einen Trockenschrank mit vielen Fächern und eingebautem Heizlüfter herstellen. Mittlerweile gibt es auch schon Solartrockner zum Selberbauen. Allerdings, und das gilt fürs Trocknen im Freien, scheint bei uns eben selten einmal so viel Sonne, dass zuzeiten der reifen Früchte im Frühherbst ein kontinuierliches, mehrere Tage anhaltendes Dörrklima herrscht.

Klassiker aus dem Backrohr

Deshalb ist man in unseren Breiten auch dazu übergegangen, in Backöfen zu dörren. Da man die früher mit Holz und Briketts warm hielt und das Feuer immer am Glimmen blieb, damit man warmes Wasser hatte, war das Dörren eine beiläufige Selbstverständlichkeit und die Ausnutzung des 60 bis 70 °C warmen Backrohrs auch von hohem ökologischem Nutzen. Die „Klassiker“ des Backofentrocknens sind Äpfel, Birnen und Zwetschgen.

Äpfel schält und entkernt man, schneidet sie in mindestens bleistiftdicke Scheiben, trocknet sie ab und legt sie auf ein Backpapier, an dem nichts hängen bleibt und das man auf den Grilleinsatz im Backofen legt. Eleganter ist die Methode, die Apfelringe auf einem runden Holz aufzureihen, das man in die Backblechschiene schiebt. Bei dieser Methode spart man sich das ständige Umdrehen des Dörrguts.

Apfelringe blanchiert man wie alle anderen Fruchtstücke mit hellem Fleisch, also vor allem Pfirsiche und Birnenviertel, kurz in einer Zuckerlösung (Mischungsverhältnis 1 l Wasser : 100 g Zucker : 10 g Zitrone), damit sie auch getrocknet hell bleiben.

Kürzere Trockenzeiten haben übrigens Gemüse, weshalb man es damit auch eher einmal im Freien wagen kann: Karotten, geschält und der Länge nach in dünne Scheiben zerlegt oder in etwa drei Millimeter dicke Scheiben gehobelt sowie ganze Buschbohnen sind in sechs bis acht Stunden fertig gedörrt. Ebenso Erbsen, die man allerdings vorher enthülsen muss und danach mit etwas Zucker anrösten sollte, bevor man sie im Backofen auslegt. Paprika und Peperoni ent-

kernt man vor dem Trocknen und schneidet sie in Streifen, Tomaten werden halbiert und entkernt, bevor man sie mit der Hautseite nach unten auf die Dörrvorrichtung legt.

Auf einen Blick: Trockenzeiten im Backrohr

Obst		Gemüse	
Apfelscheiben	5–6 Stunden	Buschbohnen	5 bis 6 Stunden
Aprikosen	9–10 Stunden	Erbsen	5 bis 6 Stunden
Birnen	6–7 Stunden	Karotten	5 bis 6 Stunden
Erdbeeren	10–12 Stunden	Paprika	4 bis 5 Stunden
Heidelbeeren	7–8 Stunden	Peperoni	4 bis 5 Stunden
Himbeeren/Brombeeren	9–10 Stunden	Pilze	6 bis 7 Stunden
Holunder	8–9 Stunden	Zwiebeln	4 bis 5 Stunden
Kirschen	8–9 Stunden		
Pfirsichschnitze	7–8 Stunden		
Pflaumen/Zwetschgen	9–10 Stunden		
Rhabarberwürfel	9–10 Stunden		

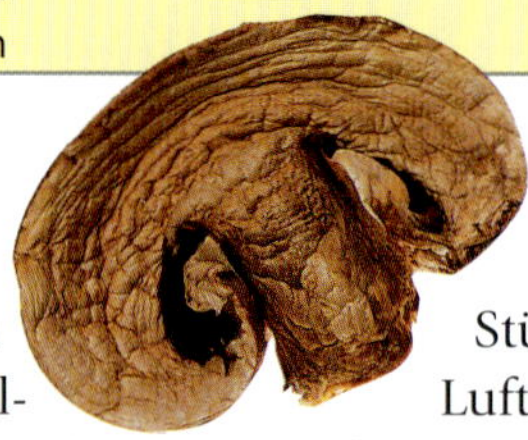

Ideales Dörrgut Pilze

Während man bei Gemüsen eine Backofentemperatur von etwa 60 °C braucht, kommt man bei Pilzen mit 40 bis 60 °C aus. Pilze sind ja überhaupt das ideale Dörrgut, denn fast alle lassen sich trocknen. Dazu sind sie einfach vorzubereiten: Man putzt und reinigt sie nur mit dem Messer oder dem Bürstchen, wäscht sie also nach Möglichkeit nicht. Größere Stücke, etwa Riesenchampignons, werden in Scheiben geschnitten, kleinere Sorten wie Pfifferlinge lässt man am Stück. Sowohl Scheiben als auch ganze Stücke lassen sich hervorragend an der Luft trocknen. Dauer etwa zwei Tage. Man fädelt sie vorher nur auf eine dünne Schnur. Wie gesagt, sie lassen sich, sei's in Stücken oder Scheiben, ebenso im Backofen trocknen, wobei man hier darauf achten sollte, dass die Tür bei älteren Herden immer einen Spalt offen bleibt, damit die austretende Feuchtigkeit abziehen und sich ständig mit trockener Luft austauschen kann.

Schonend, mühelos und zeitgenau

Die geringste Mühe und größte Unabhängigkeit hat man sicherlich mit einem Dörrautomaten wie dem Modell „Dörrex", das durch eine elektrische Heizspirale Wärme erzeugt. Seine Heizleistung beträgt 300 Watt. Es kann bis zu zehn Ringe aufnehmen und dabei insgesamt etwa 5 kg Äpfel oder Birnen in einem Gang trocknen. In der Gebrauchsanweisung zu diesem ebenso nützlichen wie preiswerten und, wenn man es gut lädt, auch energiesparenden Gerät heißt es unter anderem: „Dörren ist die einfachste, natürlichste und älteste Methode, Lebensmittel für längere Zeit haltbar zu machen ... Gedörrte Lebensmittel sind nicht nur lange haltbar. Sie sind auch gesund, preiswert und schmecken besonders gut: Denn beim Dörren wird – ohne Zugabe von Konservierungsmitteln oder anderen Chemikalien – dem Nahrungsmittel nur das über-

AUFGEPASST!

Probe aufs Exempel

Der Wassergehalt von Obst und Gemüse schwankt sehr stark. Auch die Temperatur im Ofen oder Apparat bestimmt naturgemäß die Dauer des Dörrvorgangs. Folglich können Zeitangaben nur ungefähre Hinweise sein. Wichtiger ist die Probe aufs Exempel.

AUF EINEN BLICK: TROCKENZEITEN IM ELEKTRISCHEN DÖRRAPPARAT

Obst		
Äpfel	in fingerdicken Scheiben	8 Stunden
Aprikosen	entsteint, halbiert	12 Stunden
Birnen	geviertelt	10 Stunden
Erdbeeren	halbiert	14 Stunden
Heidelbeeren	ganz	10 Stunden
Himbeeren/ Brombeeren	ganz	12 Stunden
Holunder	ganz	12 Stunden
Kirschen	ganz	11 Stunden
Pfirsiche	in dünnen Schnitzen	10 Stunden
Pflaumen/ Zwetschgen	entsteint, halbiert	12 Stunden
Rhabarber	Würfel	12 Stunden

Gemüse		
Buschbohnen	kurz blanchiert	6 bis 8 Stunden
Erbsen	entschotet, kurz blanchiert	6 bis 8 Stunden
Karotten	in Scheiben oder Streifen	6 bis 8 Stunden
Paprika	in Streifen	6 Stunden
Peperoni	in Streifen	6 Stunden
Pilze	in Streifen	8 Stunden
Zwiebeln	in fingerdicken Ringen	5 bis 6 Stunden

flüssige Wasser entzogen. Die wertvollen Nährstoffe bleiben dabei erhalten. Mitten im Winter können Sie ihre Familie mit herrlichen Dörrbohnen und Speck verwöhnen, oder den Sonntagsbraten mit gedörrten Zwetschgen verfeinern."

Das Dörren im Automat geschieht ähnlich wie das Luft- und Backofentrocknen, nur viel bequemer und wegen der differenzierten Heizstufeneinteilung von 30 bis 120 °C schonender und genauer. Man stopft auch hier die Siebe nicht voll, sondern nutzt sie nur etwa zu 90 Prozent aus, damit die warme Luft besser zirkulieren kann. Ebenso verwendet man nur einwandfreies und reifes, aber nicht zu reifes Dörrgut. Dann aber unterscheiden

sich die Trockenzeiten im Dörrautomaten gerade bei Obst doch erheblich von den Luft- und Backofenzeiten:

Ganze Birnen, obwohl vorher blanchiert, benötigen 20 bis 24 Stunden, Kirschen zwölf, Zwetschgen und Pflaumen etwa halb so viel.

Der Dörrvorgang verläuft also ausgesprochen schonend. Da das Apparätchen gerade die Ausmaße eines großen Suppentopfs hat und bei richtiger Behandlung auch zuverlässig arbeitet, ist es bei größeren Dörrmengen, gerade aus dem eigenen Garten, überaus empfehlenswert.

Kunterbunt wie Kraut und Rüben!

Wichtig zu wissen übrigens ist, dass sich der Geschmack verschiedener Obst- und Gemüsesorten beim Dörren nicht auf die anderen überträgt. Es ließen sich also, im Extremfall, Zwiebel- und Apfelringe auf verschiedenen Sieben, aber in einem Durchgang gleichzeitig dörren.

Das Dessert des Mittelalters

Kandierte Früchte waren das Dessert des Mittelalters und ersetzten Eis und Schokolade. Sie sind äußerst kompliziert herzustellen und brauchen ebenso viel Geduld wie Geschick. Unter Konservierungsgesichtspunkten sind vor allem Ananas, Zitrusfrüchte und Kiwis zu empfehlen. Besonders bei Ananas kann man die schönsten Scheiben aus der Mitte fürs Kandieren herausschneiden und den Rest für eine Konfitüre verwenden. Ähnlich verhält es sich bei Zitrusfrüchten, wo man ebenfalls zwei oder drei mittlere Scheiben herausschneidet, bevor man den Saft auspresst.

Gut Ding will Weile haben

Die „Konservierungschemie" des Kandierens besteht darin, dass Zellwasser gegen Zucker ausgetauscht wird. So haben die Mikroorganismen keine Chance mehr, sich weiterzuentwickeln und sterben ab. Aber dieser Austauschprozess ist langwierig. Deshalb dauert der Kandierungsvorgang auch seine gute Weile, im Gegensatz zum Glasieren, das sozusagen nur einer Oberflächenbehandlung gleichkommt. Hier nämlich geschieht der Austausch von Zucker und Wasser lediglich an der Außenhaut. Glasierte Früchte sind daher zum alsbaldigen Verzehr bestimmt. Kandierte indes lassen sich einige Monate aufbewahren. Sie taugen als Konfekt, als Torten- und Kuchenverzierung oder auch als überraschendes Mitbringsel. Allzu viel essen sollte man davon nicht, einmal wegen der Zähne, zum anderen wegen der Kalorien.

WELCHEN ZUCKER WOFÜR?

Einmachzucker wird für Früchte verwendet, die im Pasteurisierungsverfahren noch einmal aufgekocht oder besser „eingeweckt" werden (Wasserbad!) Gelierzucker dient Marmeladen, Konfitüren und Gelees, die man lediglich heiß abfüllt, aber nicht mehr aufkocht. Beim Kandieren darf er nicht verwendet werden, da man die kandierten Früchte kurz vor der Vollendung noch einmal aufkochen muss. Gelierzucker würde sich dabei wieder auflösen.

Fürs Kandieren gilt das grundlegende Konservierungsgesetz in geradezu exzessiver Form: Nur das allerbeste, allerfeinste und allerschönste Obst kommt in Frage, überreife und angestoßene Ware lohnt den Aufwand nicht. Was beim Gelee die Quitte ist beim Kandieren die Ananas. Sie ist die klassische, auch ästhetisch am besten geeignete Frucht hierfür, wenn man ihre Scheiben vorher von der harten Außenschale und der holzigen Mitte befreit hat. Aber auch Aprikosen, Birnen, Erdbeeren, Kiwis, Mirabellen, Pfirsiche, Pflaumen, Weintrauben, Zitrusfrüchte und sogar deren Schalen lassen sich kandieren.

Vierzehn Tage wird kandiert!

Der Vorgang dauert etwa 14 Tage. Nach entsprechender Vorbereitung mit Schälen, Waschen, Trockentupfen und Entsteinen werden die Früchte in leicht gezuckertem Wasser kurz blanchiert, bis sie „al dente" sind, also nicht breiweich und keinesfalls geplatzt. Die Kandierungsfrüchte müssen von vorneherein in sich stabil sein, denn sie haben einen langen Weg vor sich.

Das Blanchierwasser wird aufbewahrt. Am ersten wirklichen Kandierungstag kann man es für die Zuckerlösung verwenden, die aus 300 ml Blanchierwasser und 250 bis 280 g Einmachzucker angerührt wird, eine Flüssigkeitsmenge, die für etwa 500 Gramm präparierte, also in der Regel geschälte Früchte reicht.

Die Kandierlösung muss Fäden ziehen. Man kocht sie deshalb so lange, bis die Fadenprobe gelingt: Ein Löffel Lösung wird in kaltes Wasser getaucht. Wenn der erkaltete Sirup danach zwischen den Fingern Fäden bildet, ist die Lösung kandierfähig. Man gießt sie heiß über die in einer flachen Schüssel ausgelegten Früchte, die ganz davon bedeckt und zum Schutz vorm Austrocknen mit Pergamentpapier bedeckt sein müssen. 24 Stunden ziehen lassen. Am zweiten Tag legt man sie behutsam mit einem Tortenheber auf ein Kuchen- oder Grillgitter und fängt die abtropfende Flüssigkeit in einer Schale darunter auf. Die gesammelte Zuckerlösung wird nun wieder mit 60 Gramm Einmachzucker auf 300 Gramm Lösung bis zum Fadenstadium aufgekocht, die „ankandierten" Früchte erneut übergossen und die Flüssigkeit wiederum abgefangen. Diese Prozedur wiederholt man sieben Tage. Am achten Tag wird die aufgefangene Zuckerlösung dann mit 100 Gramm Einmachzucker versetzt, in die man die Früchte hineinlegt und etwa vier Minuten köchelt. Danach kommen sie wieder in eine flache Schüssel und werden mit Pergamentpapier abgedeckt. Nach weiteren 48 Stunden die Zuckerlösung erneut mit 100 Gramm Einmachzucker aufkochen, die Früchte wiederum in die Flüssigkeit eintauchen, kurz köcheln und abdecken.

In diesem Zustand bleiben die Früchte vier Tage stehen. Dann holt man sie mit einem Kuchenheber oder Schaumlöffel aus dem Sirup, lässt sie wieder auf einem Gitter abtropfen und trocknet sie im Backofen bei mildester Hitze (etwa 50 °C), bis sie rascheln, wenn man sie in Wachspapier einwickelt und etwas schüttelt. Sollten sie noch nicht rascheln, kommen sie wieder zurück in den Backofen. In Wachspapier verstaut halten sie gut ein Jahr.

Stuttgarter Hutzelbrot

heißt prosaischer auch „Früchtebrot". Der Name kommt vom schwäbischen „Hutzel" für eingedörrtes, eben „verhutzeltes" Obst, aus dem diese Köstlichkeit vor allem besteht. Sie ist neben „Gaisburger Marsch" oder „Geschmälzten Maultaschen mit Kartoffelsalat" eine wichtige kulinarische Spezialität der südwestdeutschen Metropole, durch Eduard Mörikes Märchen vom Stuttgarter Hutzelmännlein sogar literarisch geadelt. (Stuttgarter) Hutzelbrot ist nicht ganz einfach herzustellen, es erfordert viel Geduld, wo nicht gar Liebe, hat aber auch den Vorteil, dass sich hier vielerlei Selbstgedörrtes unterbringen lässt und eben auch viel Kochkunst.

- 1 kg Mehl
- 500 g gedörrte Birnen
- 500 g entsteinte, gedörrte Pflaumen (oder Zwetschgen)
- 500 g getrocknete Feigen
- 250 g Zitronat oder Orangeat
- 250 g gemahlene Mandeln
- 250 g Haselnüsse
- 250 g ganze Haselnüsse
- 250 g Walnusshälften
- 250 g Sultanien
- 250 g Korinthen
- 250 g brauner Zucker
- 3 Päckchen Trockenhefe
- 50 g Zimt, 1/2 TL Nelken, 1 TL Salz

Aus dieser Masse an Zutaten werden etwa sechs Brote. Weniger herzustellen ist kaum der Mühe wert, die man mit dem Teig hat. Aber ein Vorrat lohnt schon deshalb, weil Hutzelbrot sich im Lauf der Zeit, wenn es trockener und trockener wird und gewissermaßen selber zusammenhutzelt, zunehmend veredelt.

Die Birnen und Pflaumen werden mindestens zwölf Stunden lang jeweils getrennt in kaltem Wasser eingeweicht. Dann entnimmt man sie mit dem Schaumlöffel und bewahrt das Einweichwasser auf. Die Früchte werden halbiert oder, wenn man sie im Endeffekt etwas feiner haben will, auch geviertelt. Mit dem Mehl, dem Zucker und der in 1/4 l angewärmtem Aufweichwasser gelösten Hefe setzt man einen Teig an und lässt ihn eine Nacht lang gehen.

Trockenfrüchte und Nüsse mit den Gewürzen vermengen und in den aufgegangenen Hefeteig kneten, den man anschließend mit Mehl bestäubt, damit die Oberfläche nicht zu sehr austrocknet.

Alles geht nun einige Stunden miteinander, bis der Teig Risse bekommt. Dann ist er reif und wird in sechs gleich große Stücke geteilt und zu Laiben geformt. Die lässt man, am besten auf dem bemehlten Backbrett, wiederum einige Stunden ziehen. Dabei deckt man sie mit Tüchern ab, damit sie nicht austrocknen. Zuletzt bäckt man sie bei 200 °C etwa 45 Minuten im vorgeheizten Ofen. Noch warm werden die Laibe mit dem Birneneinweichwasser eingepinselt, damit sie eine dunkelbraune Lasur bekommen. Eine beliebte Zier zum Abschluss sind drei bis vier geschälte Mandeln, der Länge nach in den Rücken der Laibe gedrückt. Mandeln sind ja ihrer Form nach gewissermaßen die Miniaturen der Hutzellaibform.

WEITERE REZEPTE

Glarner Birnbrot

Früchtebrote haben den besonderen Reiz, dass man auf eigene Vorräte zurückgreifen kann, für diese Spezialität aus dem Schweizer Kanton Glarus zum Beispiel auf selbst gedörrte Birnen, Pflaumen, Rosinen oder sogar Feigen. Das etwa gegenüber dem „Stuttgarter Hutzelbrot" vergleichsweise einfache Rezept eignet sich ausgezeichnet zum „Herantasten" an das backtechnisch ziemlich aufwändige Kapitel „Früchtebrote".

- 500 g gedörrte Birnen
- 250 g gedörrte Pflaumen ohne Stein
- 100 g gedörrte Feigen
- 100 g Rosinen
- 100 g Walnüsse
- 25 g Orangeat
- 25 g Zitronat
- 100 g Zucker
- 1 Schuss Williamsbirne
- Zimt, Nelkenpulver

Die Birnen, Pflaumen und Feigen werden eingeweicht. Inzwischen bereitet man aus 500 g Mehl, 100 g Butter, 70 g Zucker, 1/4 l Milch, 20 g Hefe, 2 Eiern und einer Prise Salz einen Hefeteig und lässt ihn gehen. Nun werden die Früchte in möglichst wenig Wasser weich gekocht und abgegossen, das Kochwasser fängt man auf. Birnen, Zwetschgen und Feigen auf ein Schneidbrett geben und mit dem Messer zerkleinern. Zucker, Walnüsse, Rosinen, Zitronat und Orangeat zugeben. Mit Zimt, Nelkenpulver und einem Schuss Williamsbirne abschmecken. Von dem abgetropften Kochwasser zugeben, falls die Masse zu trocken gerät.

Sobald der Hefeteig „gegangen" ist, wird er zu einem Rechteck ausgerollt, das mit dem aufgefangenen Kochwasser bestrichen wird. Darauf kommt, die Form eines länglichen Laibs vorwegnehmend, die Fruchtmasse, die von allen Seiten mit dem Teig eingeschlagen wird. Zu stark überlappende Teigstücke entfernen. Den fertigen Laib auf ein mit Backpapier ausgelegtes Blech legen und mit Eigelb bestreichen. Damit die Teighülle unversehrt bleibt und die beim Backen entstehenden Gase entweichen können, sticht man sie mit einer Gabel an mehreren Stellen ein. Das Birnbrot wird bei mittlerer Hitze in ca. einer Stunde gebacken, bis die Rinde deutlich hellbraun geworden ist.

Kompott aus gedörrten Früchten

Ein sehr intensives Kompott, das weniger in die warme Jahreszeit passt, sondern eher einen langen Winterabend einleiten könnte, ergibt sich aus der Kombination von gedörrten Pflaumen, Aprikosen und Weintrauben (Rosinen).

- 250 g Pflaumen
- 100 g Rosinen
- 100 g getrocknete Aprikosen
- 1/4 l Wasser
- 1 Schuss (Schnapsglas) Sherry
- Saft von 1/2 Zitrone
- 1 Prise Zimt

Man gibt Zimt, Sherry und das Wasser in einen Topf und weicht die Trockenfrüchte über Nacht darin ein. Dann lässt man das Ganze bei 180 °C im Backofen etwa eine Stunde unter gelegentlichem Umrühren eindicken. Heiß servieren! Es ist, wie gesagt, ein intensives Winterdessert, taugt aber auch als Füllung für dünne Pfannkuchen oder als Belag für süße Waffeln. Ein Hauch Puderzucker als Zierde macht Pfannkuchen wie Waffeln vollends verführerisch.

Gedörrte Feigen in Rotwein

Besonders zur Weihnachtszeit gibt es oft reichlich Sonderangebote an gedörrten Feigen, die, entsprechend umgesetzt, zu einem begehrten Sommerkompott taugen: Sei's gekühlt oder auch leicht angewärmt zum Vanille-Eis.

- 250 g getrocknete Feigen
- 1/2 l herber Rotwein
- 1 Zimtstange
- 1 kräftiger Schuss Cognac
- 1/2 TL Nelken

Ein einfaches Kompott nach bewährtem Rezept. Es hat den Vorteil, dass die oft schmerzhaft in die Zähne fahrende Übersüße der getrockneten Früchte durchs Kochen erheblich gemildert wird.

Die Feigen über Nacht in gutem Rotwein aufweichen. (Lässt man sie in Wasser quellen, können sie lasch werden.) Anderntags den Wein und die Feigen zum Köcheln bringen, Zimtstange und Nelken zugeben. Etwa 1/2 Stunde bei leichter Hitze ziehen lassen. Zum Abschmecken noch den Schuss Cognac beigeben. Heiß in bereitgestellte Bügelverschlussgläser füllen und bei 80 °C etwa 1/2 Stunde im Einkochtopf pasteurisieren.

WEITERE REZEPTE

Tomaten und Paprika

Auch Tomaten lassen sich zu einem würzigen Pulver verarbeiten. Sie müssen allerdings sehr lange gedörrt werden, bis sie so hart und brüchig sind, dass man sie zu Pulver zerstoßen oder zermahlen kann.

Tomaten vierteln und das Kerngehäuse herausnehmen. Wer größere Mengen dörrt, sollte das Mark aufbewahren und zu Ketschup einkochen (Seite 77). Die so entstandenen Tomatenschnitze werden sorgfältig mit Küchenkrepp abgetupft und, erst wenn sie ganz trocken sind, mit der Hautseite nach unten auf dem Rost des Dörrautomaten ausgelegt. Nach etwa zwölf Stunden bei 60 °C dürften die Tomaten brüchig hart sein. Abgekühlt werden sie mit der Raspel des Küchenautomaten zermahlen und anschließend im Mörser zu feinem Pulver zerstoßen. In trockene, luftdicht abschließende Gläser füllen.

Genauso verfährt man mit rotem Paprika, der sich pulverisiert geschmacklich äußerst wirksam mit dem Tomatenpulver zu einer vielseitig verwendbaren Würzmischung vermengen lässt. Braten und dunkle Suppen (Ochsenschwanz, Kutteln) werden es einem danken. Und wenn die Mischung überzeugend gelungen sein sollte, taugt sie auch als überraschendes Mitbringsel.

Selleriesalz, Koblauchsalz

Sellerie mit ihrem unverkennbaren Geschmack gibt es fast das ganze Jahr über. Nur sind die Knollen leider meist schon „bereinigt", man hat also die köstlichen Blätter, die in jede kräftige Brühe gehören, bereits abgeschnitten. Deshalb lohnt es sich, dieses „Laub", wenn man seiner habhaft wird, zu trocknen. Es wird mit einer Schnur zusammengebunden und im Freien aufgehängt. Am besten hält es, wenn man ein kleines Stückchen von der Knolle, einen Deckel sozusagen, mit abschneidet. So hängt man es „kopfunter" zum Beispiel an die Wäscheleine. Die getrockneten Blätter werden dann von den dicken Stängeln abgezupft und im Mörser zu einem feinen Pulver zerrieben, das zu allen Arten von Braten und Soßen passt.

Dörrt man auch die Knolle der Sellerie, lohnt sich dieser etwas zeitaufwändige Vorgang besonders zur Herstellung von Selleriesalz. Dazu schält man die Knolle mit einem scharfen Messer. Im unteren Bereich, an der Wurzel, durchaus großzügig, damit weder Haare noch Erde übrig bleiben. Die Knolle muss vollkommen glatt sein, bevor sie in Würfelchen zerlegt wird, die sich je kleiner desto besser trocknen lassen. Das dauert bei 60 °C im Dörrautomaten etliche Stunden.

Sie brauchen:

- 2 EL getrocknete Selleriewürfel
- 1 TL Pulver aus getrockneten Sellerieblättern
- 1 TL Salz

Die Selleriewürfel im Küchenmixer oder Mörser zerkleinern, bis ein feinkörniges Pulver daraus geworden ist. Mit Salz und Sellerieblattpulver vermengen, aber von beidem immer eine kleine Reserve zurückhalten für den Fall, dass man sich versalzt und „verdünnen" muss. Diese veredelte Gewürzmischung passt zu nahezu allem, wozu man sonst „normales" Salz nimmt.

Ähnlich wie bei Zwiebeln und Sellerie verfährt man mit Knoblauch: Die Knollen werden in Zehen zerlegt, geschält und in feine Scheiben geschnitten. Auf dem Rost des Dörrautomaten brauchen sie bei 60 °C etwa vier Stunden, bis sie die nötige „gläserne" Härte haben. Nun können sie wieder mit der Raspelscheibe im Mixer zerkleinert und sodann im Mörser „verpulvert" werden. Das Knoblauchpulver trocken und in luftdicht verschließbare Gläser abfüllen. Fürs Knoblauch-Würzsalz mischt man das Pulver mit Kochsalz nach Geschmack – aber Vorsicht! Knoblauchpulver ist „salziger" als das von Sellerie oder Zwiebeln.

WEITERE REZEPTE

Zwiebelsalz

Ähnlich wie Sellerie lassen sich auch getrocknete Zwiebeln zu einem pikanten Würzmittel verarbeiten: Man schält sie wie üblich, schneidet den Wurzelansatz heraus und zerschneidet sie in etwa fünf Zentimeter dicke Scheiben, die man auf dem Dörrrost verteilt. Zwiebelringe brauchen bei etwa 60 °C gut vier Stunden. Man muss sie aber vorher waschen und danach gut trockentupfen. Sobald sie sich brechen lassen und gläsern aussehen, zerkleinert man sie mit der Raspelscheibe der Küchenmaschine und zerreibt sie dann im Mörser staubfein zu einem Pulver, das man entweder trocken im luftdicht schließenden Glas als reine Würzsubstanz aufbewahrt oder analog zum Sellerierezept mit feinem Kochsalz vermischt.

Für die Zwiebelwürze empfiehlt es sich übrigens, das Kraut einiger „Lauchzwiebeln" gebündelt an der Luft zu trocknen oder, wenn der Sommer nicht heiß genug ist, in der Backröhre beziehungsweise im Automaten. Anschließend wird es im Mörser zu Pulver zerrieben und in das Zwiebelsalz gemischt. Diese leicht süßliche Würzmischung ist weniger intensiv und etwas zurückhaltender als die mit Sellerie.

Getrocknete Kürbiskerne

Der Kürbis muss, wenn man ihn einmacht oder einlegt, vorher entkernt werden. Dann erst wird sein Fruchtfleisch gewürfelt. Es wäre nun allerdings schade, die Kerne einfach wegzuwerfen. Man sammelt sie vielmehr, befreit sie von den Fruchtfleischfäden und trocknet sie – in der Sonne, im Backofen oder im Dörrautomaten. Bei 80 °C dauert das etwa eine Stunde. Ein wenig feinkörniges Salz darüber gestreut erhält man eine altbewährte Knabberei.

Geschält ergeben getrocknete Kürbiskerne eine reizvolle Bereicherung für Salate und sind eine unentbehrliche Zutat für Kürbissuppen, die man im Übrigen mit einem Schuss Kürbiskernöl verfeinert.

Gesundbrunnen

Milchsäuregärung

♦ Besonders Kohl und Rüben ♦ Rohes Sauerkraut: Gesundheit pur ♦ Hundertprozentig luftdicht ♦ Fermentation ♦ Allerlei Raffinessen

Modellfall Sauerkraut

Milchsäuregärung ist die älteste, natürlichste und einfachste Art der Gemüsekonservierung. Ihr einziger Nachteil besteht darin, dass sich für diese Haltbarkeitsprozedur bei weitem nicht alle Gemüse eignen. Was härter strukturiert ist, vor allem Rüben und Kohl, kommt weit eher in Frage als etwa rote reife Tomaten, Lauch, Kürbis oder auch Pilze.

Schlankmacher par excellence

Ideal ist die Milchsäuregärung, jedermann weiß es, fürs Sauerkraut. Fein gehobelt und mild gesalzen, mit etwas Wein angegossen und mindestens vier Wochen zum Gären in Ruhe gelassen, entwickelt es sich in dieser Zeit zum gesündesten, geradezu positivsten aller Lebensmittel – zumindest, wenn es roh genossen wird: 300 Gramm Sauerkraut enthalten bereits den Tagesbedarf an Vitamin C von etwa 75 Milligramm, Mineralstoffe bleiben erhalten, wenn man den Gärsaft mitverwendet, in dem sich übrigens auch reichlich Vitamine der B–Gruppe befinden. Dieses Milchsäureprodukt hilft Magengeschwüre, Zucker- und andere Stoffwechselerkrankungen heilen und bietet eine unübertreffliche Schlankheitsdiät. Ein Pfund Sauerkraut hat nur 100 Kilokalorien. Bei einem Tagesbedarf von etwa 1700 Kilokalorien kann man also, wenn man's denn hinbringt und wirklich nur ein Pfund am Tag verzehrt – die wichtigsten Vitamine und Spurenelemente sind ja enthalten –, rein rechnerisch in einer Woche etwa drei Pfund abnehmen.

Mit Schmalz und fetten Würsten: nahrhaft, aber weniger gesund

Nur, wie gesagt, das alles bezieht sich auf das rohe Sauerkraut. Weich gekocht, mit Gänseschmalz veredelt und fetten Würsten oder Schweinshaxen garniert, ist dies deutsche Nationalgericht dann längst nicht mehr so gesund. Im Übrigen heißt es auch „Zettelkraut", weil es zetteldünn gehobelt wird, oder, im Rheinischen, „Kappes". Es gilt übrigens als derart deutsch, dass es im Englischen unübersetzt bleibt und dort eben einfach nur „sauerkraut" heißt. Den deutschen Weltkriegssoldaten hat es den Spottnamen „Krauts" eingetragen.

Im Gärtopf mit Bakterien

Andere Sauergemüse haben es nicht zu dieser Popularität gebracht – Grüne Bohnen, Gelbe Rüben oder Rote Bete etwa. Sie alle lassen sich am besten in einem Steinzeugtopf präparieren. Sauerkrautfässer, wie wir sie von Wilhelm Buschs Witwe Bolte her kennen, müssen aufwändig gereinigt werden und sind deshalb etwas aus der Mode gekommen. Unbrauchbar sind Metalltöpfe, da sie mit Milchsäure Verbindungen eingehen, die das Konserviergut bitter machen. Am besten eignen sich die für diese Zwecke im Handel befindlichen Gärtöpfe mit ihrer Wasserrinne zuoberst, die einen luftdichten Abschluss gewährleistet, sobald sie mit Wasser gefüllt ist. Brettchen, Leintuch und Pflastersteine zum Beschweren, früher notwendige Instrumente fürs sauer Einlegen entfallen ebenso wie Zeit raubende Ab-

waschvorgänge des Pflastersteins, der bei Luftzutritt sonst gern schmierig wurde. Davor bewahrt jetzt der Kuhltopf mit seiner Wasserrinne und einem zweigeteilten Stein zum Beschweren, der genau dem Topfdurchmesser entspricht.

Es muss nicht immer Sauerkraut sein

Mit einem Gärtopf lassen sich von Frühsommer bis in den Spätherbst wohlschmeckende und gesunde Konserven herstellen, die als Beilagen angenehm überraschende Akzente setzen können. Hier eine Aufzählung der vielen Gemüse, die in Betracht kommen:

- Blumenkohl, Brokkoli und Kohlrabi
- Rotkohl, Weißkohl, Wirsing und Grünkohl
- Brechbohnen, Dicke Bohnen („Pferdebohnen"), Schnittbohnen, Wachsbohnen und Erbsen
- Gurken, Zucchini und Kürbis
- Zwiebeln und Lauch
- Kohlrüben, Gelbe Rüben, Steckrüben, Rote Bete
- Rettich, Sellerie und Pastinaken
- Paprika und Tomaten

Passende Kräuter und Gewürze sind Bohnenkraut, Dill, Estragon, Gelbe Senfkörner, Gewürznelken, Himbeerblätter, Johannisbeerblätter (von den Sträuchern mit der schwarzen Frucht), Knoblauch, Koriander, Kümmel, Liebstöckel, Lor-

Eben geht mit einem Teller
Witwe Bolte in den Keller,
Dass sie von dem Sauerkohle
Eine Portion sich hole,
Wofür sie besonders schwärmt,
Wenn er wieder aufgewärmt.

WILHELM BUSCH

beerblatt, Meerrettich, Paprikapulver, Piment, Sellerieblätter, Tomatenpulver, Wacholderbeeren und Zwiebeln.

Im Orient schon seit 2000 Jahren

Chemisch erklärt sich der Milchsäure-Gärungsprozess folgendermaßen: Das dem geschnittenen Gemüse beigegebene Salz lockert die Zellwände und entzieht ihnen Wasser und Zucker. Bei diesem Prozess entwickeln sich die Milchsäurebakterien, indem sie während des Gärvorgangs Zucker in Säure umwandeln, Fermentation nennt man das. In dem sauer werdenden Gemüse aber stoppt auch das Wachstum der Mikroorganismen und schon Louis Pasteur (1822 bis 1895) wusste um die Bakterien tötende, entgiftende Eigenschaft der Milchsäure, die wiederum im Sauerkraut ihren besten Träger hat. Milchsäuregärung ist mindestens 2000 Jahre alt und stammt aus dem Orient. Dort, insbesondere in den Ländern um den Kaukasus, gibt es bis heute köstliche Sauervarianten.

Mit Wein, Champagner oder Molke

Acht bis zehn Wochen muss die Rohmasse des Nationalgerichts Sauerkraut vor sich hingären, wobei es übrigens eine feine Unterscheidung gibt zwischen Sauer-, Wein- und Champagnerkraut, je nachdem, welche Flüssigkeit man zur Einleitung

Einlegen nach Vätersitte

Als es die zeitgemäße Gärtopfvariante des „Kuhltopfes" noch nicht gab, war das Einsäuern eine komplizierte und kontrollintensive Angelegenheit. Nach den Prozeduren des Krauthobelns und Einlegens im Steingutfass hat man ein Musselintuch über das Eingelegte gebreitet und es mit einem umgekehrten Teller, der möglichst bis zum Rand reichen sollte, beschwert, meist mit einen Granitstein. Der Schaum, der sich nach etwa einer Woche an den Rändern zu bilden beginnt, musste regelmäßig entfernt werden, auch die Reste am Innenrand des Topfes. Wieder und wieder musste man die Tücher auswechseln. Allerdings hat man bei dieser Methode das Kraut unter Zimmertemperatur von 20 bis 30 °C in etwa drei Wochen durch und kann es dann, wie geschildert, einwecken mitsamt dem Saft, der sich während dieser Zeit gebildet hat.

Aus Weißkohl oder -kraut wird der Klassiker unter den Sauergemüsen bereitet: Sauerkraut oder Kappes, auch Zettelkraut genannt. Man kann es roh essen oder auf vielerlei Weisen zubereiten – immer erfreut es durch markanten Geschmack.

So wird's gemacht:

1 Äußere Blätter vorsichtig abnehmen und zur Seite legen, Krautkopf vierteilen und den Strunkansatz entfernen (1).

2 Das Kraut fein hobeln (2).

der Gärung verwendet – Molke wie beim Sauerkraut oder Wein fürs Wein-, Champagner fürs Champagnerkraut.

Sie brauchen:

- 5 bis 7 kg Weißkraut
- 8 g Salz oder 24 g Meersalz pro kg Kraut
- Buttermilch oder Weißwein oder Champagner
- nach Belieben: Apfelstücke, Zwiebeln, Wacholderbeeren, Weintrauben
- Kraut- oder Gurkenhobel
- Krautstampfer
- Kuhltopf (=Gärtopf)

Molke oder Buttermilch als „Starter"

Zunächst werden für ein Zehn-Liter-Steingutgefäß fünf bis sieben Kilogramm Weißkohl präpariert. Die äußeren Blätter der Köpfe mit ihren dicken Rippen kommen teils unten auf den Boden, die restlichen Blätter nimmt man später zum Abdecken. Die Köpfe viertelt man sodann und schneidet die Strünke an den Unterseiten heraus. Dann werden die Krautviertel auf einem Gurken- oder Krauthobel in feine Streifen geschnitten, in zehn Zentimeter hohen Schichten eingelegt und gesalzen – auf fünf Kilogramm Kohl rechnet man mit etwa 40 Gramm Salz. Man kann es aber auch kräftig mit Meersalz behandeln, wobei man hier mit bis zu 120 Gramm pro 5 Kilogramm rechnet. Am besten, man schmeckt das vorgesalzene Kraut probehalber etwa zehn Minuten nach dem Durchziehen ab. Auch kann man die Krautschichten extern in einer Schüssel einsalzen und dann erst in den Gärtopf umschütten. Es ist dann weniger „sterch" (störrisch) und lässt sich im Topf besser behandeln. Denn man stampft es nun im Gärtopf jeweils so kräftig, bis jede eingelegte Schicht mit Krautsaft bedeckt ist. Schicht um Schicht wird so nachgefüllt, bis das Steingutfass zu drei Vierteln gefüllt ist. Jetzt kommt der „Starter" dazu, im Fall des „reinen" Sauerkrauts Molke oder Buttermilch, dann bedeckt man alles mit den restlichen Krautblättern, beschwert es mit den zum Kuhltopf gehörenden Steinen, füllt die Rinne mit Wassser und setzt den Deckel auf. Bei Zimmertemperatur von etwa 18

3

Den Boden des Kuhltopfes mit den großen außeren Blättern auslegen (3).

4

Kraut einschichten, lagenweise salzen und nach Belieben würzen (4).

5

Das Kraut stampfen (5) und Starter zugießen, damit es ganz von der Flüssigkeit bedeckt ist, zuletzt große Blätter obenauf legen.

Um Bohnen haltbar zu machen, gibt es mehrere Möglichkeiten: Man kann sie einwecken, süßsauer einlegen, einfrieren und auch einsäuern.

So wird's gemacht:

Bohnen waschen, gipfeln, fädeln und halbieren (1).

Die Bohnen in Salzwasser etwa fünf Minuten kochen, dann abgießen und das Wasser aufbewahren (2).

bis 20 °C beginnt der Gärprozess, was man an gelegentlichem Blubbern aus dem Steinfass bemerkt. Der Fassinhalt wird nun regelmäßig kontrolliert. Sollte sich nicht genügend Saft gebildet haben, muss man mit Salzwasser (15 Gramm pro Liter) nachgießen. Nach ungefähr zehn Tagen, wenn kein Blubbern mehr zu hören ist, stellt man den Steinzeugtopf in den Keller oder an einen anderen kühlen Platz. Nach weiteren acht Wochen ist der Gärprozess vollends abgeschlossen und das Kraut genussfertig.

Stufen der Verfeinerung

Allerdings, so eingelegt wird es eher herb und einfach schmecken. Man kann die Einlegsubstanz daher beliebig verfeinern. Etwa zum Apfelweinkraut. Dabei kommen zum Kraut noch Apfelstücke und Zwiebelringe und als Gewürz die fürs Sauerkraut so altbewährten Wacholderbeeren. Ansonsten verfährt man wie beim „normalen" Sauerkraut, nur nimmt man jetzt etwa 1/4 l Apfelwein als Starter.

Ein regelrechtes Weinkraut lässt sich dann mit kernlosen Weintrauben herstellen, von denen man etwa 250 Gramm auf fünf Kilogramm gehobeltes Kraut beigibt und schließlich 1/4 Liter Riesling dazugießt – oder Sekt, dann wird's gar „Champagnerkraut".

Grüne Bohnen

werden gewaschen, gegipfelt, gefädelt und in leicht gesalzenem Wasser (15 Gramm pro Liter) etwa 5 Minuten schonend vorgekocht. So lässt sich das Phasin vernichten, ein in den Bohnen enthaltenes Gift. Die Bohnen dürfen dabei aber keinesfalls weich werden. Das Kochwasser wird aufbewahrt – man braucht es zum Nachfüllen für den Fall, dass die Bohnen nicht genügend Wasser ziehen!

Für den Zehn-Liter-Kuhltopf brauchen Sie:

- 6 bis 7 kg grüne Bohnen
- knapp 1 kg grob gehackte Zwiebeln
- 50 g Salz
- Molke oder Buttermilch
- Zucker und Bohnenkraut nach Belieben

3

Die Bohnen Lage um Lage in den Gärtopf schichten, jede Lage leicht salzen (3).

4

Die Bohnen behutsam in den Gärtopf drücken (4).

5

Zuletzt Molke oder Buttermilch als „Starter" zugeben, eventuell mit dem Kochwasser auffüllen (5).

Die gewaschenen, gegipfelten und gefädelten Bohnen werden in den Gärtopf geschichtet und Lage um Lage mit Zwiebeln bestreut und gesalzen. Bohnen lassen sich allerdings nicht so fest drücken wie das Kraut, sie verlieren sonst ihre Konsistenz. Danach behandelt man sie wie Sauerkraut, gießt also Molke oder Buttermilch als Starthilfe an. Und auch hier ist der Gärvorgang nach vier bis acht Wochen abgeschlossen. Doch handelt es sich bei dieser Behandlung wieder nur um eine Art Roh- oder Vorform. Feiner wird es, wenn man die Bohnen bereits beim Ansetzen mit Zucker (100 Gramm auf fünf Kilogramm Rohmasse) und einem Büschel Bohnenkraut bedenkt.

Als Rohkost, verfeinert oder eingeweckt

Sauer Eingelegtes lässt sich nach Abschluss der Gärzeit als Rohkost verzehren oder beim Kochen weiter verfeinern. Da man aber meist viel größere Mengen einsäuert, als auf einmal verzehrt werden können, empfiehlt sich, als anschließende Konservierungsform das Einwecken. Zumindest beim Sauerkraut ist wegen des Witwe-Bolte-Effekts Fertigkochen und Einfrieren eine gute Alternative.

Das besondere Rezept

Russisch Kraut

Ein wunderbares Rezept aus den orientalischen Herkunftsgebieten der Konservierung durch Milchsäuregärung. Für einen Zehn-Liter-Gärtopf brauchen Sie

- 5 kg Weißkraut
- 1 kg Sellerieblätter und -knollen
- 1 kg Zwiebeln
- 1 kg grüne Tomaten
- pro kg Gemüse 8 g Salz sowie Paprikaschoten, Knoblauchzehen, Pfefferkörner nach Belieben

So wird's gemacht

Die Gemüse werden zunächst in Scheiben oder Streifen geschnitten, dann mit einem abgekühlten Sud aus Salz, Pfefferkörnern und Sellerieblättern aufgegossen und im Kuhltopf mit dem Stein beschwert, der gut mit Sud bedeckt sein muss. Diese Delikatesse ist nach vier bis sechs Wochen genussfertig.

Das besondere Rezept

Sellerie

Als kalorienarme Beilage mit ausgeprägtem Eigengeschmack eignet sich dieses eingelegte Gemüse besonders dann, wenn man es mit einem feinen Weinessig optimiert.

So wird's gemacht

Auf einen Zehn-Liter-Gärtopf kommen

- etwa sieben große Sellerieknollen mit Kraut
- 40 bis 50 g Salz
- einige EL Zucker
- 1 l herber Weißwein
- 1 kg Zwiebeln, gewürfelt
- 1 Stange Merrettich, geschält und in Scheiben geschnitten
- Knoblauchzehen und Gewürze wie Lorbeerblätter, Pfeffer-, Piment- und Korianderkörner nach Belieben

Das Selleriekraut abschneiden und zur Seite legen. Die Knollen mit kräftigem Messer schälen, abwaschen, in Scheiben von 1/2 Zentimeter Dicke aufteilen und etwa fünf Minuten in Salzwassser blanchieren. Mit dem gewaschenen und gut abgetropften Kraut den Gärtopfboden auslegen, genügend Kraut zum abschließenden Abdecken reservieren. Die erste Sellerieschicht von etwa zehn Zentimeter Höhe in den Topf schichten, darüber Zwiebel, Merrettichscheiben, Gewürze, Zucker und natürlich Salz streuen. In dieser Weise weiterschichten bis etwa acht Zentimeter unter den Rand. Mit den restlichen Sellerieblättern abdecken. Weißwein darüber gießen. Dann mit dem Blanchierwasser und, wenn es nicht reicht, mit einer Lake von zehn bis 15 Gramm Salz pro Liter Wasser so weit auffüllen, dass der Beschwerungsstein gut daumenhoch von der Lake bedeckt ist. Etwa zwei Tage bei Zimmertemperatur (20 °C) gären lassen. Schaum abschöpfen, dann kühl stellen. Nach etwa zehn Wochen ist das Selleriegemüse genussfertig.

Blau wird rot

Blaukraut wird wie das einfache Sauerkraut hergestellt.
Sie brauchen auf einen Zehn-Liter-Gärtopf:

- 5 bis 7 kg Blaukraut
- 1/4 l Rotwein
- Äpfel, Zwiebeln, Pimentkörner und Nelken nach Belieben
- Kraut- oder Gurkenhobel
- Kuhltopf (= Gärtopf)

Man sollte Blaukraut, wenn man es einsäuert, eigentlich „Rotkraut" nennen, weil es bei der Gärung eine kräftig rötliche Färbung annimmt. Es lässt sich wie das Sauerkraut mit Äpfeln und Zwiebeln verfeinern. Statt Wacholderbeeren nimmt man hier allerdings Pimentkörner oder gleich Nelken und statt Weißwein als Starter ein Viertel Roten.

Gurken

Am besten eignen sich mittellange, feste, noch kernlose Landgurken. Sie brauchen für den Zehn-Liter-Gärtopf

- 5 kg Gurken
- 1 Stange geschälten Meerrettich mit Blättern
- Dill
- Estragon
- etwa 5 Zwiebeln
- Knoblauchzehen
- Lorbeerblätter
- 1/4 l Molke
- Salz, Nelken, Senfkörner

Die Gurken werden mit Meerrettichscheiben, Dill, Estragon, Knoblauchzehen, Lorbeerblättern, Nelken, Zwiebeln und Senfkörnern versetzt. Zum Abdecken nimmt man Meerrettichblätter. Dann wird mit Salzwasser aufgegossen – Mischungsverhältnis 25 Gramm Salz auf 1 Liter. Zum Start gibt es 1/4 Liter Molke. Die Gurken lässt man im Kultopf etwa sechs Wochen gären. Sellerie und Rote Bete gehen ähnlich, wobei man beide vorher grob raffelt (raspelt).

Weitere Rezepte

Grünkohl

In Niedersachsen, Schleswig Holstein, Westfalen und im Rheinland wird diese besonders eiweißreiche Kohlart angebaut. Nebst Karotten führt kein anderes Gemüse dem Körper mehr Vitamin A zu als der Grünkohl, und als Vitamin-C-Spender lässt er sich nur von Paprikaschoten übertreffen. Ein Wintergemüse im doppelten Sinne also, denn einmal braucht der Braunkohl oder Blattkohl, wie er auch heißt, den ersten Frost, um seine geschmackliche Reife zu erlangen, zum anderen ist sein Verzehr in der vitaminarmen Jahreszeit besonders empfehlenswert. Wer Wirsing bevorzugt oder vielleicht eine reiche Ernte dieser Kohlart rasch verarbeiten muss, kann übrigens das folgende Rezept entsprechend anwenden.

Für einen Zehn-Liter-Gärtopf braucht man:

- 5 Krautköpfe
- 1 Stange Meerrettich, geschält und in dünne Scheiben geschnitten
- 40 bis 50 g Salz zum Einsäuern, ca. 30 g fürs Blanchierwasser und die Lake
- 100 g Zucker
- 1 l herben Weißwein
- Pfeffer, Kümmel sowie einige Zehen Knoblauch nach Geschmack

Äußere Blätter abnehmen, ganz lassen, waschen und zur Seite legen. Die Köpfe der Länge nach vierteln, den Strunk herausschneiden. Grünkohl mit dem Krauthobel in feine Streifen schneiden, in eine große Schüssel füllen, leicht salzen, kräftig durchmischen und eine Stunde ziehen lassen, bis er Wasser gezogen hat, das man abgießt. Den Gärtopfboden mit gut abgetrockneten Krautblättern auslegen, aber etwa die Hälfte zum Abdecken aufbewahren. In Lagen von etwa zehn Zentimetern Kraut in den Topf schichten, jeweils entsprechende Mengen Zwiebeln, Knoblauchzehen, Meerrettichscheiben und Gewürze sowie Salz und Zucker darüber streuen. Zuletzt mit ganzen Kohlblättern abdecken. Weißwein darüber gießen, hernach mit einer leichten Salzlake (10 bis 15 g pro Liter Wasser) aufgießen. Mit Abdeckstein beschweren, der gut daumendick unter der Flüssigkeit stehen soll. Im Zweifel Salzlake nachfüllen. Einige Tage bei Zimmertemperatur ziehen lassen. Gegebenenfalls Schaumrand abschöpfen und dann in einem kühlen Raum weitergären lassen. Nach vier bis sechs Wochen ist der Grünkohl genussfertig.

Gelbe Rüben

Sauergemüse schmeckt gut und ist sehr bekömmlich, doch kommen neben dem Klassiker Weißkohl nicht allzu viele Sorten in Betracht. Hervorragend eigenen sich Gelbe Rüben oder Karotten. Beim Gebrauch der Gewürze verlässt man sich am besten auf eigene Vorlieben und sein Fingerspitzengefühl, falsch machen lässt sich kaum etwas. Für den 5-Liter Gärtopf benötigt man

- 3,5 kg Karotten
- Zwiebeln, Knoblauchzehen, Nelken, Dill, Estragon, Lorbeerblätter, Meerrettich mit Grün
- Salz

Die Karotten werden geraffelt, lagenweise in den Gärtopf geschichtet und festgedrückt. Pro Lage dünne Meerrettichscheiben und Gewürze zugeben. Zuletzt mit einer Lake von 25 Gramm Salz pro Liter Wasser übergießen.

Bei Zimmertemperatur gären lassen. Kühl stellen, wenn der Gärtopf nicht mehr blubbert. Nach sechs bis acht Wochen sind die Karotten genussreif. Was sich nicht frisch verzehren lässt, wird eingeweckt.

Paprika

Man verwendet späte Sorten, die sich durch besonders festes Fleisch auszeichnen. Im normalen Haushalt wird man sich mit dem 5-Liter Gärtopf begnügen.

- 4 kg feste Paprikaschoten, grün, rot und gelb
- ein Stück Meerettich, Knoblauchzehen, Lorbeerblätter, Pimentkörner, Salz

Die Paprikaschoten waschen und abtrocknen, dann halbieren, Stielansätze, weiße Zwischenwände und Kerne entfernen. Die Hälften in fingerbreite Streifen schneiden, in den Gärtopf schichten, jeder Lage anteilig Meerrettichscheiben, Knoblauch und Gewürze beigeben, immer wieder behutsam festdrücken. Zuletzt mit einer Lake von 25 g Salz pro Liter Wasser übergießen, sodass der Beschwerungsstein gerade bedeckt ist.

Bei Zimmertemperatur gären lassen, danach kühl stellen und in Halblitergläsern einwecken, was nicht frisch verzehrt werden kann.

WEITERE REZEPTE

Heringssalat mit Roten Beten

Eine Spezialität für die kalte Jahreszeit und eine gute Gelegenheit, eingesäuerte Rote Rüben einmal in ganz anderer Form auf den Tisch zu bringen.

- 500 g Rote Bete
- 8 bis 10 Heringsfilets
- 2 große Gewürzkurken
- 2 große, säuerliche Äpfel
- 125 g Haselnüsse, gemahlen
- 1 Kalbsschnitzel
- 100 g gekochter Schinken
- 2 EL Perlzwiebeln
- 2 hart gekochte Eier
- 200 g Majonäse

Die Eier hart kochen, abschrecken und schälen, dann auskühlen lassen. Die Äpfel schälen, vierteln und von den Kerngehäusen befreien, die Viertel quer in feine Scheiben schneiden. Rote-Bete-Scheiben mit dem Messer zerkleinern, die Gurken längs halbieren und quer in Scheibchen teilen. Heringsfilets, Kalbsschnitzel und den Schinken in feine Streifen schneiden. Die Nüsse mahlen. Alles untereinandermengen, zuletzt Perlzwiebeln und die in Scheiben geschnittenen Eier vorsichtig unterheben. Alles mit Majonäse mischen. Kühl aufbewahrt hält dieser Salat gut eine Woche, seinen vollen Geschmack erreicht er nach zwei Tagen, wenn alle Zutaten gut durchgezogen sind.

Rote-Bete-Suppe

Eingesäuerte Rote Beten lassen sich in Verbindung mit gekochten Kartoffeln zu einer rezenten Suppe verarbeiten, die eine ganze Mahlzeit ersetzen kann.

- 500 g eingelegte Rote Bete
- 500 g gekochte Kartoffeln
- ½ l Fleischbrühe oder Bouillon
- 100 g Sauerrahm
- 1 Schuss Balsamico
- 1 TL weiße Pfefferkörner, einige Körner Piment, 1 Lorbeerblatt

Kartoffeln schälen und zusammen mit den Roten Beten im Küchenmixer oder der Flotten Lotte pürieren. In heißer Fleischbrühe unter kräftigem Rühren aufkochen. Lorbeerblatt zugeben. Mit Gewürzen, Salz, Zucker und Balsamico abschmecken. Sauerrahm unter kräftigem Rühren mit dem Schneebesen unterziehen. In vorgewärmten Suppentellern servieren. Dazu passt ein kräftiges, leicht angeröstetes Landbrot.
Beim Einsäuern gären Rote Beten übrigens heftig. Man sollte ihnen deshalb reichlich Platz im Topf lassen. Man kann sie, wie etwa die Sellerie, am Ende mit ihren eigenen Blättern bedecken.

Deftiges aus Rauch

und Lake

♦ Farbecht durch Pökeln ♦ Kreativ würzen ♦ Nur allerbestes Fleisch ♦ Von Parma bis Westfalen ♦ Im Kühlschrank und mit Zucker ♦ Saftiges Rauchfleisch – edle Schinken ♦ Rauch von Eiche, Buche und Wacholder ♦ Fischspezialitäten ♦ Technische Lösungen

Schon im alten Rom bewährt

Pökeln zählt nach Trocknen und Räuchern zu den altbekannten Konservierungsarten. Aus der Römerzeit wissen wir, dass Cato der Ältere (234 bis 149 v. Chr.) den Salzgehalt zum Konservieren für ausreichend hielt, wenn ein Ei in der Lake schwimmen konnte. Eine Probe übrigens, die noch heute angewandt wird. Auch Fleisch, Fisch und Früchte wurden damals schon in einer stark salzhaltigen Flüssigkeit haltbar gemacht, Oliven etwa, aber auch grüne Weintrauben, die vor dem Verzehr allerdings wieder gewässert werden mussten. Das Einsalzen von Fisch, um ihn zu konservieren, machte im Mittelalter insbesondere die Salzstadt Lüneburg zu einem reichen, bis heute wohlhabenden Gemeinwesen, denn von dort belieferte man andere Hafen- und Hansestädte mit dem „Weißen Gold“, wie man das Salz damals nannte, bevor diese Umschreibung im 18. Jahrhundert auch für Porzellan aufkam.

Zur Schlachtzeit im Herbst musste das Fleisch des Mastviehs für die Wintervorräte vorbereitet werden. Dann haben sich von Lüneburg aus, wo sich zwei bedeutende Verkehrswege kreuzten, regelrechte Salzkararwanen gebildet. Eine empfehlenswerte „doppelte“ Konservierung von Fleisch und Fisch kannten übrigens schon die Römer. Wieder ist es Cato, der empfiehlt, Fleisch und Fisch, besonders aber Schinken nach dem Einsalzen und Trocknen auch noch zu räuchern.

Salz macht haltbar, Rauch pointiert den Geschmack

Vor dem Tiefgefrieren war das Einpökeln die einzige Möglichkeit, Fleisch über längere Zeiträume genießbar zu erhalten. Salzen, nicht Räuchern ist die Grundvoraussetzung der Haltbarkeit. Dem Räuchern kommt zumindest bei der Fleischkonservierung die Funktion der geschmacklichen Nuancierung zu. Die Konservierungsaufgabe aber übernimmt das Salz: Es entzieht dem Fleisch Saft und löst sich darin auf. Dieser Saft wird wiederum vom Fleisch aufgenommen, wobei sein Salzgehalt die Aufnahme von Bakterien verhindert.

Indes, wenn man heute pökelt, dann nicht mehr so sehr um des Konservierens willen. Vor allem Fleisch lässt sich nach einer gewissen Reifezeit viel einfacher durch Tiefgefrieren haltbar machen. Pökeln, in Oberbayern und Österreich auch „Suren“ genannt, eignet sich im heutigen Haushalt am ehesten zur geschmacklichen Präparierung von Fleisch sowie als Räuchervorstufe für Fleisch und

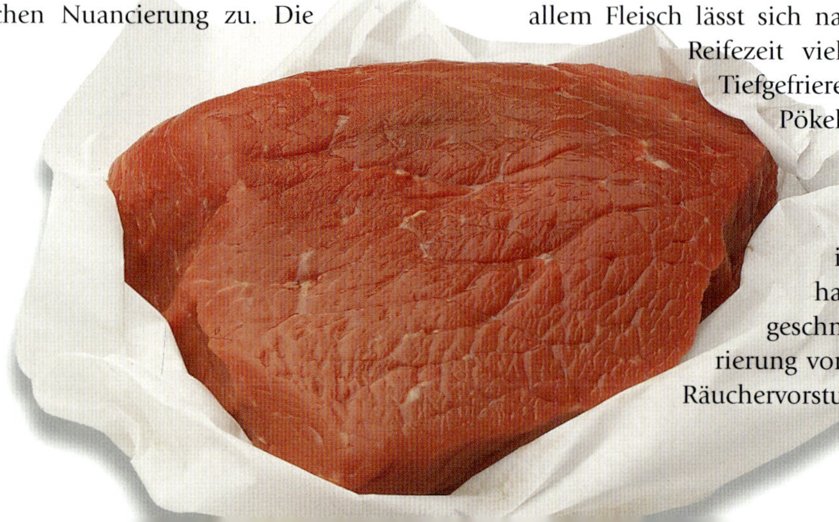

Fisch. Dazuhin wird beim Pökeln das Fleisch auch farblich konserviert – es bleibt rot. Wenn man es nur salzt, wird es hingegen grau.

Dosieren Sie aufs Gramm genau!

Allerdings, um die Ware in Frische und Farbe zu bewahren, ist die Zugabe von Salpeter (Nitrat) nötig – dieses so genannte Nitritpökelsalz hat eine feste Zusammensetzung und besteht am besten zu 99,5 Prozent aus Kochsalz und nur zu 0,5 Prozent aus Nitrat. Da größere Nitratmengen gesundheitsschädlich wirken, empfiehlt es sich dringend, nur handelsübliches Nitritpökelsalz zu verwenden, um Überdosierungen zu vermeiden. Ansonsten muss man sich streng an das Mischungsverhältnis von allenfalls 1 Prozent Pökelstoff (Nitrat) auf 99 Prozent Salz halten. Dazu sollte immer auch eine Messerspitze Askorbinsäure (Vitamin C) kommen. Sie vereitelt unerwünschte Nitrosaminbildung, denn Nitrosamine können bekanntermaßen Krebs auslösen.

Mit Fantasie und Gewürzen zur eigenen Geschmacksvariante

Pökeln ist also längst nicht mehr wie Tiefgefrieren eine reine Konservierungsmaßnahme für das Fleisch, es dient vielmehr seiner Optimierung. Feine, feinste und teuerste Schinken beweisen uns das. Die Zugabe von Gewürzen zum Pökelvorgang gilt zwar auch als bakterienhemmend, erlaubt aber vor allem unzählige Geschmacksvarianten. Für den Einstieg, bevor man sein eigenes Mischungsverhältnis entdeckt hat, gilt etwa ein Zehntel des Salzgewichts. Aber eine Verschiebung von Salz und Zucker zu mehr Gewürzen ist aus gesundheitlichen Gründen mehr und mehr geraten. Denn nicht nur Salz hebt den Geschmack, sondern auch eine Kleinigkeit Zucker in Verbindung mit Gewürzen.

Bei der Zusammensetzung von Würzmischungen sind Geschmack und Kreativität keine Grenzen gesetzt. Als „klassisch" niederbayerisch gilt eine Mischung aus Knoblauchzehen, Wacholderbeeren, Pfeffer und Kümmel. Exotischer sind Mischungen mit Ingwer, Piment, Koriander, Pfeffer- und

Das Bratenstück von Haut, Fett und Sehnen befreien (1).

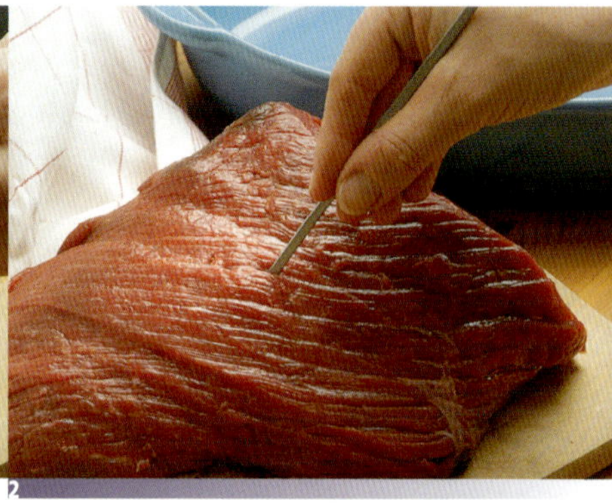

Mit der Spicknadel mehrfach anstechen, damit der Zucker eindringen kann (2).

Mit braunem Zucker einreiben (3).

Nach einigen Tagen Gewürzmischung im Mörser zerstoßen und in das Fleischstück reiben (5).

Nach weiteren Tagen wird das Bratenstück unter kaltem Wasser abgewaschen (6).

Das Fleisch trockentupfen (7), dann zubereiten.

Senfkörnern sowie zerstoßenen Zimtstangen. Mediterran hingegen ist eine Mischung aus Thymian, Salbei, Rosmarin, zerstoßenen Lorbeerblättern und Gewürznelken, Wacholderbeeren und Anissamen. Schinken kann man, bevor er in den Rauch kommt, nach dem Vorpökeln noch in Tannen- und Rosmarinnadeln wälzen. Aber auf das Schinkenräuchern werden wir ohnedies noch ausgiebig zurückkommen.

Trocken, nass oder schnell

Zu den bekanntesten Pökelgütern zählt das Burgunderschäufele, also die magere Schweineschulter, die, soll sie edel werden, in einer feinen französischen Mischung aus Lorbeer, Nelken oder Piment, Koriander, Pfeffer und Senfkörnern eingelegt wird. Ähnlich kräftig kann man auch Rinder- und Schweinezungen einlegen, vor allem aber Rinder- und Wildbraten. Doch die Verfahren, Schinken und Braten zu pökeln, sind reichlich verschieden. Man unterscheidet insgesamt drei Arten: Trocken-, Nass- und Spritzpökeln, Letzteres, weil es so rasch geht, auch „Schnellpökeln" genannt.

Ideal für Hinterkeulen

Trockenpökeln empfiehlt sich für größere Fleischstücke, besonders für Schinken. Es ist die gängige Präparierungsmethode für das spätere Räuchern und die anschließende Lufttrocknung. Ideale Stücke sind die Vorder-, besonders aber die Hinterkeulen

Das Fleisch in eine Schüssel legen und mit Klarsichtfolie luftdicht abschließen (4).

UNGENAU, DOCH UNENTBEHRLICH

Auf Angaben wie Prise, Messerspitze, Tee- und Esslöffel, Hauch und Schuss, lässt sich in der Küche kaum verzichten. Sehr oft kommt es gerade auf diese ungefähren Maßeinheiten an, mit denen man sich vorsichtig an das gewünschte Endprodukt herantastet.

Die kleinste Einheit ist die Prise, poetischer auch als „Hauch“ umschrieben. Sie bezeichnet eigentlich die Menge Schnupftabak, die man zwischen Daumen und Zeigefinger nehmen kann, um ihn in der Hoffnung auf ein erleichterndes Niesen die Nase hochzuziehen. Mehr würde diesen Effekt verderben. Eine Prise beim Kochen nimmt man deshalb nur von „heftigen“ Gewürzen, etwa scharfen Chilischoten. Spitzenköche empfehlen, auch Muskat nur prisenweise zu verwenden.

Die Messerspitze besteht aus etwa zehn Prisen. Auch dieses Maß empfiehlt sich nur bei auffallenden Gewürzen wie Safranfäden, ebenso bei Salz- oder Zuckergaben, wenn sie nur zur leichten Geschmackshebung gedacht sind, aber keinesfalls vorschmecken dürfen.

Der Teelöffel (TL) ist die häufigste Maßeinheit für gemahlene Gewürze. Er besteht aus etwa zehn Messerspitzen oder 30 Prisen. Häufigste Maßangabe für ungemahlene Gewürzkörner aller Art ist der Esslöffel (EL), gelegentlich auch „Schuss“ genannt. Zum Vergleich: 1 Esslöffel gemahlene Gewürze entspricht etwa, gestrichen voll, 3 Teelöffeln. Ähnlich verhält es sich bei den ungemahlenen Gewürzkörnern. Der Esslöffel oder „Schuss“ ist außerdem eine ständig wiederkehrende Maßeinheit für die Zugabe von Essig, Öl oder Alkohol, wobei etwa 15 Esslöffel ¼ Liter Flüssigkeit ergeben.

Ein wenig Küchenalchemie, gewiss, aber die einzig zuverlässige Küchenwaage ist eben doch die Zunge. Deshalb sollte man sich mit diesen kleinen, ungenauen Einheiten ans perfekte Endprodukt einfach „heranschmecken“.

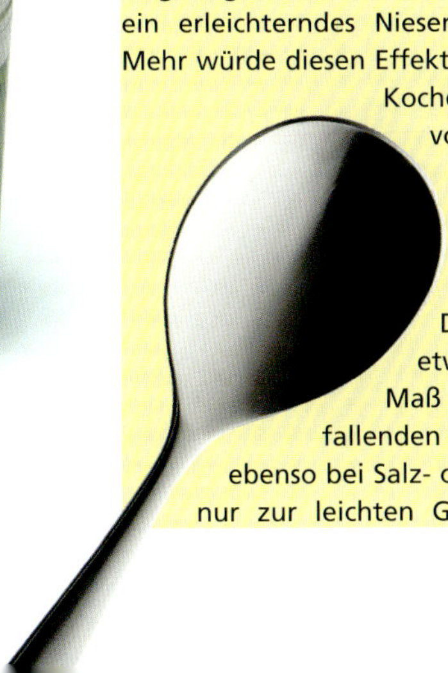

vom jungen Schwein – sie heißen ja nicht von ungefähr ganz lapidar auch „Schinken".

Es gilt für Schinken und für jedes andere Pökelfleisch wie fürs Konservieren überhaupt: nur bestes Material! Beim Trockenpökeln wird das Fleisch mit Nitritpökelsalz, dem Zucker und Gewürze beigefügt sind, kräftig eingerieben. Das Mengenverhältnis ist dabei so, dass auf 1 Kilogramm Fleisch maximal 100 Gramm Pökelsalzmischung kommen und etwa zehn Gramm Zucker sowie ebenso viel, eben auch um die zehn Gramm Gewürze, wobei man sich gerade hier nicht allzu sklavisch an die Maßgaben halten muss. Von getrockneten Kräutern wie Thymian, Majoran, Bärlauch oder Oregano kann man ruhig eine Spur mehr nehmen. Nur bei Gewürzen wie schwarzem und weißem Pfeffer, Piment, Koriander, Senfkörnern, Zimt, Nelken oder Lorbeer muss man sich vor dem „Verwürzen" hüten, ebenso bei zerdrücktem Knoblauch und zerstoßenen Wacholderbeeren.

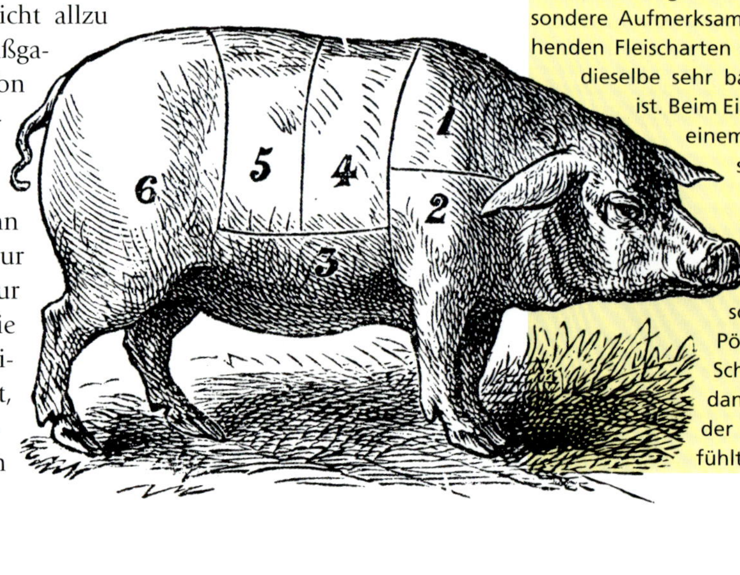

„Einkauf der Speisebedürfnisse"

Hierzu schreibt Henriette Löffler in ihrem „Großen Illustrierten Kochbuch", das um 1900 in Stuttgart erschien: „Junges Schweinefleisch ist hellblutroth, zartfaserig, zwar saftig, aber nicht wässerig, das Fett ist weiß und fest ... Ist das Fett schwammig, und nicht kernhaft, so taugt das Fleisch wenig. Ganz guter Speck ist fest, hat einen rothen Anstrich, das Magere daran ist zart und klebt fest am Beine. Gelbe Streifen darin sind ein Beweis, dass es ranzig ist.

Aufbewahrung des Schweinefleisches erfordert besondere Aufmerksamkeit, wie sie bei den vorangehenden Fleischarten geschildert wurde, da es ohne dieselbe sehr bald dem Verderben ausgesetzt ist. Beim Einkauf der Schinken soll man mit einem scharfen Messer unter das Bein stechen; hat es beim Herausziehen einen lieblichen Geruch, so ist der Schinken gut; riecht hingegen das Messer schlecht und ist es schmierig geworden, so sind sie schlecht.

Pökelfleisch ist nur von jungen Schweinen ganz gut; es ist nur dann empfehlenswerth, wenn sich der häutige Theil ziemlich zart anfühlt."

An kulinarischen Berühmtheiten bewährt

Die Trockenpökelung hat ihren Namen daher, dass man das Fleisch nicht in eine Lake legt, sondern trocken einreibt, erst mit Pökelsalz, dann mit den Gewürzen. Nun gibt es allerdings verschiedene Verfahren des Weitermachens. Kulinarische Berühmtheiten wie Parmaschinken, Holsteinischer oder auch Westfälischer Knochenschinken werden derart präpariert, dann auf luftdurchströmten Stellagen „getrocknet“, oft auch, indem man die Schinken vorsichtshalber mit kaltem Rauch „haltbar“ macht. Der Trocknungsprozess verläuft ungefähr wie beim Obstdörren: Die Feuchtigkeit, hier also der Fleischsaft, muss bei diesem Verfahren ungehindert ablaufen können.

In Lake reifen lassen

Nicht ganz so „trocken“ verläuft eine andere Form der (Trocken-)Pökelung, bei der das Pökelgut entweder in ein Fass oder einen hohen Steinguttopf gelegt wird. Beim Schinken wird der Boden des Gefäßes noch mit Pökelsalz bestreut und das Fleischstück mit der Schwartenseite darauf gelegt. Danach deckt man es mit einem Teller oder Holzbrett ab und beschwert es mit einem Stein – üblich sind granitene Pflastersteine, raffinierter und einfacher zu handhaben ein oder zwei mit Wasser gefüllte und verschraubbare Einmachgläser. Nun wird die Sache kühl gestellt. Bei dieser Methode zieht das Fleisch zwar Saft, oft aber nicht genügend, um ganz bedeckt zu sein, wie es fürs Konservieren notwendig ist. Deshalb muss das (Schinken-)Stück nach etwa zwei, drei Tagen Garen mit einer Lake im Verhältnis von allenfalls zehn Gramm Salz auf einen Liter Wasser aufgegossen werden – „eingrädige“ Lake ist der Fachbegriff dafür.

GRÄDIGE LAKEN

Die Lake genannte Mischung aus Salz und Wasser zum Pökeln von Fleisch wird nach „Graden“ eingeteilt: „Eingrädige“ Lake wird aus acht Gramm Salz pro Liter Wasser hergestellt, 80 Gramm Salz pro Liter Wasser ergeben folglich eine „zehngrädige“ Lake. Zu dieser Grundsubstanz kommen dann noch Gewürze und getrocknete Kräuter, dabei gilt als Regelung, dass auf ein Kilogramm Fleisch zehn Gramm Kräuter-Gewürzmischung kommen.

Dieser Prozess, den man als „aufgeweichte Trockenpökelung“ bezeichnen könnte, dauert etwa vier bis acht Wochen. Bei Temperaturen zwischen 2 und 7 °C soll das Fleisch vor sich hingaren. Es kommen hierfür also fast nur entsprechende Lagermöglichkeiten im spätherbstlichen oder winterlichen Voralpenland in Frage.

Man kann es danach trocknen und dann auch räuchern. Will man es aber gleich verzehren, betrachtet man den Pökelprozess also nur als Marinierung, wird man das Fleischstück etwas wässern, dann trockentupfen und entweder in einem Wassersud garen oder eben schmoren.

Die Kühlschrankvariante

Für die bisher beschriebenen Methoden des Trockenpökelns braucht man, allein der Temperatur und der großen Gerätschaften wegen einen kühlen Keller. Im Kühlschrank ist dagegen folgende Pökelmethode durchführbar, die allerdings nicht unbedingt der Vorbereitung eines Schinkenstücks gelten sollte, sondern eher einem großen Rinder- oder Hirschbraten. Ihn sticht man zunächst

mit einer Spick- oder Stricknadel von allen Seiten her ein und reibt ihn mit Zucker ein. Dann kommt das Stück in einen kühlschranktauglichen Steinguttopf. Die Sache wird besonders zart, wenn man den sehr süßen und körnigen Roh-Rohrzucker verwendet.

Das so präparierte Stück wird mit einer Klarsicht- oder Alufolie abgedeckt und während der zwei Tage, die man es im Kühlschrank ziehen lässt, mehrere Male gewendet. Dann „überreibt" man das in Zucker präparierte Bratenstück mit einer Mischung aus Pökelsalz und Gewürzen, bevor es unter gelegentlichem Wenden etwa weitere vier Wochen im Kühlschrank sich überlassen bleibt. Vor dem Zubereiten wäscht man solcherart präpariertes Fleisch kräftig kalt ab, tupft es trocken und lässt es, bevor man's schließlich in den Schmortopf legt, noch einige Tage im Kühlschrank zum „Nachbrennen".

Nass gepökelt wird die Ware zart und saftig

Trocken gepökeltes Fleisch wird in aller Regel am Ende auch trocken. Diese Methode eignet sich daher hervorragend als Vorstufe fürs Räuchern, an dessen Ende wir konsistente, gut durchgewürzte „Rauchfleischsorten" erwarten können, ein Fleisch, das seinen Charakter umso mehr entfaltet, je dünner man es schneiden kann. Saftiger und zarter hingegen ist das Nassgepökelte, das man gern in dickeren Scheiben genießt, vor allem Zungen, Schäufele und auch Brustripple, die aus der amerikanischen Küche bekannten „Spare Rips".

Das Fleisch fürs Nasspökeln sollte man vorsalzen und während einiger Tage in den Kühlschrank stellen. Wichtig dabei ist die Herstellung der geeigneten Lake. In einem hohen Topf wird eine Pökelsalzmischung mit etwas Zucker und eine für Zunge wie Brustripple gleichermaßen passende „Pariser" Gewürzmischung aus Lorbeer, Pfefferkörnern, Piment, Koriander und Senfkörnern vorbereitet, der man Thymian und Wacholderbeeren nach Belieben beigeben kann. Diese Lake wird hochgekocht und gleich anschließend durch ein Sieb in den fürs Einlegen vorgesehenen Steinguttopf geleert, den man zuvor gut heiß ausgewaschen hat. Die Lake kühlt nun etwa vier bis fünf Stunden ab. Unterdessen präpariert man das eingesalzene Fleisch, das man von allen Salzresten befreit und sorgsam trockentupft. Dann wird das Fleischstück in die Lake gelegt, von der es übrigens immer „überflutet" sein muss.

Am besten bedeckt man das Fleisch mit einem Teller und stellt darauf einen Stein (Granit) oder, wiederum am einfachsten, ein Einmachglas mit Wasser, fest verschraubbar, damit die Lake nicht verdünnt und verdorben wird, falls das Glas umfällt. Zum Schluss kommt über das Ganze ein sauberes Tuch. Auf diese Weise hält sich das Eingelegte bei Temperaturen bis max. 10 °C am besten im tiefen Keller oder im Kühlschrank etwa acht Wochen.

Goldgelb und klar bis auf den Grund

Die Lake muss man mehrmals wöchentlich umrühren, damit sich das Salz regelmäßig verteilt. Ei-

ne gute Lake ist an ihrer goldgelben bis rötlichen Färbung zu erkennen. Dazu muss sie klar bis auf den Grund sein, also ohne die geringste Trübung. Verdorbene Lake schäumt und „schlägt aus“, man darf sie keinesfalls weiterverwenden. Einwandfreie Lake indes kann man erneut benutzen, sie hat den besonderen Vorzug, schon über eine optimale Bakterienzusammensetzung zu verfügen. Das eingelegte Pökelgut muss dann weniger Nährstoffe abgeben.

Vor der weiteren Verwendung nach dem Pökeln wird das Fleischstück kräftig mit warmem Wasser abgewaschen. Will man es danach räuchern, lässt man es an einem gut durchlüfteten Ort, der vor Insekten sicher sein muss, einige Tage trocknen. Will man es hernach sieden wie etwa eine Zunge, legt man es zum Entsalzen noch ein paar Tage ins kalte Wasser.

Schnellverfahren für Profis

Die dritte Methode, das schnelle Spritzpökelverfahren, kommt überwiegend im professionellen Bereich zum Einsatz. Mit einer so genannten Lakenspritze wird im Abstand von fünf Zentimetern ins Fleisch gespritzt, jeweils quer zu den Muskelfasern. Zu dieser „intramuskulären Pökelung“ nimmt man eine gut gewürzte Lake aus Wasser, Pökelsalz, Zucker und Gewürzen im Verhältnis 1000 : 100 : 10. Die Empfehlungen aller Spezialisten gehen dahin, das präparierte Fleisch noch ein wenig ins Nasspökelfass zu legen.

Wohlgeschmack durch Rauch

Vom Fisch bis zum harten Ei, von der Lammschulter bis zur Kartoffel kann man fast alles räuchern. Was das Schwein betrifft, lässt sich die Einschränkung „fast“ getrost streichen.

RAUCH

„Was mit Rauch beräuchert wird, das verliehret alle Feuchtigkeiten, und wird gantz trocken und dürre, daher pflegt man Fische und Fleisch in Rauch zu hängen, da wirds dürre und hart genug: Also wenn das Leben der Menschen im Alter in die Höhe steiget, da wird es gantz dürre, die Kräffte des Leibes vertrocknen, da giebts Runtzeln, wie man an alten Leuten siehet, darum klagt der Elende: Meine Gebeine sind verbrannt wie ein Brand.“

(Aus Zedlers Universallexikon)

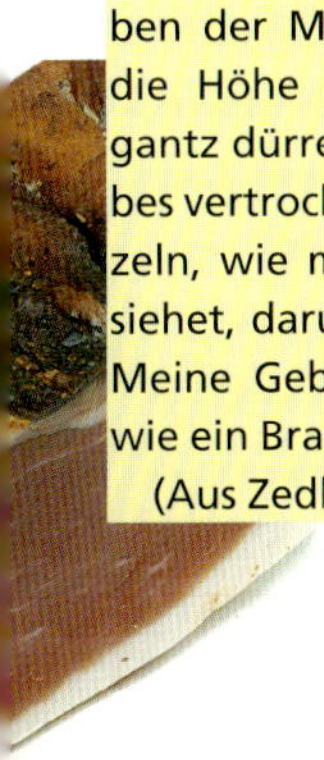

Zwar gilt auch Räuchern als uraltes Konservierungsverfahren, vor allem in bäuerlichen Haushalten, es funktioniert aber, wie gesagt, um Fleisch haltbar zu machen, nur in Verbindung mit Pökeln. Angesichts wirksamerer Methoden dient Räuchern heute vor allem der geschmacklichen Nuancierung, beim Fisch darüber hinaus auch der Kurzkonservierung.

Drei Räuchermethoden sind in Gebrauch: Kalt-, Warm- und Heißräuchern.

Rauch, Trockenheit und viel Geduld

Beim Kalträuchern geht es so trocken wie irgend möglich zu: trockenes Räuchergut, trockenes Holz. Die Luftfeuchtigkeit in der Räucherkammer sollte maximal 75 Prozent betragen, die Räuchertemperaturen liegen bei 30 °C, keinesfalls darüber. Die besten Ergebnisse erzielt man zwischen 12 und 24 °C. Auf diese Weise räuchert man vor allem edle Schinken, die so ihre goldgelbe Färbung am Fettrand bekommen und ihren Appetit fördernden, leichten Rauchgeschmack. Das Räuchergut wird bei dieser Methode, die viel Geduld erfordert, recht kompakt – Schinken etwa hängen bis zu sechs Wochen im kaltem Rauch.

Kalträuchern ist die anspruchsvollste Methode. In Bauernkaminen wird sie nur während der kühlen Jahreszeit praktiziert. Wichtig ist dabei reichlich Frischluftzufuhr, hin und wieder darf das Feuer ruhig ausgehen.

Mit Feuchtigkeit und Hitze

Warmräuchern ist eigentlich keine Konservierungsmethode mehr, sondern nur mehr eine Geschmacksretusche. Bei Temperaturen von 30 bis maximal 50 °C werden Fleisch und Würste höchstens 24 Stunden dem Rauch ausgesetzt. Alles ist anders als beim Kalträuchern: Es geht nicht möglichst trocken, sondern ausgesprochen feucht zu: Das Holz wird leicht angefeuchtet und die Luftfeuchtigkeit im Räuchergerät sollte höher als 80 Prozent sein. Über dem so genannten Glimmrauch, der zwischen zwei und 24 Stunden nicht verlöschen darf, werden vor allem Kochrauchschinken, Kasseler oder auch Brühwürste präpariert.

Zum alsbaldigen Verbrauch bestimmt

Die Räucherzeit beim Heißräuchern ist noch kürzer und dem entspricht auch das Ergebnis an Haltbarkeit. Dies Verfahren eignet sich nur für Kasseler, roh oder gekocht, sowie bereits gekochten Schinken. Die Temperaturen gehen hier von 50 bis 90 °C, die extrem kurzen Räucherzeiten dauern von 30 Minuten bis allenfalls zwei Stunden. So lange aber muss die Flamme unter den Fleischstücken kontinuierlich brennen. Heißgeräuchertes sollte man möglichst schnell verzehren. Es handelt sich hier um keinen Konservierungsprozess mehr, sondern schon um eine Art Kochvorgang.

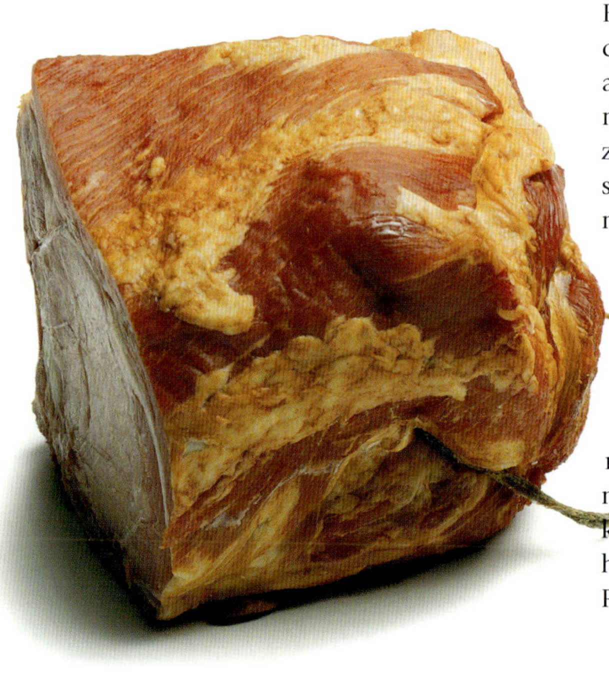

Zwischen Landluft und Meer zur Reife

Die beste Methode der Schinkenkonservierung ist anerkanntermaßen die Lufttrocknung. Deswegen gilt das Kalträuchern, das dem Lufttrocknen besonders nahe kommt, als die kulinarischste der Räuchermethoden.

Das legendärste Lufttrockenprodukt ist ganz gewiss der Parmaschinken, von dem es heißt, er dürfe zwischen Meer- und Landluft vor sich hinreifen. Auch das Bündnerfleisch gehört zu diesen „Luftprodukten", ebenso die köstlichen Tiroler Kaminwurzen. Aber auch diese ganz speziellen Trockenwürste müssen im Voraus mindestens vier Wochen lang gepökelt werden, und zwar nass in einer delikaten Lake.

Auf das richtige Holz kommt's an

Der Grundstoff zur Erzeugung des Rauchs ist naturgemäß Holz, aber beileibe nicht jedes. Schon früh wusste man, dass sich Wacholder am allerbesten eignet, zumal es dabei auch eine schöne Entsprechung von Holzaroma und Fleisch gibt. Denn Wacholder ist ja auch ein bewährtes Fleischgewürz. Und dann, naturgemäß, Harthölzer wie Eiche und Buche, stets gut abgelagert wie das Fleisch selber. Die lange Ablagerung dient der Trocknung des Holzes: Es sollte im Räucherraum keinesfalls qualmen! Umstritten indes sind Nadelhölzer, auch wenn der Schwarzwälder Schinken damit geräuchert wird. Nicht nur, dass ihre Harze rußen, sie können das Fleisch auch geschmacklich beeinträchtigen und ihm gar einen Hauch Terpentin mitgeben. Deshalb ist auch von Tannenzapfen abzuraten oder gar von Hobelspänen vom Schreiner, zumal sich darin auch noch giftige Farb- und Holzkonservierungsstoffe oder überhaupt Kunststoffe verbergen können. Aus gesundheitlichen Gründen wird auch vom so genannten Schwarzgeräucherten abgeraten, einer oberbayerischen Spezialität, die ihre dunkle Kruste der Verwendung harzreicher Nadelhölzer verdankt. Das Krebs erzeugende, im Rauch vorhandene Benzpyren, das zwar keinerlei Einfluss auf die Räucherwirkung hat, aber gleichwohl in die Randschichten des Fleisches mit eindringt, übersteigt gerade beim Schwarzgeräucherten die Unbedenklichkeitsgrenze bis um das Fünfhundertfache!

Speck aus der „Rauchkuchel"

Auch Selchen ist eine Art Kalträuchern, oder wenigstens ein Kühlräuchern, denn die Temperatur sollte dabei immer unter 20 °C liegen. Auch hier kommen, neben „sauberem" Sägemehl, das ein gleichmäßiges Glimmen erlaubt, vor allem Wacholderzweige zum Einsatz, wobei der Räucherraum oft und kräftig durchlüftet werden muss, am besten in der Morgenkühle, bevor ein neues Feuer entfacht wird. In dieser „Rauchkuchel", wie der Raum in Südtirol heißt, und vor allem dort wird ja noch geselcht, hängt ein Stück Speck gut einen Monat, bis es schließlich goldgelb und „gleim" ist, also hart. Hernach kommt es für mehrere Tage in einen kühlen und gut durchlüfteten Raum zum Nachtrocknen.

Aal und Ente, Hering und Hähnchen

Es gibt vielfältige Vorrichtungen zum Räuchern. Das reicht von der Kaminkammer im Bauernhaus über die selbst gebaute Räuchertonne und den Aufsatz auf dem Gartengrill bis hin zum perfektionistischen Rauch-Thermat mit dem Outfit eines Mikro-Grills.

Die kleineren Küchen-Räuchergeräte eignen sich vor allem fürs kurze Heißräuchern, und da vor allem für Fisch. Die meisten Fische, ob sie nun aus dem Süßwasser oder dem Meer kommen, sind bei Temperaturen von etwa 150 °C in weniger als einer halben Stunde „durch". Die fetteren Sorten wie Aal, Hering oder Makrele brauchen bei geringeren Temperaturen bis zu zwei Stunden. Der Karpfen, ja ohnedies ein Fall für sich, benötigt eine Sonderbehandlung: Man räuchert ihn bei „Bratröhrentemperatur" von 200 °C etwa eine Stunde. Ebenso lang braucht bei derselben Temperatur etwa ein Stück Lammschulter oder ein Hähnchen, bei ganzen Enten, bei Kalbs- oder Schweinshaxen hingegen rechnet man mit zwei Stunden Räucherzeit.

Der Konservierungswert dieser Heißräuchermethode ist allerdings gering – es handelt sich auch hier wesentlich um eine geschmackliche und optische Optimierung, vor allem für Fisch, der sich mit seiner goldgelben Haut, die er durchs Räuchern annimmt, äußerst appetitlich gibt, fast so, als hätte man das Heißräuchern vor allem für ihn erfunden.

Unübertrefflich: Steckerlfisch

Die urigste Form des Heißräucherns ist der Fisch am angespitzten Hasel- oder Weidenrutenstecken, „Steckerlfisch" genannt. Man hebt, möglichst gleich in der Nähe einer Angelstelle, ein Erdloch aus, in dem ein Holzfeuer entfacht wird. Bis die Glut eintritt, werden die Fische ausgenommen und geeignete Weiden- oder noch besser Hasel-

Ideal für die Gartenparty: Makrelen als Steckerlfische. Über einer Holzkohlenglut bereitet gelingen sie leicht und munden vortrefflich (1).

Ein Feuer aus geeignetem Holz, zum Beispiel Buche, entzünden und zur Glut herunterbrennen lassen (2).

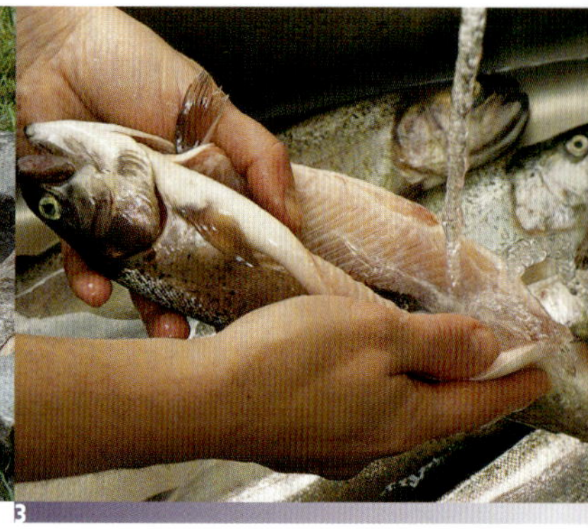

Unterdessen die ausgenommenen Fische außen und innen gründlich unter fließend kaltem Wasser waschen (3).

Die Fische rundum und in der Bauchhöhle leicht salzen (5).

Die Fische auf angespitzte Haselnussstöcke spießen, die über der Glut in den Boden gesteckt werden (6).

Die Haselnussstöcke drehen, damit die Fische von allen Seiten Farbe annehmen (7).

nussruten an beiden Enden mit dem Messer angespitzt. Auf die eine Spitze werden die Fische gesteckt, mit der anderen rammt man die Ruten rund um die Feuerkuhle herum in die Erde. Die Fische bleiben so lange über dem heißen Rauch hängen, bis ihre goldene Farbe anzeigt, dass sie gar sind. Noch etwas Salz und Pfeffer, und besser kann ein Fisch eigentlich nicht schmecken.

Der Räucherkamin über dem Gartengrill

Da Fisch auch beim Räuchern nur geringe Garzeiten hat, genügen hierfür sogar einfachste Konstruktionen über dem eigenen Gartengrill, die auch Nichtbastler leicht bewältigen. Der Grill sollte eine stabile, ummauerte Feuerkuhle mit einem Eisengitter zum Grillen haben. Darauf stellt man eine etwa 50 bis 70 Zentimeter hohe Blechröhre, die mit ihrem Durchmesser Feuerstelle und Grillrost ganz überdecken muss. Nur so kann sie die Funktion eines Räucherkamins übernehmen. Wichtig ist auch, dass die Röhre „sauber" ist – sie darf also nicht mit Abwässern oder Giftstoffen in Berührung gekommen sein. Vielleicht findet man so ein Stück ja für ein paar Mark beim Schrotthändler. Über den oberen „Kaminrand" legt man dann waagrecht einige Eisenstangen, an die sich wiederum die Fische

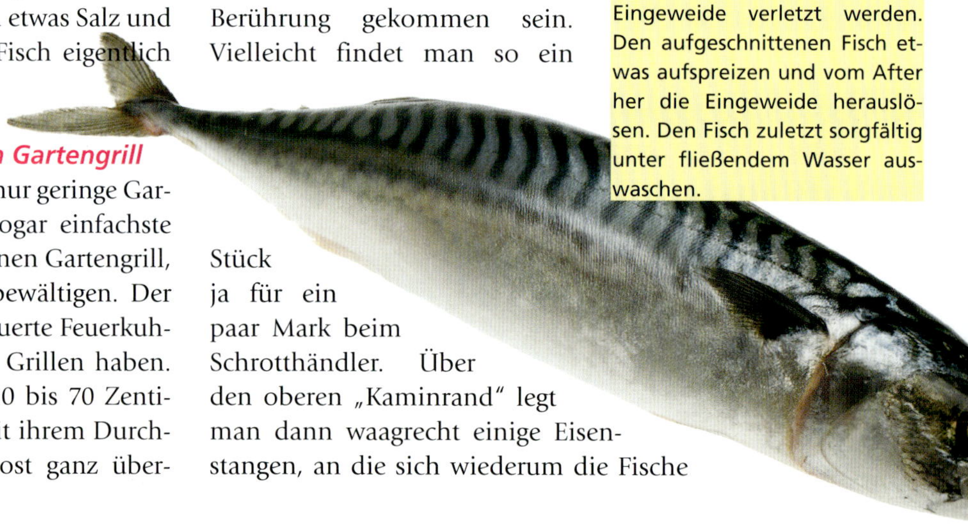

FISCH VORBEREITEN

Nehmen Sie den Fisch in die linke Hand und öffnen Sie mit einem spitzen Messer von der Afterhöhle zum Kopf hin vorsichtig die Bauchhöhle. Führen Sie das Messer flach, damit keine Eingeweide verletzt werden. Den aufgeschnittenen Fisch etwas aufspreizen und vom After her die Eingeweide herauslösen. Den Fisch zuletzt sorgfältig unter fließendem Wasser auswaschen.

4
Die Makrelen vorsichtig mit Küchenkrepp trockentupfen (4).

8
Die fertigen Makrelen anrichten. So geräuchert eignen sie sich auch hervorragend, um vakuumverpackt etliche Tage kühl gelagert zu werden (8).

mit einfachen S-Haken hängen lassen. Sie sollten, wie grundsätzlich alles Räuchergut, ganz trocken sein und nicht zu nahe beieinander hängen.

Das Räuchermehl soll glimmen

Damit die Fische aber auch wirklich räuchern und nicht lediglich grillen, hat man zuvor auf den Rost über dem Holzfeuer eine Wanne oder ein altes Backblech mit Räuchermehl gesetzt. Das gibt es im Fachhandel. Zum Beispiel bietet die Firma HOSTO Stolz im siegerländischen Neunkirchen nicht nur elektrische Räuchergeräte, sondern auch ein Räuchermehl aus fein gemahlenem Buchenholz an. Diesem sind, um den erstrebten Wohlgeschmack zu erzielen, fein gemahlene Wacholderbeeren beigemischt. Man kann sich aber auch mit einfachem Sägemehl begnügen.
Räuchermehl darf übrigens nur glimmen, keinesfalls brennen. Das gilt generell und nicht nur für den selbst gebauten Räucherofen im Garten! Man verwendet, um den Prozess in Gang zu setzen, am besten Grillanzünder. Aber auch Trockenspiritus und Wachspapier sind möglich. Die Reihenfolge in diesem selbstgebauten „Kamin" ist nun folgende:

- Holzfeuer mit entsprechenden Anzündern unter dem Rost entfachen.
- Die Wanne auf den Rost setzen, Räuchermehl zum Glimmen bringen.
- Blechröhre über die Wanne stülpen, Querstäbe auf das obere Kaminende legen, Fische mit S-Haken daran hängen.
- Über die Querstäbe eventuell ein leinenes Küchentuch legen, um den Rauch länger in der Tonne zu halten.

Die Fische sind fertig, sobald sie nicht nur golden glänzen, sondern die Flossen sich leicht vom Körper lösen lassen. Dabei hängt die Räucherdauer vom Fettgehalt und der Intensität des Glimmens ab. Bei mageren Fischen rechnet man gewöhnlich mit einer halben Stunde Räucherzeit und einer Wannenfüllung (ca. 40 x 30 Zentimeter) Räuchermehl.

Eigenbau, Räuchertonne, Räucherschrank

Alle Räucheröfen funktionieren nach diesem einfachen Kaminprinzip. Weiter entwickelte Eigenbaukonstruktionen, etwa aus Stahlblech zum Aufstellen im Garten erfordern dann schon intensive Kenntnisse im Umgang mit Schweißgeräten. Aber es sind auch höchst interessante Modelle gerade für den Hausgebrauch im Handel. Da wäre einmal die noch recht einfache, transportable Räuchertonne, die aussieht wie ein alter, holzbefeuerter Badeofen und mit einem Campinggaskocher überall im Freien eingesetzt werden kann. Sie funktioniert wiederum ganz ähnlich wie die selbst gebaute Räucherkanone. Nur wird sie eben durch die Campinggasbefeuerung unabhängig von einer fest etablierten Feuerstelle. Für die Installation in der Wohnung ist der Räucherschrank ideal. Etwa so groß wie ein Gefriergerät und schmuck weiß lackiert, passt er in jede größere Küche oder Vorratskammer. Allerdings muss ein Kaminanschluss vorhanden sein. Ein solcher Räucherschrank erlaubt vor allem auch im Haushalt das Kalträuchern bei Temperaturen zwischen 23 und 25 °C, also die eigentliche Räuchermethode zum Konservieren!

Schäufele vom Spanferkel

Eine Spezialität, die ihren Namen vom schaufelähnlichen Schulterblatt hat. Sie passt zum eigenen Kartoffelsalat (zum Beispiel von „Sigma") oder auch zum selbst gemachten Sauerkraut besonders gut. Man benötigt:

- 1 kg durchwachsene Spanferkelschulter
- 100 g braunen Zucker
- 100 g Salz und 1 g Salpeter
- Gewürze wie Lorbeer, Pfeffer- und Senfkörner sowie Nelken und Wachholderbeeren nach Belieben
- Zwiebeln, Sellerie und Karotten für den Sud

So wird's gemacht

Das Fleisch gründlich waschen, die Borsten auf der Schwarte abrasieren, dann rundum im Abstand von etwa fünf Zentimetern anstechen und mit braunem Zucker einreiben, damit es weich wird. Einige Tage zugedeckt in einem Topf aus Steingut oder Ton lagern und alle paar Stunden drehen, damit der Zucker allseitig eindringen kann.

Eine Pökelmischung (100 Gramm Salz, ein Gramm Salpeter pro Kilogramm Fleisch) bereiten. Gewürze nach eigenem Gusto mischen, im Mörser zerstoßen und unter die Pökelmasse geben. Alles zusammen von allen Seiten in das Schulterstück reiben und dieses wiederum in einen Topf aus Ton oder Steingut legen, luftdicht abdecken. An einen kühlen Ort stellen und täglich wenden. Nach etwa vier Wochen das Fleisch aus dem Topf nehmen, die Kräuter-Salz-Kruste mit kaltem Wasser abwaschen, im Kühlschrank einige Tage nachgaren lassen.

Man bereitet einen nur schwach gesalzenen Wurzelsud aus Zwiebeln, Sellerie und Karotten. Mit Pfefferkörnern, Lorbeerblättern, Wacholderbeeren und einem Schuss Rotwein lässt man das Schäufele im sanft wallenden Sud einige Stunden ziehen.

Bayerisches Wammerl, gefüllt

Dieses klassische bayerische Pökelrezept bereitet etwas Mühe – Mühe allerdings, die sich lohnt. Der Name kommt vom Schweinebauch, der auf Bayerisch „Wammerl" heißt.

- 2 bis 3 kg durchwachsenen Schweinebauch
- 500 g mageres Schweinefleisch
- 100 g Pökelsalz
- 3 Knoblauchzehen
- je 10 g frisch gemahlener schwarzer Pfeffer, feines Rosenpaprikapulver und Wacholderbeeren

Mit einem scharfen Filetiermesser trennt man das Wammerlfleisch so von der Schwarte, dass ½ Zentimeter Fleisch bzw. Fett an ihr hängen bleibt. Das abgeschnittene Fleisch wird mit dem mageren Stück und den Knoblauchzehen durch den Fleischwolf gedreht oder in Würfelchen geschnitten. Das Gehackte bzw. Gewürfelte nun mit der Hälfte des Pökelsalzes, dem Pfeffer und Paprikapulver vermengen. Im restlichen Pökelsalz werden nun die dritte Knoblauchzehe und die Wacholderbeeren zerdrückt. Mit dieser Würzmasse die Schwarte auf beiden Seiten einreiben, dann das Hackfleisch so damit umwickeln, dass etwa die Form eines mächtigen Rollbratens entsteht. Dann bindet man die Rolle quer mit einer Küchenschnur kräftig zusammen und näht die beiden Enden mit einer starken Nadel und Küchenzwirn zusammen. Zuletzt wird das „Wammerl" kräftig der Länge nach zusammengebunden, bevor man es an einem kühlen, dunklen und trockenen Ort etwa vier Wochen zum Lufttrocknen aufhängt.

TIPP

Wammerl und Würste im Winter

Da die wenigsten während des Sommers in ihren Wohnungen kühle, dunkle und gut durchlüftete Räume haben, empfiehlt sich die Zubereitung von gefüllten Wammerln und Würsten erst in der kühlen Jahreszeit, wo sie dann auf dem Dachboden ihr entsprechendes Milieu zum Trocknen finden.

WEITERE REZEPTE

Eigene Wurst

Wer das „Wammerl" beherrscht, hat auch die Wurstherstellung begriffen. Mengen und Gewürze stimmen weit gehend überein:

- 3 kg Fleisch und Fett
- 500 g klein gehackte Schalotten
- 100 g Pökelsalz
- 1/4 l milder Rum
- Kümmel, Thymian und Kräuter der Provence nach Gusto, dazu das Wurstgewürz Majoran, ein Hauch Muskat und eine Spur Zucker

Mageres Rindfleisch, Schweinefett und durchwachsenes Schweinefleisch einsalzen und 24 Stunden kühlstellen. Danach Fleischstücke mit Küchenkrepp abtupfen und durch den Wolf drehen. Das Fett, das kühl sein soll, damit es nicht unter den Händen weich wird, in kleine Würfel schneiden. Fleisch und Fett vermengen und die gehackten Schalotten zugeben. Mit gepresstem Knoblauch, Lorbeerpulver und Thymianblättern bedecken. Milden Rum darüber gießen und einige Stunden ziehen lassen. Die Masse sodann mit Pfeffer, Muskat und weiteren Gewürzen nach Wahl – vor allem Majoran – sowie Zucker und Pökelsalz vermischen. Nochmals Rum darüber gießen, bis er wie ein flüssiger Deckel über der Masse steht, eine Nacht ziehen lassen. Die Masse mit dem Schaumlöffel herausheben. Nun beginnt die eigentliche Wurstherstellung: Die beim Metzger erstandenen Rindsdärme in eine Schüssel legen, kräftig einsalzen und einige Stunden ziehen lassen. Dann kommen sie zum Entsalzen ebenso lange in lauwarmes Essigwasser. Nun presst man das Wasser durch die Därme, um Löcher ausfindig zu machen. Löcherige Stellen herausschneiden und die dichten Stücke auf 30 bis 40 Zentimeter Länge zurechtschneiden. Die unteren Enden mit Bindfaden zubinden. In diese Schläuche stopft man die gut abgeschmeckte Wurstmasse mit dem Stiel eines Fleischhammers oder Kochlöffels. Die Würste müssen prall, also auch luftfrei gestopft sein, dann kann das obere Ende mit Bindfaden zugeknüpft werden. Zuletzt die Würste längs und quer wie ein Paket verschnüren und an S-Haken in einem kühlen, dunklen und gut durchlüfteten Raum zum Trocknen aufhängen. Da sie beim Trocknen kräftig schrumpfen, muss man die Schnüre immer mal wieder nachzurren. Nach sechs bis acht Wochen sind die Würste genussfertig.

TIPP

Zampone, eine italienische Spezialität

In der Emilia Romagna kennt man Zampone di Modena, einen ausgebeinten und hernach mit gewürztem Schweinehack gefüllten Schweinsfuß. Dieses originelle Gericht erinnert optisch stark an gefüllte bayerische Wammerl. Man sollte es sich nicht entgehen lassen, wenn sich bei einer Urlaubsreise Gelegenheit dazu ergibt.

Lachs, selbst gebeizt

Eine praktische Alternative zum Räuchern ist das Beizen, besonders von Fisch und hierfür ist der Lachs besonders prädestiniert. Das Ergebnis ist gewiss reizvoller als beim Tiefgefrieren.

- Lachsfilets von ca. 200 g
- Salz
- Zucker
- Cognac
- 1 Bund frischer Dill
- Pfeffer

Die Lachsfilets mit einer kräftigen Küchenpinzette entgräten und mit einer Mischung aus Salz und Zucker im Verhältnis 2:1, der man eine kräftige Prise groben Pfeffer beigibt, einreiben. Mit dem Cognac beträufeln und schließlich mit grob gehacktem, frischem Dill bestreuen. Die derart präparierten Lachsscheiben werden aufeinander gelegt und so dicht wie möglich in Folie gepackt, damit die Beize nicht davonfließen kann. Am besten legt man die Scheiben in eine flache Schüssel, gibt die Folie eng anliegend darüber und bedeckt das Einleggut mit einem Brett, das beschwert wird (etwa durch ein wassergefülltes Literglas mit Bügelverschluss). In den Kühlschrank stellen, nach zwölf Stunden wenden und erneut beschweren. Nach zwei Tagen ist der Lachs fertig gebeizt. Man schneidet ihn von innen her zur Hautseite hin mit einem scharfen Filetiermesser oder elektrischen Lachsmesser in feine Scheiben und schweißt ihn am besten gleich mit dem Vakuumautomaten ein. So halten die gebeizten Lachsscheiben im Kühlschrank gut zwei Wochen.

WEITERE REZEPTE

Karpfen, heiß geräuchert

Heißräuchern ist eine gute Methode, Karpfen-Sonderangebote auszunutzen. Dafür muss man den Fisch zunächst der Länge nach in Hälften zerlegen und diese kräftig wässern. Dann erst kommen die beiden Teile in Lake (100 Gramm Salz pro Liter Wasser), der man Zwiebel, Knoblauch und die üblichen Fischgewürze wie Senfkörner und Lorbeerblätter beigeben kann. Nach zwölf Stunden die beiden Hälften kräftig abwaschen und trockentupfen. Im Heißräucherofen brauchen sie bei 150 °C etwa eine Stunde (aber unbedingt die Herstellerangaben beachten!). Vakuumverpackt lassen sich die Karpfenhälften noch gut zwei Wochen im Kühlschrank aufbewahren. Nach dem Öffnen sollte man sie einige Stunden kühlstellen, damit sich ihr Geschmack voll entfalten kann. Mit frisch geriebenem Apfelmeerrettich ergeben sie eine herzhafte Vorspeise.

GEISTREICHE KOCHKUNST

Dass ein Kochbuch aus der Goethezeit eine geistreiche und tiefschürfende Angelegenheit sein kann, beweist uns der „Geist der Kochkunst" von Joseph König, in Goethes Todesjahr von dem gefürchteten Kulturkritiker C. F. von Rumohr überarbeitet und herausgegeben. Auch über das Konservieren machen sich König und Rumohr Gedanken. So heißt es in dem Kapitel über die Arten, Fleisch und Fische längere Zeit essbar zu erhalten:

„Nun ist ... in der Kunst des Einsalzenes noch keinesweges alle Überlieferung unterbrochen, weßhalb ich mich enthalte, weltläufig davon zu handeln. Vornehmlich im nördlichen und westlichen Deutschland versteht man noch sehr gut zu salzen und zu räuchern. Im südlichen hat man darin zu keiner Zeit eine rechte Methode besessen, theils, weil man in dem volkreichen Lande mehr frische Vorräthe zur Hand hatte; theils wohl auch, weil die Entfernung vom Seeleben das Bedürfniß guter Einsalzungen weniger fühlbar machte. Indeß hängt die Güte des Eingesalzenen großentheils auch von örtlichen Ursachen ab. Gewandertes und dann auf fetten Weiden schnell gemästetes Rindvieh, wie die Ochsen aus Schottland und Nord-England auf dem Markte zu London, oder wie die jütländischen auf dem Markte zu Hamburg; oder Schweine, die in Kastanien- und Eichenwäldern sich gesättigt haben, können durch keine künstliche Mastung ersetzt werden. Deßhalb bleiben geräuchertes und luftgetrocknetes Rindfleisch von Hamburg, westphälischer, bayonner oder italienischer Schinken, salzburger Zungen, pommersche Gänsebrüste, holländische Häringe, geräucherte Lachse aus dem Rhein und etwa noch aus der Elbe, geräucherte Aale aus dem Plöner See u.a. durchaus unvergleichliche, unerreichbare und einzige Dinge. Die Natur ist nicht allenthalben und nirgendwo in allen Gegenständen der Kochkunst gleichmäßig günstig ...

Die Alten bewahrten das Fleisch vor Fäulniß, indem sie es durch Bestreichen mit Honig von der äußeren Luft absonderten. Allgemeiner verdiente eine neue Erfindung, das Donkinsche Patentfleisch, beachtet zu werden, deren der Lieutenant von Kotzebue, auf seiner Reise um die Welt sich mit Nutzen bediente. Krusenstern behauptet in der Einleitung zu gedachter Reise, das Fleisch werde sogar besser, weil es die verdichtete Fleischbrühe, in der es eingelegt wird, mit der Zeit in sich aufzunehmen. Es scheint, daß die Haltbarkeit dieser Aufbewahrung großentheils von der Dichtigkeit der Gefäße abhange, in denen es rationenweise verschlossen wird. Apicius bewahrt sogar die Auster, indem er sie aus den Schalen genommen in ein aus Essig gewaschenes Gefäß legt, dieses wohl zubindet und von der Luft absondert."

Tiefe Temperaturen

– frische Speisen

♦ Fleisch – reifen lassen! ♦ Fisch – nur frisch ♦ Gemüse – nicht alles lohnt ♦ Beerenobst – mit und ohne Zucker ♦ Butter – wird sogar besser ♦ Brötchen – lauwarm in die Kälte

Das Handwerkszeug des Tiefgefrierens: Schüssel und Sieb (Durchschlag) braucht man zum Blanchieren und Glacieren. In den Deckeldosen friert man vor allem Obst, Gemüse und Vorgekochtes ein, in Plastikbeuteln dagegen glasierte Fleischstücke und blanchiertes Gemüse. Das Handtuch dient zum Trockentupfen, aber auch zum Anfassen der kalten Gefrierbleche. Die Filetiermesser müssen vor allem für den Fisch gut geschärft sein.

Auf den Kälteschock kommt's an

Alle Lebensmittel enthalten Wasser: Fleisch zu etwa 60, Fisch zu 70 und Gemüse bis zu 90 Prozent.

Beim Einfrieren bildet die in Zellen gespeicherte Flüssigkeit Eiskristalle, deren Spitzen und Kanten die Zellwände zerstören, wenn der Gefrierprozess zu langsam vonstatten geht. Dann läuft der Zellsaft beim Auftauen aus und mit ihm gehen die Nähr- und Geschmacksstoffe verloren.

Um diese zerstörerische Wirkung zu verhindern, kann man die Eiskristalle gewissermaßen überlisten, indem man ihr Wachstum unterdrückt. Deshalb müssen alle einzufrierenden Lebensmittel die kritische Kältezone zwischen 0 und minus 15 °C so schnell es irgend geht durchlaufen. Dazu setzt man sie einem Kälteschock aus, der bei Temperaturen unter minus 20 °C eintritt. Diese Temperaturen herrschen bei den derzeit üblichen Tiefkühlgeräten im Vorfrostfach, in dem man kleinere Portionen sozusagen einschocken kann. Bei größeren Vorhaben allerdings drückt man auf „Super“ und kühlt das ganze Gerät über mehrere Stunden auf Schockkälte herunter, bevor man ihm das Vorratsgut anvertraut, über dessen Präparierung oder Zurichtung im Folgenden ausgiebig die Rede sein wird. Grundsätzlich kann man vorausschicken:

Je schneller der Kälteschock verabreicht wird und je tiefer er geht, desto frischer sind die Lebensmittel später nach dem Auftauen.

Geringer Aufwand, lange Haltbarkeit

Einfrieren gilt als die einfachste Art der Vorratshaltung. Der Aufwand an Arbeit, Energie und Material ist gegenüber anderen Arten der

Konservierung vergleichsweise gering. Allerdings bringt man hier im Gegensatz zu anderen Verfahren die Vorräte nicht unbedingt auf den Höhepunkt ihrer geschmacklichen Entfaltungsmöglichkeiten: Tiefgefrieren hält die Lebensmittel lediglich still; sie schlafen und bleiben frisch dabei, fast will man sagen „lebendig". Denn die lebensbedrohenden Mikroorganismen werden durch die Kälte inaktiviert. Die Dauertemperatur muss dabei aber mindestens minus 18 °C betragen. Dann sind tiefgefrorene Lebensmittel fast unbegrenzt vor dem Verderb geschützt. Die Haltbarkeitsdaten, wie sie jede Gebrauchsanweisung einer Gefriertruhe sorgsam ausweist und die sich fast immer in Zeiträumen zwischen einem Monat und einem Jahr bewegen, beziehen sich auf die Phase optimaler Genussfähigkeit. Danach lassen zwar Geschmack, Vitamingehalt und Nährwert nach, aber der Verzehr bleibt zumindest gesundheitlich unbedenklich.

Wie frisch vom Fleischer soll es schmecken

Fleisch ist geradezu prädestiniert fürs Einfrieren. Wenn man einige Grundregeln beherzigt, lassen sich sogar die Unterschiede zur frisch gekauften Metzgerware minimieren. Worin sich alle Ratgeber einig sind – die einzufrierende Fleischmasse sollte höchstens zweieinhalb bis drei Kilo wiegen. Bei größeren Stücken ist kein gleichmäßiges Einfrieren mehr gewährleistet.

TIPP

Fleisch muss reifen

Vor allem Rindfleisch braucht, um „mürbe" zu werden, viel Reifezeit. Bei Kühlschrank- oder Außentemperaturen knapp über dem Gefrierpunkt kann man Suppenfleisch bis zu fünf Tage reifen lassen, Braten bis zu einer, Kurzbratfleisch wie Steak oder Rostbraten gar bis zu zwei Wochen, wenn man es frisch geschlachtet bezogen hat. Grundsätzlich sollte Rindfleisch zum Einfrieren dunkelrot sein. Auch Lamm kann man bis zu fünf Tage „dunkeln" lassen, ähnlich lang reift Wild. Schwein und Kalb sind nach zwei Tagen gefrierfertig, und länger sollte man auch Geflügel nicht im Kühlschrank vorlagern. Innereien und Fisch werden präpariert und sofort eingefroren.

Um den Gefrierplatz möglichst optimal zu nutzen, wird häufig empfohlen, Fleisch von den sperrigen Knochen zu befreien, diese auszukochen und die Brühe daraus getrennt einzufrieren. Aber was wäre eine Kalbshaxe ohne den Markknochen, den das feste Muskelfleisch umschließt, oder ein Kotelett ohne seinen Knochenstiel? Die zumindest ästhetisch stimmigere Lösung ist, die Fleischstücke im Originalzustand zu belassen und die Knochen an den Enden mit Stanniolpapier so abzupuffern, dass sie die Verpackung nicht durchstoßen können, das Fleisch also nicht dem gefürchteten Gefrierbrand ausgesetzt wird. Aber das Verpacken ist ein Kapitel für sich und wird uns gleich noch intensiv beschäftigen.

Optimale Vorbereitung

Zur Beschaffenheit des Fleisches, das eingefroren werden soll, merke man sich als wichtige Stichworte:

- Reifen lassen
- Entfetten

Grundsätzlich eignen sich alle gängigen Sorten, also Rind, Schwein, Kalb, Lamm, Wild und Geflügel. Frisch geschlachtetes Fleisch muss vor dem Einfrieren im Kühlschrank noch etwas lagern: „Reifen" heißt das im Fachjargon.

Je magerer das Stück, desto besser. Fett wird auch tiefgefroren leicht ranzig. Friert man fettes Fleisch gleichwohl ein, hat es eine weit geringere Haltbarkeitsdauer, deren Überschreitung zu erheblicher Qualitätsminderung

Fleischreifezeiten

Fleischart	Kühlschrank bis max. 3 °C	Außentemperatur bis max. 10 °C
Rindfleisch für die Suppe	max. 5 Tage	max. 3 Tage
Rinderbraten	max. 8 Tage	max. 3 Tage
Hüftsteak	max. 14 Tage	max. 3 Tage
Rostbraten	max. 14 Tage	max. 3 Tage
Lamm	max. 5 Tage	max. 3 Tage
Wild	max. 5 Tage	max. 3 Tage
Schwein/Kalb	max. 2 Tage	½ Tag
Geflügel	max. 2 Tage	½ Tag

führen kann. Der Ehrgeiz beim einzufrierenden Fleisch sollte aber dahin gehen, dass es sich aufgetaut von frischer Metzgerware kaum mehr unterscheidet.

Wenn es dahin kommen soll, wird das „reife" Fleisch erst einmal entfettet – dringend etwa beim Lammbraten. Auch bei Innereien ist besonders sorgfältige Vorbereitung angezeigt: Leber wird wo nötig gehäutet und von Flexen befreit. (Man sollte sie übrigens gebraten nicht mehr einfrieren, weil sie sonst zerfällt.) Herz und Nieren entfettet man gründlich. Hirn und Bries werden kurz blanchiert und dann gehäutet.

Geflügel nimmt man noch vor der „Reifung" aus und friert die Innereien später in einem Extrabeutel ein. Der Vogelcorpus selber wird aus Gründen der Platzersparnis und um die Umhüllung später nicht zu verletzen, „dressiert": Flügel und Schenkel bindet man danach so eng an den Körper, dass sie ein in sich „rundes" Paket abgeben.

Beim Gefrieren selber, und das gilt generell, heißt es noch einmal akribisch vorzugehen, sonst zahlt sich die ganze bisherige Mühe

1

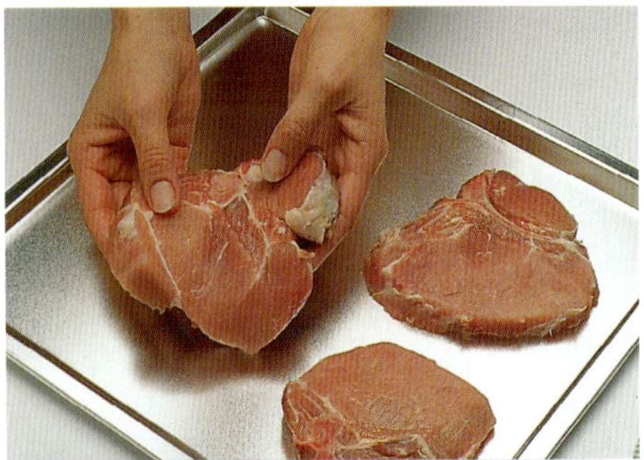

2

3

4

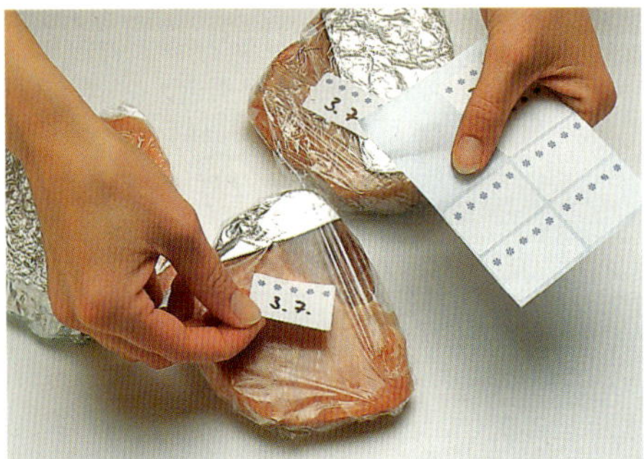

5

So wird's gemacht:

Kotelett kräftig kalt abbrausen, damit eventuell Knochensplitter weggeschwemmt werden, abtropfen und mit Filetiermesser Fettrand ablösen (1).

Auf Backblech legen(2), zum Schockgefrieren ins Vorfrostfach schieben und etwa fünf Stunden frieren lassen.

Das Fleisch herausnehmen und in kaltes Wasser tauchen, bis es eine Glasur aufweist (3).

Die vorstehenden Knochenenden mit Stanniol abpuffern (4).

In Klarsichtfolie einwickeln, Luft herausdrücken und etikettieren (5).

nicht aus. Fleischstücke für Gulasch oder Ragout setzt man, sobald sie abgetupft sind, einzeln auf ein Blech oder eine Platte, gleichsam wie Plätzchen, und gefriert sie einige Stunden vor. Sind sie entsprechend hart, kommen sie in einen Gefrierbeutel, den man flachdrückt, damit die Luft herausgeht, und dann sorgsam verschließt. So bleibt unser Goulasch nicht nur gewissermaßen taufrisch, sondern lässt sich im Beutel auch flach auslegen und Platz sparend verstauen. Ähnlich verfährt man mit Schnitzel und Kotelett, wobei man am letzteren die kantigen Knochenstellen mit Stanniol abpuffert. Bei Schnitzeln, Koteletten und Steaks gibt es gegenüber der Einzeleinfrierung auf dem Blech auch eine etwas rationellere Methode: Man legt die Stücke, jeweils getrennt durch ein Zellophan-, Stanniol- oder Wachspapierblättchen aufeinander und verpackt sie als größere Einheiten in einem geeigneten Beutel oder Schlauch, mit dem man verfährt wie bei den Einzelstücken. Ebenso geht man beim Geflügel zu Werke: Nach dem Dressieren und Abtupfen werden die Stücke sorgsam in Klarsichtfolie gewickelt, sodass jedes Stück Haut bedeckt und die Luft herausgedrückt ist. Hernach wird das Ganze ebenso dicht in Stanniol eingewickelt. Auch hier empfiehlt sich wieder dringend das Schockgefrieren im Vorfrostfach oder im „Supergang" des Gefriergeräts selber. Keinesfalls darf das einzufrierende Fleisch mit bereits Tiefgefrorenem in Berührung kommen. Doch dieser Situation entgeht man ja ohnedies mit dem Vorgefrieren der Einzelstücke.

Das Datum darf man nie vergessen

Denken Sie daran, die Verpackung oder das Etikett des Gefrierguts stets vorher zu beschriften und mit dem Datum zu versehen. Ein Vorgang von eminenter Wichtigkeit für den richtigen Auftauzeitpunkt! Weil Filzstift schlecht auf Stanniol und Folien hält, nimmt man einfach selbstklebende Etiketten.
Als Faustregel kann gelten: je fetter das Fleisch, desto kürzer sollte es eingefroren bleiben. Also fettes Schweinefleisch allenfalls ein Vierteljahr, mageres Geflügel oder Wild ein Jahr.

VORSICHT!

Gefrierbrand!
Bei schadhafter Verpackung wirkt die Kälte direkt auf das Gefriergut ein und es ergibt sich der gefürchtete Gefrierbrand. Vor allem bei Fleisch und Geflügel entstehen ausgemergelte, trockene Stellen, die nach dem Auftauen ungenießbar sind. Man muß sie großzügig wegschneiden. Zur Vermeidung dieser „Tiefkühlkrankheit" wird Fleisch in mehrere Lagen Klarsichtfolie gewickelt und hernach in Alufolie eingeschlagen. Geflügel wird ebenso verpackt, aber vorher „dressiert" – man bindet dabei Flügel und Schenkelknochen so dicht an den Körper, daß sie die Verpackung nicht mehr durchstoßen können, selbst wenn der Gefrierschrank einmal umgeräumt wird.

Als Steak, Filet und ganzer Fisch

Beim Seefisch hat sich lange die Auffassung gehalten, er lasse sich nur „küstenfrisch" einfrieren. Typisch dafür ist folgende Anweisung aus einer Gefrierschrankanleitung der frühen siebziger Jahre: „Es lohnt sich nur dann, Fisch einzufrieren, wenn Sie in der Nähe der Küste leben, oder einen Angler in der Familie haben. Weil man Fisch innerhalb von 24 Stunden nach dem Fangen einfrieren muss. Bis dahin sollte er kühl im Schatten gelagert werden."

Insofern ist es im küstenfernen Binnenland nicht ganz unproblematisch, Seefischfilet einzufrieren, da man ihm – anders als dem unzerteilten, ganzen Fisch – die Frische nicht ansieht. Für dessen Frischezustand gibt es drei untrügliche Kriterien:

- klare, noch glänzende Augen
- unbeschädigte, glatte Schuppen
- rote Kiemen.

Die Merkmale gelten für See- und Süßwasserfische gleichermaßen. Hat man sich überzeugt, dass ein Fisch zum Tiefgefrieren taugt, wird er – wo nötig – ausgenommen und kräftig mit kaltem Wasser ausgewaschen, denn die Verdauungsenzyme der Eingeweide können das Fleisch verderben und das Blut verfärbt es. Bei der nun anstehenden Entscheidung, ob man den Fisch ganz lassen oder filetieren soll, können bisweilen praktische mit ästhetischen Gesichtspunkten in Widerstreit geraten. Kleinere Fische bis hin zur mittelgroßen Forelle wird man eher am Stück einfrieren, wohl auch noch kleinere Lachsforellen. Aber ein ganzer Lachs oder Kabeljau sprengt wohl die Kapazität eines Haushalt-Gefriergeräts. Hier empfiehlt sich eine „Unterteilung" in Steaks von zwei bis drei Zentimeter Dicke. Kopf und Schwanzstück werden separat verarbeitet. Aus ihnen lässt sich ein trefflicher Fischsud bereiten, den man, wie die Fleischknochenbrühe, nach dem Abkühlen natürlich auch einfrieren kann.

Zum Filet ohne Gräten

Etwas mühsamer als das Portionieren in Steaks ist das Filetieren, das heißt, den Fisch von Haut und Gräten zu befreien. Kopf und Schwanz werden abgeschnitten, der Fisch von der Kopfseite her am Rücken entlang mit

TIPP

Kontaktkälte

Ganz sicher gelingt das Einfrieren, wenn man bei eingeschalteter Superstufe das Gefriergut ins Vorfrostfach legt und es nach etwa zwei Stunden herausnimmt, verpackt und auf seinen vorgesehenen Vorratsplatz legt. Die Temperatur im Gerät ist an den Innenwänden und der Verteilerplatte am tiefsten. Wer sein Gefriergut mit diesen Flächen in Berührung bringt, macht sich zusätzlich die so genannte Kontaktkälte zunutze. Der Gefrierschock wirkt dann umso intensiver.

Das Filetieren von Fisch ist ein eigenes Handwerk und setzt einige Übung voraus, zumal jede Art ihre „grätigen" Tücken hat. Noch am einfachsten geht unser Demonstrationsstück hier, die Lachsforelle.

So wird' gemacht:

Man trennt den ausgenommenen Fisch den Rücken entlang vom Kopf bis zur Schwanzflosse in zwei Hälften. Die erste Hälfte wird von Kopf und Schwanz abgeschnitten (1).

Die andere ergibt sich ebenso (2).

Mit dem scharfen Filetiermesser wird das Fischfleisch nach Gräten abgesucht (3).

Nun die Haut mit behutsamer Nachhilfe des Messers abziehen (4).

Abwaschen, trockentupfen und auf ein Backblech legen (5).

Im Vorfrostfach tiefgefrieren. Die gefrorenen Stücke nach etwa fünf Stunden herausholen, luftdicht in Klarsichtfolie verpacken und etikettieren (6).

Auf diese Weise hält sich das Filet ohne qualitative Beeinträchtigung gut ein Vierteljahr.

1

4

2

5

3

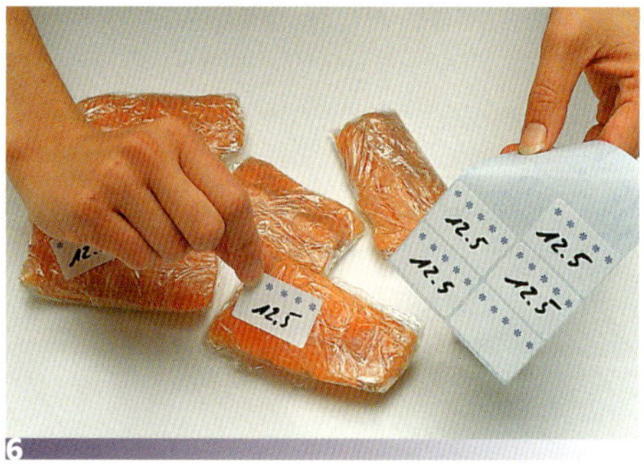
6

einem scharfen Filetiermesser bis zum Schwanz hin aufgeschnitten und aufgeklappt, das Grätengerüst abgehoben. Die noch vorhandenen langen Gräten lassen sich mit der Messerklinge abheben. Die meist sehr grätigen Bauchlappen schneidet man weg, bevor man mit Hilfe des Filetiermessers die Haut abzieht. Die noch im Fleisch steckenden „senkrechten" Gräten auf der Rückenseite der Filets lassen sich mit einer kräftigen Pinzette herausziehen.

Optische Wirkung – wirksamer Schutz

Ob ganzer Fisch, einzelnes Steak oder auch Filet – alles wird nun kräftig unter kaltem Wasser abgewaschen, vorsichtig mit Küchenkrepp abgetupft und die einzelnen Stücke im Vorfrostfach des auf die kälteste Stufe gestellten Gefrierschranks auf einem Blech oder einer Platte „nackt" wie beim Fleisch vorgefroren. Nach etwa zwei Stunden sind die Stücke so hart, dass man sie „glacieren" kann: Sie werden dazu kurz in ein hohes Glas mit kaltem Wasser getunkt. Der optische Effekt dabei ist, dass insbesondere die Filets geradezu fangfrisch wirken, der praktische, dass dem Fisch nun eine gewissermaßen natürliche Haut gegen den gefürchteten Gefrierbrand gewachsen ist. Nun wickelt man das Gefrorene wieder in Klarsichtfolie, drückt die Luft heraus, verpackt die Stücke in Alufolie, beschriftet sie mit Hilfe von Etiketten und stapelt sie im Gefriergerät.

Mit fangfrischen Krabben verfährt man ebenso. Auch sie wirken glaciert noch recht lebendig. Muscheln indes sollte man ohne Schalen in ihrem Sud einfrieren, sobald der abgekühlt ist.

Knackig und zum Reinbeißen frisch

Von Gemüse lässt sich das nicht unbedingt sagen, obwohl es uns, ähnlich behutsam behandelt wie Fleisch und Fisch, viel Freude bereiten kann, denn tiefgefroren ist es sozusagen fertig für Sud oder Pfanne. Allerdings eignet sich bei weitem nicht jede Sorte für die Gefrierbehandlung. Als Faustregel gilt, dass man Gemüse, das üblicherweise roh gegessen wird, nicht einfrieren kann: also keine Rettiche und Blattsalate, keine frischen Zwiebeln, Tomaten, Gurken oder Chinakohl. Alles andere, vor allem Bohnen und Rosenkohl, warten geradezu auf das Einfrieren und bleiben dabei wie zum Reinbeißen frisch, farblich wie geschmacklich.

Bis es dahin kommt, sind allerdings einige Handgriffe nötig, denn auch Gemüse muss zum Einfrieren sorgfältig präpariert werden. Bohnen werden erst entstielt, entgipfelt und gefädelt, man zieht also etwaige Fäden auf der einen Seite gleich mit dem abgeschnittenen Stiel und auf der anderen mit dem abgeschnittenen Gipfel ab. Kohlrabi werden geschält und von ihren holzigen Stellen befreit. Rosenkohl bekommt die dunkelgrünen Blätter und den meist holzigen Strunk abgenommen. Blumenkohl und Brokkoli werden in Röschen zerlegt. Spargel schält man natürlich und befreit ihn, wo nötig, von holzigen Stellen. Spinat wird entstielt, Mangold bekommt den Stiel unterhalb des Blattansatzes abgenommen – in diesem Falle aus Gründen der Gefriertechnik wie des Platzes. Die Stiele von Mangold werden eigens eingefroren.

Blanchieren und abschrecken

Wenige Gemüsearten wie Auberginen, Gurken, Lauch, Paprika und Rote Bete lassen sich auch roh einfrieren. Man sollte allerdings nur ganz feste Ware dem Gefrierschock aussetzen. Üblicherweise wird Gemüse vor dem Einfrieren jedoch blanchiert, also kurz mit Hilfe eines entsprechenden Siebs in siedend heißes Wasser getaucht, das leicht gesalzen sein kann. Durch diesen Vorgang werden Enzyme zerstört die sonst Aroma, Farbe und Festigkeit beeinträchtigen würden. Weißes Gemüse wie Blumenkohl, Kohlrabi oder Spargel bleiben durch einen Schuss Essig oder Zitronensaft im Blanchierwasser ansehnlich hell. Die Blanchierzeiten schwanken zwischen kurzem Sekundenschock etwa für Sauerampfer und reichlich fünf Minuten für Maiskolben. Blattgemüse und Erbsen begnügen sich mit einer Minute, grüne Bohnen und Brokkoliröschen brauchen zwei, Rosenkohl und Spargel drei, Möhren und Artischockenböden dagegen vier. Problematisch als Gefriergut sind Pilze. Blanchiert werden sie gern glitschig, schockgefroren meist gummiartig. Besser

Sachgerecht eingefrorener Blumenkohl bleibt ohne Qualitätsminderung etwa neun Monate frisch.

So wird's gemacht:

1 Den Blumenkohl von grünen Blättern und Strünken befreien und in Röschen zerteilen.

2 Mit dem Durchschlag kurz in Salzwasser blanchieren und im Eiswasser abkühlen.

also, man dünstet sie in etwas Butter vor und gefriert sie erst nach dem Auskühlen. Aber speziell bei Pilzen gibt es passendere Konservierungsmethoden wie Trocknen oder Einlegen.

Ein Eisbad stoppt den Garprozeß

Nach dem Blanchieren wird das Gemüse sofort in Eiswasser abgeschreckt, ein Prozess, der ungefähr ebenso lange dauern sollte wie das Blanchieren selber. Dieses „Eisbad" stoppt das Weitergaren. Das Gemüse bleibt bissfest und bewahrt seine frische Farbe.

Nun geht es ans gründliche Abtropfen in einem Sieb und anschließendes Trocknen mit einem Küchentuch, auf dem man das Gemüse ausbreitet. Erst dann wird das Gefriergut auf einem Blech oder Tablett ausgelegt, mit einer Alufolie abgedeckt und für eine Stunde ins Vorfrostfach geschoben. Das Gemüse muss hart sein, bevor man es behutsam in Plastikbeutel umfüllt und zwar so, dass aus Platzspargründen möglichst flache, leicht stapelbare Einheiten entstehen. Derart versorgtes Gemüse hält sich ungefähr ein Jahr. Ebenso, allerdings unblanchiert, werden auch Kräuter behandelt. Doch ist in ihrem Fall wohl Trocknen der wirkungsvollere Konservierungsvorgang.

Von Pommes und Püree

Um einen schnell verfügbaren Vorrat an Pommes frites oder Bratkartoffeln zu haben, kann man mit rohen Erdäpfeln verfahren wie mit einzufrierendem Gemüse: Entsprechend stifteln, blanchieren, trocknen und auf einem Blech vorgefrieren. Ansonsten empfiehlt sich gerade bei Kartoffeln und anderen pürierbaren Gemüsen wie Rüben oder Schwarzwurzeln, sie gleich als Püree einzufrieren, wobei Kartoffelpüree allerdings nicht mit Vollmilch zubereitet sein sollte. Die flockt nämlich.

Püriert lassen sich auch Tomaten und Paprika einfrieren. Erstere werden in Salzwasser weichgekocht und durch ein Haarsieb passiert oder, noch einfacher, durch die „Flotte Lotte" gedreht. (In beiden Fällen bleibt die Schale im Sieb zurück.) Das Tomatenpüree kommt nach dem Auskühlen in einen mit Deckel verschließbaren Gefrierbehälter. Ähnlich kann man mit Paprika verfahren, nur dass es hierfür eine noch raffiniertere Methode gibt: Man grillt die Schoten, bis die harte Außenhaut Blasen wirft und sich leicht abziehen lässt. Den durchs Aufschneiden reichlich quellenden Saft fängt man in einer Schüssel auf, kratzt die Samen mit einem Messerrücken vom Fruchtfleisch, lässt die Paprikafilets gut auskühlen und begießt sie, sobald sie in einem entsprechenden Behälter ausgelegt sind, vor dem Einfrieren mit dem eigenen Saft.

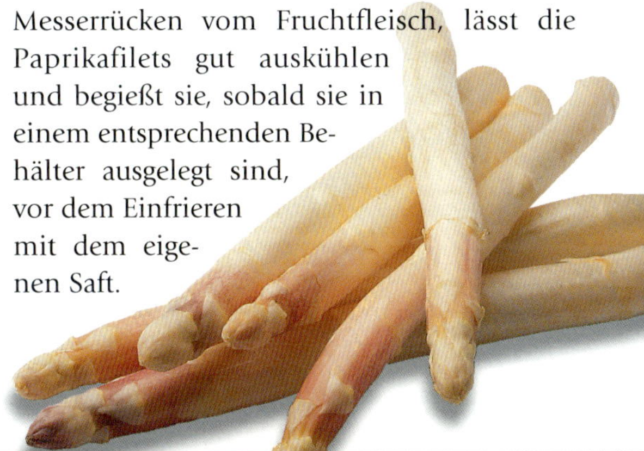

3
Abtropfen lassen und auf einem Holzbrett mit Küchenkrepp trockentupfen.

4
Auf einem Blech auslegen (4) und fünf Stunden im Gefrierschrank vorfrosten.

5
In Klarsichtbeutel füllen, Luft herausdrücken und luftdicht verschließen. Auf dem Etikett Einfrierdatum fixieren.

Frisches Obst von Ernte zu Ernte

Diese Prozedur erinnert schon ein wenig ans Einmachen, wobei man unversehens an Obst denkt. Wie beim Gemüse lässt sich auch hier fast jede Sorte einfrieren. Als Faustregel

gilt, dass sich Obst mit ausgeprägter Eigenfärbung besser zum Einfrieren eignet als solches mit hellem Fruchtfleisch, das zum Verfärben neigt, vor allem also Blau-, Erd- und Himbeeren, dazu schwarze wie rote Träuble (Johannisbeeren) und Kirschen. Bei Birnen, Pfirsichen oder Mirabellen wird man sich überlegen müssen, ob man sie nicht einweckt, bei Äpfeln, ob man sie nicht besser in Ringen trocknet oder als Kompott einmacht, bei Zwetschgen (Zwetschen), ob man sie nicht lieber dörrt oder gleich Marmelade daraus macht. Indes – hier erlaubt das Vorgefrieren erst einmal eine Lagerung bis hin zur endgültigen Entscheidung, denn das Tiefgefrorene lässt sich gerade hier leicht weiterverarbeiten.

Das zum Gefrieren vorgesehene Obst muss reif, darf aber nicht überreif sein. Erd- und Himbeeren werden gewaschen, entstielt und vorsichtig abgetupft. Dann legt man sie am besten wieder einzeln auf ein Blech oder Tablett und gefriert sie im Vorfroster. Nach ein bis zwei Stunden sind die Beeren dann so weit, dass man sie in Plastikbeutel verpacken und dem Kälteschlaf überantworten kann. Derart behandelt kann man die Früchte später einzeln herausnehmen.

Köstlichkeiten in Zuckerlösung

Nahezu jedes Obst lässt sich auch in Zuckerlösungen einfrieren. Als Grundregel gilt dabei, dass man Beeren und Sauerkirschen mit Zucker bestreut. Alles andere Steinobst friert man in Zuckerlösungen ein Äpfel, Bir-

Blanchieren, Lagern, Auftauen von Obst und Gemüse

	Blanchieren (Minuten)	Lagern (Monate)	Auftauen
Äpfel	1	9	nein
Ananas	nein	12	ja
Aprikosen	nein	9	nein
Artischockenböden	4	12	nein
Auberginen	1	6	nein
Birnen	1	9	nein
Bohnen (alle Arten)	2	12	nein
Blumenkohlröschen	3	9	nein
Brokkoliröschen	2	6	nein
Erbsen	1	12	nein
Erdbeeren	nein	6	nein
Fenchel in Scheiben	3	6	nein
Gurken	1	6	nein
Johannsibeeren	nein	6	nein
Kirschen	nein	9	nein
Kohlrabi	4	9	nein
Lauch	1	9	nein
Maiskolben	6	12	ja
Mirabellen	nein	9	nein
Möhren	4	12	nein
Paprika	1	6	nein
Pflaumen	nein	9	nein
Rhabarber	1	6	nein
Rosenkohl	3	9	nein
Rote Bete	1	9	nein
Sellerie	4	9	nein
Spargel	3	6	nein
Spinat	1	12	nein

Obstsorten mit hellem Fleisch wie Äpfel, Birnen und Pfirsiche werden vor dem Einfrieren entkernt, in Schnitze (Spalten) zerlegt und dann kurz in einer 40- bis 50-prozentigen Zuckerlösung mit dem Saft einer Zitrone aufgekocht. So werden die Schnittflächen nicht braun. Auch Rhabarber sollte man nach dem Schälen und vor dem Einfrieren so präparieren. Alles andere Obst wird unblanchiert eingefroren.

nen, Aprikosen und Pfirsiche werden blanchiert oder vor dem Einfrieren gedünstet, sofern man sie später zu Kompott oder Marmelade weiterverarbeiten will. Ananas lässt sich, von der Schale befreit und in Scheiben geschnitten, Schicht um Schicht gezuckert und aufeinandergelegt in einem passenden Plastikbe-hälter einfrieren. Die Haltbarkeit beträgt hier wie beim Gemüse ungefähr ein Jahr, bei entsteinten Aprikosen und Kirschen etwas weniger.

Wenn wir uns allerdings beim Obst nicht so lange aufgehalten haben wie beim Fleisch oder Gemüse, dann deshalb, weil wir sein Einfrieren eher als Vorbereitungsstufe fürs Einkochen betrachten. Gefrorenes Obst taugt darüber hinaus zur schnellen Herstellung köstlicher Kompotte. Ein inspirierendes Getränk für heiße Sommerabende ist übrigens ein trockener Sekt mit tiefgefrorenen Himbeeren oder Walderdbeeren und einem Schuß Maraschino.

Eier und Molkereiprodukte

Das Einfrieren von Eiern und Molkereiprodukten ist aus rein praktischen Gründen kaum zu empfehlen. Milch, Käse und Eier gibt es mittlerweile fast allenthalben frisch. Homogenisierte, so genannte „H-Milch" lässt sich in der Tüte etwa einen Monat lang einfrieren, ebenso geraspelter Hartkäse. Bei Camembert und Brie kann man im Tiefkühlschrank den Reifeprozess anhalten. Rohe Eier zerspringen beim Einfrieren. Deshalb werden sie verrührt, gesalzen oder gezuckert und gewissermaßen als Omelettteig eingefroren. Eigelb allein lässt sich, allerdings ohne jeden Zusatz, im Eiswürfelbehälter gefrieren und als Eigelbwürfel im Plastikbeutel lagern.

Butter legt durch Kälte an Geschmack noch zu

Interessant hingegen ist das Gefrieren von „präparierter" Butter. Die handelsübliche Süßrahmbutter hält sich, in Aluminiumfolie eingepackt, ungefähr ein halbes Jahr im Tiefkühler. Man kann sie allerdings auch mit frischen Kräutern wie Dill, Schnittlauch, Petersilie und Basilikum anreichern oder mit all diesen Kräutern zusammen und zusätzlich noch mit Knoblauch, oder mit Knoblauch allein, vielleicht in Verbindung mit frischen Frühlingszwiebeln! Man kann Butter mit geschrotetem Pfeffer und Weinbrand versetzen – der Kombinationslust sind hier keine Grenzen gesetzt. Man knetet die auserwählten und im Falle von Kräutern und Knoblauch fein gewiegten Zutaten mit einer Gabel in die auf Zimmertemperatur gebrachte Süßrahmbutter, bringt diese in Würfelform, setzt sie Stück für Stück auf ein Blech und schiebt sie für zwei Stunden ins Vorfrostfach. Die Würfel lassen sich dann wieder in einfachen Gefrierbeuteln verstauen, wo sie nicht miteinander verkleben. Bei der präparierten Butter ergibt sich die Ausnahme von der Regel, dass Lebensmittel durch Gefrieren nicht besser werden, denn die Kälte befördert in diesem Fall die geschmackliche Reife.

Heiß gebacken, eiskalt gelagert

Auch Brot, Kuchen, alle Arten von Brötchen und Teig lassen sich problemlos einfrieren. Hier gilt die Regel, besonders solche Gebäckarten zu verwenden, deren Herstellung zeitraubend war, die sich andererseits aber leicht auftauen lassen. Dazu gehören in erster Linie Kuchen, sei's aus Hefe-, Rühr- oder Knetteig und aus Biskuit sowie alles Gebäck aus Blätterteig. Bei frisch gebackenen Brötchen kann man getrost auch Sonderangebote nutzen, wobei helle Sorten zu bevorzugen sind. Und hier gibt es sogar die Ausnahme von der Regel: Brötchen dürfen noch lauwarm ins Gefriergerät – umso frischer sind sie nach dem Auftauen. Gebackenes, auch Brot, verpackt man am besten in Alufolie, Torten bleiben unverpackt, um Verzierungen und Aufbauten nicht zu beschädigen. Teig gibt man in dafür geeignete Kunststoffbehälter oder Spezialschläuche. Er hält sich darin, ebenso wie das meiste Gebäck, gut vier Monate. Nur tiefgefrorenes Brot sollte man innerhalb eines Monats verzehrt haben.

Richtig aufgetaut, dann winkt der Mühe Lohn

Falsches Auftauen kann die ganze Mühe, die man mit dem Einfrieren hatte, wieder zunichte machen. Daher hier die wichtigsten Grundregeln: Gemüse wird am besten gefroren zubereitet. Nur Maiskolben lässt man auftauen. Und Gemüsepüree, was den Vorteil hat, dass man das beim Auftauen entstehende Gefrierwasser abgießen kann. Dadurch bleibt die Substanz schön markig.

Beim Obst hat man die Wahl zwischen gefrorener Zubereitung und Auftauen. Fleisch muss man grundsätzlich behutsam auftauen, am besten über Nacht im Kühlschrank oder an einem kühlen Plätzchen im Vorratskeller.

Zeit nehmen – Zeit sparen

Das mag für den Anfang alles ein wenig viel sein, aber es gilt zu bedenken, dass eine Tiefkühltruhe wie ein Instrument ist. Je besser man darauf spielen lernt, desto größer wird die Freude daran. Man sollte sich deshalb viel Zeit für die Vorbereitungen zum Einfrieren nehmen, die man nachher, wenn's ans Verwerten im Kochtopf geht, wieder einspart, wenn man alles – mit der nötigen Ruhe, versteht sich – auch richtig gemacht hat!

Achtung Salmonellen

Besondere Vorsicht ist beim Auftauen von Geflügel gefordert. Wegen der Salmonellengefahr darf man keinesfalls mit dem Auftauwasser in Berührung kommen, das man sofort abgießt. Hernach wird das Auftaugefäß sofort heiß ausgespült, das Gefriergut kalt abgewaschen, mit Küchenkrepp abgetupft und umgehend in den Suppentopf oder die heiße Backröhre verbracht. Niemals aber sollte man Geflügel auf einem Holzbrett auftauen oder gar anschließend darauf bearbeiten.

Die großen und oft auch fetten Stücke, also Ente, Gans, Pute oder Kapaun brauchen zum Auftauen im Kühlschrank bis zu drei Tagen, bei Zimmertemperatur bis zu zwei. Auch Fische haben meist eine Auftauzeit von mehr als einem Tag.

Langsam auftauen

Auftauen erfordert also ebensoviel Sorgfalt wie das Einfrieren. Das Gefriergut soll sich langsam im Kühlschrank vom Eis befreien dürfen. Die zweitbeste Lösung ist das Auftauen bei Zimmertemperatur. Die dritte, unter kaltem oder gar warmem Wasser, sollte bei all der Mühe, die man sich bisher gegeben hat, nicht in Frage kommen. Gemüse läßt sich bis auf wenige Ausnahmen (Maiskolben, Tomaten- oder Paprikapüree) auch gefroren weiterverarbeiten. Für alles andere Gefriergut sollte man sich die erforderliche Zeit nehmen, besonders auch für Fleisch, damit letzten Endes wirklich kein Unterschied zu frischer Metzgerware bemerkbar ist.

Das besondere Rezept

Frucht, Saft und Geist

Äußerst empfehlenswert an heißen Spätsommertagen ist es, die eigene Tiefkühlernte durchzuprobieren. Säfte lassen sich nämlich nicht nur mit Eiswürfeln kühlen, sondern auch mit ihrem tiefgefrorenem Ausgangsprodukt: also schwarzer Johannisbeersaft mit (tiefgefrorenen) schwarzen Johannisbeeren; Blaubeer-, Brombeer-, Erd- und Himbeersaft entsprechend. Ananas, ja auch gut einzufrieren, portioniert man zu diesem Zweck schon vorher in kleine Stücke, Aprikosen und Kirschen werden vor dem Gefrieren für den Kühltrunk entsteint. Apropos Kirschen – hier wie besonders auch bei Himbeeren empfiehlt sich ins abendliche Saftglas zur abrundenen Hebung ein guter Schuss „Geist“, der ein solches „Dreifachoriginal“ dann bestimmt adelt.

Das besondere Rezept

Kräuterbutterwürfel

Zwei Tafeln Süßrahmbutter (à 250 g) auf Zimmertemperatur bringen und in einer Schüssel mit dem Rührstab oder einer Gabel durchkneten. Salz, Pfeffer, einen Hauch Muskat, einige Tropfen Olivenöl und durchgedrückten Knoblauch zugeben. Abschmecken und diesen Grundteig je nach Geschmack anreichern mit

- Schnittlauchröllchen
- gehacktem Dill
- gehackter Petersilie
- geraspeltem Meerrettich
- einer Gewürzmischung aus Paprika, Piment, und Senfkörnern

Man kann auch mit einer Mischung aus allen Kräutern und Gewürzen zusätzlich eine „Kräuterbutter surprise“ herstellen.

Nun drückt man die verschiedenen Kräuterbuttersorten esslöffelweise in Eiswürfelfächer und lässt sie einige Stunden tiefgefrieren. Zuletzt die Würfel herausnehmen, zu einer Pyramide arrangieren und mit frischen Kräutern drapieren.

Rinderbrühe

Aus Rinderknochen und einfachen Zutaten bereitet bieten Fleischbrühen eine fast konkurrenzlose Grundsubstanz für Suppen und Fonds. Da Brühe sich auch in großen Mengen recht einfach herstellen lässt, können reichlich frische Gartenkräuter bestens verwertet werden, namentlich Lauch und Lauchzwiebeln, Sellerie mitsamt dem Kraut, Tomaten und die Stängel der Petersilie.

- 2 kg Rindsknochen, gut abgehangen, also dunkelrot
- 10 l Wasser
- 4 bis 5 Zwiebeln
- 1 Sellerieknolle
- 2 Stangen Lauch
- einige Gelbe Rüben
- 1 Bund Petersilie
- 2 bis 3 Tomaten
- Bouillonwürfel nach Bedarf
- Lorbeerblätter, Pfeffer- und Pimentkörner, nicht zu scharfe Chilischoten, Salz

Den Sud hochkochen, salzen und eventuell mit Bouillonwürfeln nachwürzen. Die Knochen kalt abwaschen, in den Sud geben, etwa zehn Minuten im offenen Topf wallen lassen. Sobald sich Schaum absetzt, wird er mit dem Schaumlöffel abgeschöpft. Unterdes das Gemüse putzen: Sellerie und Gelbe Rüben schälen, Selleriekraut abschneiden, die Tomaten vierteln. Die Zwiebeln lässt man in der Schale, eine wird in der Mitte durchgeschnitten und an den Schnittstellen in Olivenöl goldbraun angebraten, bevor man sie in den kochenden Sud gibt. Das hebt den Geschmack und ein wenig auch die Farbe der Brühe. Den Lauch, nachdem die äußeren Blätter entfernt sind, der Länge nach anschneiden und mit den Petersilienstängeln unter kaltem Wasser kräftig säubern. Zutaten und Gewürze Stück um Stück in den kochenden Sud geben und diesen bei leicht geöffnetem Deckel sanft ziehen lassen. Wenn sich das Fleisch nach etwa drei Stunden vom Knochen löst, ist der Sud fertig. Das Gemüse ist jetzt ausgekocht, es hat seine Kraft der Brühe mitgeteilt. Wer es markant liebt, gibt zuletzt noch eine Prise Chilipulver hinzu.

Knochenbrühe muss man klären. In der kälteren Jahreszeit geht das leicht, indem man sie über Nacht auf den Balkon stellt. Anderntags hat sich dann ein Fettdeckel gebildet, der sich leicht mit dem Schaumlöffel abheben lässt. Ansonsten muss man den Kühlschrank zu Hilfe nehmen. Ist die Brühe abgeklärt, wird sie durch ein Haarsieb gegossen und in Plastikbehälter oder auch Beutel gefüllt und eingefroren.

TIPP

Raffiniert würzen

Anstelle von Piment kann man eine Rindsbrühe auch mit einer „Zwiebelnelke würzen. Dazu wird die Zwiebel geschält und etwa ein Esslöffel ganze Nelken mit dem Stiel in die Zwiebelhaut gedrückt. Leichter geht es, wenn man die Zwiebel vorher mit der Spicknadel ansticht.

WEITERE REZEPTE

Chicken Shot

Ein überraschendes Kaltgetränk aus ungewöhnlichen Zutaten wird an amerikanischen Bars serviert. Dieser „nüchterne" Cocktail ist ebenso appetitanregend wie erfrischend. Die wichtigsten Zutaten lassen sich tiefgekühlt sogar portioniert vorrätig halten. Man nehme

- je 60 ml gut gekühlte Rinder- und Hühnerbrühe
- 15 ml Zitronensaft
- nach Geschmack: Pfeffer aus der Mühle, Selleriesalz, Worcestershire-Sauce, einen Spritzer Tabasco

Rinder- und Hühnerbrühe werden mit den Gewürzen und zerkleinertem Eis verrührt, abgeschmeckt und sofort serviert. Ein kleiner Nachteil der Eisbeimischung ist, dass der Cocktail umso wässeriger wird, je länger er steht. Ein gleichbleibend intensiver Geschmack ergibt sich, wenn man Rinder- und Hühnerbrühe aus eigenen Tiefkühlbeständen antauen lässt, sie im Eiscrasher zerkleinert und vor dem Servieren mit den Gewürzen vermischt.

Es versteht sich, dass dieser Cocktail nach geklärter, vollkommen fettfreier Brühe verlangt, der man auch im größten Topf noch auf den Grund sehen kann.

Kühle Fruchtbowlen

Es ist sehr empfehlenswert, an heißen Sommertagen die eigene Tiefkühlernte durchzuprobieren. Mit tiefgefrorenen Früchten lassen sich nämlich erfrischende Bowlen bereiten. Sie übernehmen dabei die Rolle gehaltvoller Eiswürfel. Zum Beispiel

- 500 g tiefgefrorene Erdbeeren
- 2 Flaschen Erdbeerwein oder Erdbeersekt, gut gekühlt
- 1 Flasche kohlensäurehaltiges Mineralwasser, gut gekühlt
- ein Schuss Fruchtlikör zur „Aufmunterung" nach Belieben

Die tiefgefrorenen Erdbeeren in eine Bowlenschüssel geben. Erdbeerwein oder -sekt darübergießen. Je nach Geschmack Sprudel dazugeben und bei Bedarf mit einem Schuss Fruchtlikör süßen.

Entsprechend geht eine Heidelbeerbowle, die allein durch ihre dunkle Farbe wirkt. Außerdem gibt es hier bald etwas zu beißen, weil die gefrorenen Heidelbeeren naturgemäß viel schneller auftauen als die dickeren Erdbeeren. Man nehme

- 500 g tiefgefrorene Heidelbeeren (Blaubeeren)
- 2 Flaschen Heidelbeerwein, gut gekühlt
- 1 Flasche kohlesäurehaltiges Mineralwasser, gut gekühlt
- einen Schuss Heidelbeerlikör.

Wie einst

im kühlen Keller

♦ Tiefkeller reaktivieren! ♦ Auf die Belüftung achten ♦ Regale, Hürden und sogar Sand ♦ Kellerfeste Sorten ♦ Kisten, Mieten und Vorratsschränke

Ideal für Konserven, Kartoffeln, Karotten …

Der Aufbewahrungsort für konservierte Lebensmittel wie Saurerkraut oder lagerbares Obst und Gemüse war jahrhundertelang der Tiefkeller. Lattenregale oder -hürden ermöglichten ausreichende Luftzirkulation. Vor 1914 gebaute Wohnhäuser haben fast ausnahmslos solche „Gewölbekeller" mit gestampften Lehmböden, einer Durchschnittstemperatur von weniger als 10 °C und einer Luftfeuchtigkeit von 90 Prozent. Sie bieten für die meisten Konservierungsgüter das beste Milieu.

Ideal lässt sich zum Beispiel Vakuumverpacktes lagern, neben Fleisch etwa auch Käse, Fertiggerichte wie Knödel oder auch Gemüse. Auch herrscht hier unten auf den Holzregalen genau das Kühldunkel, in dem sich alles in Gläsern Eingemachte und Eingeweckte über Jahre hält.
Die altbewährten hölzernen Hürden sorgen vor allem auch dafür, dass sich lagergeeignete Kartoffeln sicher über den Winter bringen lassen. Denn dann beträgt die Temperatur im Tiefkeller nur noch um die 5 °C, ideal für unsere Erdfrucht. Früher hatten diese Hürden meist noch einen hölzernen Aufsatzrost, auf dem die Winteräpfel lagerten. Zur Kellerausstattung gehörten damals auch Steingutgefäße zum Sauer-Einlegen und Pökeln. Und oftmals hat man in solchen Tiefgewölben unter Sand sogar Wurzelgemüse wie Gelbe Rüben, Sellerie oder Schwarzwurzeln für den Winter vergraben.

Vorsicht Ansteckungsgefahr!

Wer noch einen richtigen Keller zur Verfügung hat, sollte ihn für die Vorratshaltung reaktivieren. Man kann den Haushalt damit enorm

VORRATSSCHÄDLINGE

Die Mehlmotte ist einer der häufigsten und hartnäckigsten Vorratsschädlinge. Allerdings hat sie gegen sorgfältig und hermetisch in Glas abgeschlossene Lebensmittel keine Chance. Ohnedies tummelt sie sich meist in Mehl, Hülsenfrüchten, Nüssen sowie in Schokolade und Tee, allesamt keine Produkte der Eigenkonservierung. Da sie aber auch an Dörrfrüchte geht, darf man hierfür keine Cellophantüten zur Aufbewahrung verwenden, durch Cellophan beißen sich Mehlmotten nämlich leicht durch. Also gehört (selbst)Gedörrtes in Gläser mit Twist-Off- oder Bügelverschluss.

Fliegenarten wie Große oder Gemeine Stubenfliege, Kleine Stubenfliege, Stechfliege, Graue Fleischfliege sowie Blaue Fleischfliege („Schmeißfliege") setzen sich gerne auf menschliche Ausscheidungen und sind deshalb äußerst gefährlich als Überträger, etwa von Cholera, Kinderlähmung, Ruhr, Salmonellen oder Typhus. Konservierungsgütern können sie allerdings kaum gefährlich werden, wenn man schnell und sorgsam arbeitet und etwa Fleisch vor dem Einfrieren nicht zu lange offen liegen lässt.

Als Allesfresser gehen Deutsche Hausschabe und Orientalische Schabe gerne an feuchte, weiche und faulende Lebensmittel. Dabei können sie, speziell als Zwischenwirte von Fadenwürmern ähnlich den Fliegen, auch böse Ansteckungskrankheiten übertragen. Bei sorgsamer Konservierung richten sie jedoch keinen Schaden an.

Auf Kellerassel und Mauerassel muss man bei der Vorratshaltung im Keller achten, denn sie leben von pflanzlichen Produkten. Sie sind zwar nicht schädlich, aber Ekel erregend im Zusammenhang mit Lebensmitteln.

Brotkäfer, Getreidekapuziner, Kornkäfer, Maiskäfer, Mehlkäfer, Mehlmilbe, Reiskäfer, Reismehlkäfer und Speisebohnenkäfer verderben Körnerprodukte durch ihre Larven. Man muss also bei der Einlagerung von Mehl, Reis und allen trockenen Hülsenfrüchten wie Linsen, Erbsen und dicken Bohnen auf luftdichte Vorratshaltung achten: Auch hier eignen sich die beim Einmachen und Einlegen schon bestens bewährten Bügelverschluss-Gläser mit Gummiring.

Der Rotbeinige und der Blaue Schinkenkäfer leben genau wie Speckkäfer gern von Schinken und Geräuchertem. Vorsicht deshalb vor allem während der langen Kalträucherphasen, denn die Bekämpfung dieser Schädlinge ist mühsam, weil man den Ort des Befalls desinfizieren und anschließend für ein halbes Jahr von weiteren Lebensmittellagerungen freihalten muss.

Diebs-, Messing- und Schimmelkäfer befallen Mehlprodukte, indem sie ihre Larven dort aussetzen. Die Vorräte sind dann nicht mehr zu retten.

entlasten. Preiswerte Holzlattenregale gibt es ebenso wie günstige Kartoffel- und Apfelhürden in jedem Baumarkt. Um Kartoffeln oder Äpfel zu überwintern genügt das günstige Kellerklima von 4 bis 6 °C und 90 Prozent Luftfeuchtigkeit nämlich noch nicht, man muss auch dafür sorgen, dass die Früchte gleichmäßig belüftet werden.

Auf den Boden geschüttete Kartoffeln oder Äpfel faulen, auch bei besten klimatischen Voraussetzungen. Deshalb sind ständige Kontrollen wichtig: Ein einziger angefaulter Apfel kann den ganzen Zentner darum herum anstecken, nicht anders verhält es sich mit den Kartoffeln. Und Kellerasseln im Lagergut, so harmlos sie auch sein mögen, können einem gehörig den Appetit verderben. Im Übrigen lässt sich Wurzelgemüse wie Sellerie, Schwarzwurzel oder Lauch im Tiefkeller noch immer in einer mit Sand gefüllten Kiste eingraben und so über Wochen frisch halten. Es ist dies die kleinere Lösung gegenüber den früheren Sandschüttungen.

Worauf man achten sollte

Bei eingelagerten Äpfeln sollte man im Übrigen berücksichtigen, dass sie während der Nachreifung Gase ausströmen, die wiederum dem Gemüse schaden können. Daher Obst und Gemüse immer getrennt voneinander lagern!

Will man zweierlei Kartoffel-Kochtypen, also etwa eine mehlig kochende Sorte zum Auftunken der Bratensoße und eine feste für den Salat aufbewahren, braucht man entweder zwei Hürden oder man teilt eine mit entsprechendem Lattenrost. Für mehrere verschiedene Apfelsorten empfehlen sich dagegen übereinander gestapelte Holzroste.
Hat man nun, und das wird der Normalfall sein, keine solchen Kellerbedingungen mehr, lohnen sich größere Einlagerungsmengen nicht. Kartoffeln beginnen, wenn es ihnen zu hell und zu warm wird, grüne Stellen zu bilden und auszutreiben. Dabei werden sie schnell kraft- und saftlos, sie „verrunzeln". Außerhalb des Tiefkellers sind sie deshalb kaum zu konservieren. Man muss dann eben mit kleineren, je und je frisch eingekauften Portionen vorlieb nehmen. Auch Aufbewahrung im Kühlschrank ist nicht empfehlenswert, denn dort werden sie meist süß.

Wie man sich helfen kann

„Normale" Keller, eher als Heizungskeller gedacht, mit einer Luftfeuchtigkeit von nur ungefähr 50 Prozent und einer jährlichen Durchschnittstemperatur von mehr als 12 °C, sind zur Bevorratung mit „lebendigen", nicht konservierten Lebensmit-

teln ungeeignet. Doch lassen sich hier immerhin Einmachgläser mit allen denkbaren Inhalten deponieren, die man allerdings vor direktem Lichteinfall schützen muss. Im Zweifel, gerade bei in Öl eingelegten Gütern, indem man die Gläser mit Stanniol umhüllt, was die Vorratshaltung natürlich zusätzlich kompliziert. Garagen eignen sich zur Vorratshaltung allein deshalb nicht, weil sie ungenügend wärme- und kälteisoliert sind. Dort kann eine einzige Frostnacht die Vorräte erheblich dezimieren.

Die Möglichkeiten außerhalb der Kellerlagerung sind naturgemäß wesentlich geringer. Zur kühleren Jahreszeit kann man Frischgemüse in großen Holzkisten aufbewahren, die mit Styropor ausgekleidet sind. Solche Behältnisse können dann auf Dachböden, Balkonen oder sogar in Garagen deponiert werden. Im eigenen Garten lässt sich gar eine Gemüsemiete anlegen, auch „Frühbeet" genannt: Man hebt im Spätherbst eine flache Grube aus, in der man „winterhartes" Gemüse wie Lauch, Rosenkohl, Gelbe Rüben, Sellerie oder Schwarzwurzeln eingräbt und mit Tannenreisig als Schutz vor dem Erfrieren abdeckt.

„Erdäpfel" oder edle Tropfen?

Einen eleganten, allerdings kleinräumigen Ersatz für den Tiefkeller bieten die so genannten Getränkekühlschränke, die oft eine gläserne Front zum Durchblick auf den Inhalt haben. Dies sind Kühlhalteschränke ohne Verdampferfach, die sich zwischen 0 und 15 °C regulieren lassen. Sie werden häufig als „Vorratsschrank mit Kellertemperatur" angepriesen und eignen sich bei vorhandenem Platz – sie nehmen etwa den Raum eines Gefrierschranks ein – theoretisch für kleine „Kellervorräte" wie Kartoffeln, Wurzelgemüse und Äpfel. Genießer werden sich freilich fragen, ob der geringe Raum in diesem

Zum Überwintern im Keller geeignet

Äpfel	Kartoffeln		
	fest kochende Sorten, so genannte „Salatware"	Vorwiegend fest kochende Sorten, vielseitig verwendbar	mehlig kochende Sorten
Cox Orange Boskop, Jonathan	Sigma, Nicola, Erna und Selma	Jetta, Ulla, Clivia, Desiree*, Granola und Univita	Irmgard, Julivier und Astrid

*Gilt als bewährte Pommes-frites-Kartoffel!

vergleichsweise teuren Schrank nicht besser ein paar edlen Tropfen an Stelle von „Erdäpfeln" vorbehalten bleiben soll.
Realistischer ist da schon ein belüftbarer, mit Luftlöchern versehener Vorratsschrank an einem heizkörperfernen Ort innerhalb der Wohnung. Hier, wo es allerdings dunkel sein sollte, lassen sich an Eigenkonserven vor allem Einmachgläser aufbewahren sowie Gläser mit Dörrfrüchten. Wenn alles hermetisch und vorschriftsmäßig ins Glas gepackt ist, muss man sich nicht vor den lästigen und nur mit geeigneten „Kampfmaßnahmen" wieder zu beseitigenden Vorratsschädlingen fürchten. Sie durchdringen in aller Regel nur Papier- und Cellophanverpackungen.

Originalsubstanz dank Vakuum

Zur Bevorratung mit Obst, Gemüse, Fleisch, Wurst und Backwaren empfiehlt sich im Übrigen ein Folienschweißgerät, weil sich so das Konserviergut vier bis sechs Wochen lagern lässt, am besten bei Temperaturen unter 10 °C, die der Kühlschrank garantiert, aber eben auch der herbstliche und winterliche Tiefkeller. Dennoch: Vakuumverpacken ist zwar nur eine kurz-

AUFGEPASST!

Kontrolle tut Not

Bei jeder Art von Vorratshaltung ist regelmäßige Kontrolle nötig. Im Keller bedeutet dies: Angefaulte und angestoßene Stücke müssen entfernt werden, damit sie ihre Umgebung nicht anstecken können. Ringe der Einmachgläser kontrollieren und insbesondere beim Eingemachten, Eingelegten oder auch Vakuumverpackten die Verfallsdaten beachten. Das Eingeweckte hält, sofern die Gummiringe halten, gewissermaßen ewig! Man sollte immer nach Datum verbrauchen und die neuen Vorräte nach hinten stellen, damit erst einmal die alten vorne griffbereit sind.

fristige Haltbarkeitslösung, hat aber den enormen Vorteil, dass man Vorratsgüter damit verfügbar machen kann, die unter dem Einfrieren eher leiden, also etwa durchwachsenes, leicht fettes Fleisch oder auch Fleisch mit einem dicken Fettrand, der bekanntlich den Saft zusammenhält – beides verändert sich durchs Einfrieren geschmacklich und wird dabei nicht besser. Ebenso kann man stark wasserhaltiges Obst und Gemüse, etwa Himbeeren oder Tomaten, die durch Einfrieren an Konsistenz verlieren, durch Vakuumverpacken in seiner Originalsubstanz einigermaßen bewahren. Der Handel bietet solche Geräte unter dem Slogan „So macht Vorratshaltung Spaß“ zu Preisen zwischen 60 und 90 Mark an. Die Bedienung ist nach einigen Geschicklichkeitsübungen auch deshalb recht einfach, weil das Gerät, während es die Folie zuschweißt, gleichzeitig auch die Luft absaugt, sodass durch das Vakuum den Mikroorganismen die Entwicklungsbasis entzogen wird – die Grundvoraussetzung allen Konservierens. Im Übrigen eignet sich ein solches Gerät nicht nur zur Konservierung von „Rohmaterial“, es ist auch für die Haltbarmachung vorgekochter Speisen wie geschaffen, etwa für alle denkbaren Sorten von Klößen und Knödeln oder auch Teigwaren wie Spätzle, Knöpfle und Schwäbische Maultaschen, die durchs Einfrieren eher an Qualität verlieren.

DAS BESONDERE REZEPT

Schwäbischer Kartoffelsalat

Er gilt zu Recht als das eigentliche schwäbische Nationalgericht, weil er mit fast allen anderen schwäbischen Lieblingsspeisen vortrefflich harmoniert – von Maultaschen bis Leberspatzen. Ganz hervorragend passt der schwäbische Kartoffelsalat aber auch zu einer badischen Spezialität, dem Schäufele (S. 164). Wie gemacht für unsere Spezialität ist die früh reife Moorsiglinde, die man den Sommer über auch ein paar Wochen im Keller einlagern kann. Fürs Überwintern ist allerdings die fest kochende Sigma zu empfehlen. Sie brauchen:

- 500 g Kartoffeln
- 2 mittelgroße Zwiebeln
- 1/4 l entfettete Fleischbrühe,
- 1 EL Butterschmalz
- 1 bis 2 EL geschmacksneutrales Öl (etwa von Disteln, Sonnenblumen oder Traubenkernen)
- 1 TL mittelscharfen Senf
- 1 EL Rotweinessig
- fein gemahlenen weißen Pfeffer und Salz nach Belieben, eine Prise Zucker

So wird's gemacht

Die Kartoffeln in leicht gesalzenem Wasser gar kochen. Zwiebeln in Würfelchen schneiden und in heißem Butterschmalz glasig werden lassen. Kartoffeln aus dem Sud nehmen, kurz unter kaltem Wasser abschrecken und schälen. Dünne, etwa 0,3 cm dicke Kartoffelscheiben in eine vorgewärmte Schüssel schichten. Sodann die zuvor angeschmälzten Zwiebeln mitsamt dem heißen Schmälzfett über die Kartoffeln gießen, den Senf, etwas Pfeffer und Salz, dann erst das Öl darüber geben. Die sprudelnde Fleischbrühe über das Ganze gießen, vorsichtig durcheinander mengen, damit die Kartoffelscheiben möglichst ganz bleiben. Abschmecken. Der Salat muss geschmeidig sein! Spitzenköche haben dafür ihre Tricks – manche ziehen ein Eiweiß darunter, andere nehmen auch Spätzleswasser, also den Sud, in dem Spätzle gesotten wurden. Sobald die Kartoffeln Geschmack angenommen haben, aber erst dann, noch einen Schuss Rotweinessig zum Ganzen geben. Soll's ganz delikat werden, lässt man die Salatschüssel noch etwa eine Stunde im nur leicht ziehenden Wasserbad. Die Kartoffeln haben dann die Marinade aufgesogen – und der Salat ist ja vor allem warm serviert eine fast unübertreffliche Köstlichkeit.

ZUR ABWECHSLUNG MIT GURKE

Für einen gemischten Kartoffelsalat wird eine gehobelte Gurke eingesalzen. Das austretende Wasser wird abgegossen, bevor man die Gurke beimischt. Am besten mengt man ihr noch einen Teelöffel von dem Öl bei, das man für den Kartoffelsalat verwendet hat, und gibt außerdem eine Prise Pfeffer mit.

Schwäbische Maultaschen

Der Name hat vielerlei Deutungen, die „griffigste" besagt, ein Mönch des Klosters Maulbronn habe ein Gericht entwickelt, mit dem man trotz Fastengebot zu Fleisch kommen konnte. Die „Maulbronner Taschen" wurden dann allmählich zu „Maultaschen". Mehr noch als Spätzle sind sie mittlerweile das bekannteste Gericht der Schwaben. Eine Menge Spinat, Petersilie und Zwiebeln aus der eigenen Ernte lässt sich in diesen „Schwäbischen Ravioli" unterbringen. Vakuumverpackt und kühl gelagert kann man sie etwa vier Wochen aufbewahren. Für die Vorratshaltung im Keller sind sie sozusagen die Krönung, denn mit vielem, was man dort lagert, sind sie kombinierbar. Etwa mit dem Sauerkraut im Gärtopf, das man mit eingelagerten Äpfeln kombiniert, oder mit dem Salat aus eingelagerten Kartoffeln.

Als Grundlage zum „Einpacken" der Fülle dienen:

- 500 g fertig gekaufter Nudelteig

Zur Füllung gehören:

- 500 g frischer Blattspinat
- 250 g Bratenreste oder Hackfleisch
- 100 g Räucherspeck
- 2 bis 3 mittelgroße Zwiebeln oder 5 Schalotten
- 2 altbackene Brötchen
- 3 Eier
- etliche EL Weckmehl in Reserve
- weißer Pfeffer, Muskat, Salz

Brötchen in lauwarmer Fleischbrühe aufweichen. Spinat entstielen, gründlich waschen, fünf Minuten blanchieren und abtropfen lassen. Zwiebeln und Petersilie klein hacken. Räucherspeck würfeln und auslassen. Im ausgelassenen Fett die Zwiebeln anschmälzen, Petersilie kurz dazugeben. Bratenreste durch den Fleischwolf drehen und in große Schüssel geben (oder stattdessen das Hackfleisch). Ausgedrückte, zerkleinerte Brötchen und den ausgelassenen Speck mit Zwiebeln und Petersilie dazugeben. Den Spinat fein hacken und mit zwei rohen Eiern zur Masse geben, die fest, aber nicht hart sein soll. Eventuell etwas Weckmehl einarbeiten.

Den Nudelteig in ca. 8 × 8 cm große Stücke schneiden. Auf die Hälfte davon die Füllung verteilen, dabei ringsum je 1,5 cm Rand lassen. Ei verquirlen und Teigränder damit bestreichen. Die anderen Teigstücke darauflegen und ringsum andrücken. Zum Garen gibt man die Maultaschen in eine gut geklärte köchelnde Fleischbrühe und lässt sie knapp zehn Minuten ziehen.

TIPP

Alternative Einfrieren
Vakuumverpackte Maultaschen die man während ihrer etwa vierwöchigen Haltbarkeitsdauer nicht aufbraucht, lassen sich dann auch einfach tiefkühlen.

WEITERE REZEPTE

Winterliches Sauerkraut

Dieses Kraut schafft Wohlbehagen, weil es von innen her aufwärmt.

- 1 kg Sauerkraut
- 4 bis 5 Äpfel
- 1 kleiner Rotkrautkopf
- ¼ l nicht zu trockener Rotwein
- 2 bis 3 Bouillonwürfel
- 2 bis 3 Lorbeerblätter
- 1 TL weiße Pfefferkörner
- 1 TL Pimentkörner
- 1 TL Wacholderbeeren
- Salz und Zucker nach Belieben
- 1 l Wasser

Die Äpfel waschen, schälen, entkernen und in Scheiben schneiden. Zwiebel schälen und würfeln. Beides in Butterschmalz glasig dünsten. Rotkraut vierteilen, Strunk entfernen, dann fein hobeln, blanchieren, abtropfen lassen und glasig dünsten. Sauerkraut in kleinen Portionen dazugeben und ebenfalls glasig dünsten. Gewürze in die Gewürzkugel legen, die man zwischen das Kraut steckt. Bouillonwürfel aufs Kraut legen. Mit Rotwein ablöschen. Wasser nachgießen. Auf kleiner Flamme etwa zwei Stunden köcheln lassen. Zum Schluss mit Zucker und Salz und bei Bedarf noch einem Schuss Rotwein abschmecken.

TIPP

Kraut mit Biss

Um diesem Sauerkraut, wenn es fertig ist, wieder etwas Biss zu geben, gibt man zum Schluss noch etwas rohes Kraut bei, das nicht mehr kochen soll.

Geschmorte Schweinelende

Schweinelendchen lassen sich eingeschweißt im Keller oder im Kühlschrank bis vier Wochen aufbewahren. Schmort man sie mit Wurzelgemüse, so kommt man schnell zu einem saftigen Brätchen.

- 1 Schweinelende, entfettet und gehäutet
- Wurzelgemüse: je 3 Karotten, Schalotten und Petersilienwurzeln, 1 Stange Lauch
- ¼ l trockenen Rotwein
- 1 EL Butterschmalz (oder Olivenöl)
- 1 Lorbeerblatt, weißen Pfeffer aus der Mühle, gemahlenen Rosmarin und Salz nach Belieben

Lendchen zwei Stunden vor dem Schmoren aus der Folie nehmen, waschen, trockentupfen, kühlstellen. Gemüse schälen und in fingerdicke Scheiben schneiden. Fleisch allseitig in Butterschmalz anbraten, dann aus der Pfanne nehmen, salzen, pfeffern, mit Rosmarinpulver bestreuen und warmstellen. Gemüse im Fett glasig dünsten. Lendchen wieder zugeben, dazu das Lorbeerblatt. Mit dem Rotwein aufgießen und bei milder Hitze etwa 20 Minuten garen. Das Fleisch soll innen rosa bleiben. Dazu passen schwäbische Spätzle und natürlich Kartoffelsalat.

Materialien

Erntezeiten einheimischer Obst- und Gemüsesorten

Äpfel	Juni bis November	Pilze	Juni bis September
Aprikosen	Juni bis August	Pflaumen	Juli bis September
Birnen	August bis Oktober	Quitten	September bis Oktober
Blumenkohl	Juni bis November	Rettiche	Juni bis November
Bohnen	Juni bis September	Rhabarber	Mitte April bis Mitte Juni
Brokkoli	Juni bis November	Rosenkohl	Januar/Februar und Mitte August bis Dezember
Brombeeren	August bis September	Rote Bete	Mitte August bis Mitte November
Erbsen	Juni bis August	Schwarzwurzeln	Oktober bis November
Erbeeren	Mai bis Juli	Sellerie	Mitte Juni bis Oktober
Grünkohl	Januar bis Februar	Spargel	April bis Juni
Gurken	Juli bis Oktober	Spinat	Mitte Februar bis Ende November
Himbeeren	Juli bis August	Stachelbeeren	Juni bis Juli
Johannisbeeren	Juli bis August	Tomaten	Mitte Mai bis Ende Oktober
Karotten	Mai bis November	Weißkohl	Mitte April bis Mitte Juni und Mitte August bis Ende November
Kartoffeln	Juni bis Oktober	Wirsing	Mitte April bis Mitte Juni und Mitte August bis Ende November
Kirschen	Juni bis Juli	Zucchini	Mitte April bis Ende Oktober
Kohlrabi	Mai bis Oktober	Zwetschgen	August bis September
Kürbis	August bis November	Zwiebeln	Mitte April bis Ende Oktober
Lauch	Januar bis Februar und Mai bis November		
Mais	August bis September		
Mangold	Juni bis September		
Mirabellen	August bis September		
Paprika	August bis Oktober		
Pfirsiche	Juni bis August		

Wie man Obst und Gemüse konservieren kann

OBST	Einkochen	Einlegen	Dörren, Kandieren	Einsäuern	Einfrieren	Sonstiges
Äpfel	Gelee, Konfitüre, Mus, Latwerge, Paste, einwecken	in Calvados etc.	dörren, kandieren		einfrieren	im Keller lagern
Ananas	Konfitüre		dörren, kandieren		einfrieren	
Aprikosen	Konfitüre einwecken	süßsauer einlegen, in Alkohol einlegen	dörren		einfrieren	
Beeren	Gelee, Konfitüre	in Alkohol einlegen	dörren		einfrieren	
Birnen	Gelee, Konfitüre, Mus, Latwerge, Paste, einwecken	süßsauer einlegen, in Alkohol einlegen	dörren		einfrieren	
Kirschen	Konfitüre, einwecken	süßsauer einlegen, in Alkohol einlegen			einfrieren	
Mandarinen	Marmelade, Konfitüre, Gelee					
Orangen	Marmelade, Konfitüre, Gelee		kandieren			
Pfirsiche	Konfitüre, einwecken	süßsauer einlegen, einlegen in Alkohol	dörren		einfrieren	
Pflaumen und Zwetschgen	Konfitüre, Mus, Latwerge, Paste	sauer einlegen, einlegen in Alkohol	dörren		einfrieren	

OBST	Einkochen	Einlegen	Dörren, Kandieren	Einsäuern	Einfrieren	Sonstiges
Quitten	Gelee, Konfitüre, Mus, Latwerge, Paste	einlegen in Alkohol				Quittenbrot
Zitronen	Marmelade, Konfitüre, Gelee,	einlegen	Kandieren			
GEMÜSE						
Blumenkohl	einwecken	einlegen in Essig			einfrieren	
Brokkoli	einwecken	einlegen in Essig			einfrieren	
Bohnen	einwecken	einlegen in Essig	dörren	einsäuern	einfrieren	
Fenchel	einwecken	sauer einlegen		einsäuern	einfrieren	
Gurken		süßsauer einlegen, sauer einlegen		einsäuern		in Senf verarbeiten
Kräuter	in Öl einlegen, in Essig einlegen		trocknen		einfrieren	in Senf verarbeiten
Kürbis	Konfitüre	süßsauer einlegen				als Mus oder Ketschup eindicken
Mangold	die Stiele einwecken				einfrieren	
Möhren	Konfitüre	sauer einlegen (besonders mit Gurken, Cornichons etc.), süßsauer einlegen	dörren		einfrieren	
Paprika	Konfitüre	süßsauer einlegen	dörren	einsäuern	einfrieren	
Pilze		in Öl einlegen	dörren			Pilzfond
Rosenkohl	einwecken			einsäuern	einfrieren	
Rote Bete	einwecken	süßsauer einlegen		einsäuern		

GEMÜSE	Einkochen	Einlegen	Dörren, Kandieren	Einsäuern	Einfrieren	Sonstiges
Rotkohl	einwecken			einsäuern	einfrieren	
Schwarz-wurzel	einwecken				einfrieren	
Spargel	einwecken	sauer einlegen			einfrieren	
Spinat					einfrieren	
Tomaten	Konfitüre	grün sauer einlegen getrocknet in Öl einlegen	dörren			zu Ketschup verarbeiten
Weißkohl		einlegen		einsäuern		
Zwiebeln		süßsauer einlegen	dörren			zu Ketschup verarbeiten, im Keller lagern

Temperaturbereiche und Konservierungsverfahren

Gefriertrockenstadium
-70 bis -30 °C
kein Wachstum mehr von Mikroorganismen

Tiefgefrierstadium
-30 bis -18 °C
Mikroorganismen können sich nicht vermehren

Kurzzeitiges Tiefgefrieren (im Drei-Sterne-Fach des Kühlschranks)
-18 bis -5 °C
Mikroorganismen können sich kaum vermehren

Kühlen
0 bis +5 °C
verzögerte Vermehrung von Mikroorganismen

Lagern (im Tiefkeller oder Getränkekühlschrank)
+5 bis +15 °C
geeignet für lagerfähige Äpfel, Kartoffeln und Zwiebeln sowie einwandfreies Gemüse wie Sellerie, Gelbe Rüben, Weiß- und Rotkohl

Zimmertemperatur
+15 bis +20 °C
für das Anfangsstadium des süßsauer und sauer Einlegens und der Milchsäuregärung geeignet

Langsames Trocknen
+30 bis +50 °C
von Obst und Gemüse bei gleich bleibender Außentemperatur und Zufuhr trockener Luft

Trocknen von Obst und Gemüse
+50 bis +80 °C
im Backofen oder Dörrautomaten

Pasteurisieren
+85 bis +90 °C
Abtötung gesundheitsschädlicher Bakterien und Pilze

Sterilisieren
+100 bis +120 °C
zusätzlich Abtötung hitzebeständiger Sporen

Ultrahocherhitzung
+150 °C
Abtötung sämtlicher Mikroorganismen

Glossar

Abschmecken Unverzichtbares und geduldig zu wiederholendes Verfahren bei allen Kochvorgängen, beim Konservieren besonders von Früchten und Gemüsen, um zu vermeiden, dass das Einlegegut zu süß, zu sauer, zu salzig oder auch zu fad wird. Es empfiehlt sich deshalb, bei Rezeptangaben nicht sogleich die vorgeschriebenen Mengen an Zucker, Salz, Essig, Wein oder Gewürzen auf einmal zu verwenden, sondern erst einmal zu zwei Dritteln und dann unter ständigem Abschmecken die „Endfassung" herzustellen. Bei heißen Flüssigkeiten empfiehlt sich der alte Profitrick, die Flüssigkeit auf einen Unterteller zu geben und sie von dort aus zu probieren. Damit erspart man sich die verbrannte Zunge, die den Spaß am Kochen reichlich trüben kann.

Alkohol ist fürs Einlegen von Früchten unentbehrlich. Der bekannteste „Alkoholiker" ist der Rumtopf, ein Konservierungsarrangement von Früchten mit 54-prozentigem Rum. Alkohol ist vor allem bei eingemachten und eingelegten Früchten ein wichtiges Geschmackskorrektiv – es bewahrt das Eingemachte vor allzu großer Biederkeit. Allerdings sollte man Alkohol nur in kleinen Dosen verwenden. Promillemäßig ist er, vom Rumtopf einmal abgesehen, ungefährlich, wenn man nicht den Inhalt mehrerer Gläser auf einmal verschlingt. Reiner Alkolhol (Weingeist) von anähernd 100 Prozent ist für die Gelierprobe unentbehrlich.

Apicius einer der ersten bekannt gewordenen Kochbuchautoren der Antike. Genaue Herkunft und Lebenszeit sind unbekannt. Er hat reichlich aus griechischen Quellen geschöpft, sodass wir unsere Kenntnisse über antike Kochkunst weitgehend ihm verdanken. Sein Hauptwerk besteht aus zehn Bänden und trägt den Titel „De re coquina libri decem", also, frei übersetzt, „Über die Bewandtnisse des Kochens in zehn Bänden".

Blanchieren nennt man das Vorgaren von Gemüse in kochendem Salzwasser. Das dauert meist nur fünf Minuten, dennoch entstehen bis zu 60 Prozent Verluste an Vitamin C. Bei vernünftiger Ernährung mit viel frischem Obst und Gemüse ist dieser Verlust aber leicht zu verkraften. Bohnen, Erbsen und Möhren nehmen beim Blanchieren in hartem Wasser Kalzium und Magnesium auf, was die Kocheigenschaft dieser Gemüse beeinträchtigt. Daher wird empfohlen, dem Blanchierwasser eine Messerspitze „Kaisers Natron" beizugeben, es macht das Wasser weicher.

Davithis oder Davidis populäre Kochbuchautorin des 19. Jahrhunderts, die neben Henriette Löffler und Sophie Wilhelmine Scheibler das Koch- und Konservierungsgeschehen ihrer Zeit wesentlich geprägt hat. Von den Dreien war sie gewiss die Puritanischste, am wenigsten kulinarisch Veranlagte. Sie propagierte ein eher kunstloses Kochen, für das sie, wie der Titel ihres „Neuen und bewährten Illustrierten Kochbuch(s) für alle Stände" verheißt, die „zuverlässige Anleitung" bieten wollte. Davithis' Kochbuch ist um 1900 in Reutlingen erschienen.

Eindünsten der herkömmliche Begriff für alle im Einmachtopf bei etwa 90 °C, also im Dunst des köchelnden Wassers pasteurisierten, also keimfrei gemachten Lebensmittel, die zuvor in ein Glas mit Gummiring und Federklammer oder Bügel gegeben wurden.

Einkochen wird oft als Synonym für Eindünsten verwendet, meint aber dem Wortsinn nach bei Marmeladen, Konfitüren, Gelees und Musen das Einkochen der Flüssigkeit bis zur gewünschten Dichte.

Einmachen bedeutet die etwas einfachere Konservierungsform in Gläsern mit Bügelverschluss oder Twist-off-Deckel. Sie werden heiß gefüllt, sofort verschlossen und kühl gelagert. Die Pasteurisierung im Heiß-Wasser-Kessel entfällt.

Einwecken für die Erhaltungsdauer des Endprodukts sicherste Form der Konservierung von Lebensmitteln. Nach dem sorgsamen Einlegen in Gläser bekommen diese einen Gummiring, auf den ein Glasdeckel gesetzt wird, den nur während des Einweckvorgangs eine Feder aufs Einweckglas drückt. Während dieses Vorgangs, Dauer meist 30 Minuten bei 90 °C, entsteht zwischen Einweckgut und Deckel ein Vakuum, das keinerlei Wachstum von Mikroorganismen mehr zulässt. Sollten sich dennoch Keime einstellen, löst sich der Deckel von allein. Eine hundertprozentige Unbedenklichkeitsprobe ergibt sich deshalb, wenn man das Einweckglas am Deckel hochheben kann.

Enzyme sind Eiweißstoffe, die bei Temperaturen von 60 bis 80 °C, also auch beim Eindünsten, zerstört werden.

Essig ist unentbehrlich als Zusatz beim Sauer-Einlegen, aber auch als Würzmittel beim Konservieren. Man macht damit nicht nur Gemüse haltbar, sondern auch Früchte wie Zwetschgen und Sauerkirschen. Essig taugt auch zum kurzfristigen Konservieren etwa von eingelegtem Fleisch (Sauerbraten) im Kühlschrank. Sein Geschmacksspektrum ist vom einfachen Obst bis zum erlesenen Balsamico nahezu unbegrenzt. Für Konservierungszwecke eignet sich am ehesten Rotweinessig mit einem Schuss Balsamico.

Fermentation Beim Milchsäure-Gärungsprozess die Umsetzung von Zucker in Säure.

Flotte Lotte heißt ein unentbehrliches Küchengerät, das seinen Namen von der Unternehmerin Charlotte (Lotte) Giebel hat. Sie vertrieb einst eine ganze Palette solcher Küchenhilfen, die auch unter dem prosaischeren Namen „Handpassiergerät" bekannt sind. Der sehr einfache Mechanismus besteht aus einem Sieb mit Kurbel, die ein Scheibenstück dreht. So wird zwar das Fruchtmark durchpassiert, nicht aber Kerne, Kerngehäuse und Häute. Deshalb ist die Flotte Lotte unentbehrlich für die Vorbereitung jeder Art von Mus oder Ketschup.

Gelee wird im Gegensatz zu Marmelade und Konfitüre nicht aus ganzen Früchten, sondern mit Hilfe von Gelierzucker und Pektin aus Fruchtsaft bereitet.

Gelierprobe Um die Konsistenz von Gelee zu prüfen, gibt man einen Teelöffel Gelee auf eine kalt abgespülte Untertasse. Erstarrt die Masse mit dem Abkühlen und bildet sich kein Wasserrand ringsum, dann ist die Probe bestanden und das Gelee kann abgefüllt werden. Auf dieselbe Weise kann man die Dichte von Marmeladen und Konfitüren erproben.

Gewürze Grundlegend für die Konservierung pikanter, saurer und süßsaurer Konserven sind die Körner Pfeffer (schwarz und weiß), Piment, Senf (hell und dunkel) und Koriander, ferner getrocknete Nelken, Lorbeerblätter und Wacholderbeeren. Für süße Konserven kommen vor allem Zimtstangen, Sternanis und Vanilleschoten in Betracht, dazu wiederum Nelken, Piment und Koriander (vgl. S. 214 ff).

Hitze ist im Zusammenwirken mit Zucker ein unabdingbares Konservierungsmittel für alle Gelees, Marmeladen, Konfitüren und Muse. Beide, Hitze wie Zucker, entziehen den Mikroorganismen ihre Lebensbasis.

Kandieren ist eine ebenso alte wie komplizierte Konservierungs- und Verfeinerungsmethode: Mit Hilfe von dicken Zuckerlösungen werden Früchte (Beeren, Ananasscheiben, Zitrusschnitze etc.) haltbar gemacht. Das mühsame Verfahren taugt allerdings nicht für größere Mengen, sondern eher für kleine, preziöse Mitbringsel.

Kompott Mit wenig Zucker durch Kochen eingedickte Masse aus dem Mark von Früchten, besonders Äpfeln und Birnen sowie aus entkernten Zwetschgen.

Konfitüren Da nach EG-Norm Marmeladen nur aus Zitrusfrüchten bestehen dürfen, versteht man mittlerweile unter Konfitüren mit Zucker eingekochte Brotaufstriche aus allen anderen dafür geeigneten Früchten. Man bereitet sie aus einer einzigen oder mehreren Fruchtsorten. Alle Kombinationen sind möglich.

Kräuter sind eine Grundsubstanz des Konservierens. Sie lassen sich trocknen, in Öl einlegen und zur Not auch einfrieren. Fürs Konservieren von Gemüsen und für alle Laken sind sie darüber hinaus unerlässlich. Die wichtigsten einheimischen Gartenkräuter, die man fast alle auch auf dem Balkon ziehen kann, sind Basilikum, Bohnenkraut, Borretsch, Dill, Estragon, Kerbel, Knoblauch, Lauchzwiebel, Liebstöckel, Lorbeer, Majoran, Minze, Oregano, Petersilie, Rosmarin, Sellerieblätter (dem Liebstock verwandt, aber etwas herber) und Thymian. Während man fürs Einlegen von frischen Gewürzen meist auch frische Kräuter nimmt, bei Gurken etwa frische Dilldolden, Borretsch und Estragon, braucht man für die Laken zum Einlegen und zum Pökeln von Fleisch getrocknete und danach kräftig im Mörser zerstoßene Kräuter. Die bekannteste und vielseitigste Mischung getrockneter Kräuter sind die „Kräuter der Provence" (Herbes de Provence), in die neben Rosmarin und Thymian auch Liebstöckel gehört (vgl. S. 214 ff).

Kuhltopf heißt eine besondere Form des Gärtopfs. Er besticht durch eine so einfache wie raffinierte Erfindung: Mit Hilfe einer Kuhle oder Rille am oberen Rand, die man mit Wasser füllt und dann den Deckel aufsetzt, wird ein vollkommener Abschluss von der Außenluft erreicht. Andererseits kann die bei der Vergärung entstehende Kohlensäure aus dem Topf entweichen.

Lake eine Mischung aus Salz und Wasser zum Pökeln von Fleisch, die nach „Graden" eingeteilt wird: „Eingrädige" Lake wird aus acht Gramm Salz pro Liter Wasser hergestellt, 80 Gramm Salz pro Liter Wasser ergeben folglich eine „zehngrädige" Lake. Zu dieser Grundsubstanz kommen dann noch Gewürze und getrocknete Kräuter, dabei gilt als Regel, dass auf ein Kilogramm Fleisch zehn Gramm Kräuter-Gewürzmischung kommen.

Latwerge Das seltsam fremd klingende Wort stammt aus dem Mittelhochdeutschen und bezeichnet eingekochtes Obstmus. Die Besonderheit von Latwerge besteht darin, dass sie sich aus zwei verschiedenen Substanzen zusammensetzt, dem Saft der einen und dem Mark einer anderen Obstsorte, wobei das Mark den Namen bestimmt. Ein in Birnensaft eingekochtes Apfelmark ergibt also Apfellatwerge, ein in Apfelsaft eingekochtes Birnenmark Birnenlatwerge. Eine weitere Besonderheit: Das Mark wird ohne Zucker eingekocht und dann stilgerecht in Steinguttöpfe gefüllt, denen man, bevor man sie mit Pergamentpapier und Küchenschnur verschließt, noch ein in Alkohol getränktes, rundes Einmachcellophan als Deckel verabreichen kann. Eine weitere Besonderheit von Latwerge: Man kann hier entgegen der sonst geltenden Konservierungsregel auch angeschlagene Früchte verwenden, die allerdings zuvor sorgfältig ausgeschnitten und gereinigt werden müssen.

Liebig, Justus von bedeutender Chemiker (1803–1873), hat das Chloroform, die künstliche Düngung und das Backpulver erfunden und auch auf dem Gebiet des Konservierens bleibende Verdienste erworben. Der von ihm erfundene Fleischextrakt hilft als „Liebigs Fleischextrakt" – nicht eben billig – bis heute Suppen und Soßen verfeinern. Seit 1903 wird die Liebig-Denkmünze an hervorragende Chemiker verliehen.

Löffler, Henriette Autorin des „Illustrirten Kochbuchs", das um 1900 in Stuttgart erschien und zahlreiche Auflagen erlebte. Glänzend illustriert gibt es eine Kulturgeschichte des Kochens am Vorabend des 20. Jahrhunderts. Theodor Bechtel, ein im württembergischen Schwarzwaldkurort Wildbad und nachmals in Stuttgart wirkender Spitzenkoch hat das Werk später erweitert und neu herausgegeben. Mit gutem Grund hat es der Deutsche Bücherbund erst unlängst als Faksimile wieder aufgelegt. Das Buch gibt Einblicke in die Kunst des Kochens, deren Mühseligkeiten damals nur mit hohem Organisationsvermögen und viel Engagement für die Sache zu überwinden waren.

Lufttrocknen Vor allem in mediterranen Ländern angewandte Methode, Früchte und Gemüse durch natürliche Bedingungen wie Hitze und Wind zu konservieren. Hauptprodukte: Korinthen, Feigen, Aprikosen, Tomaten.

Marinieren dient der Präparierung besonders von Fleisch, vor allem von Lamm und Wild, und sorgt so auch für kurzfristige Konservierung im Kühlschrank oder an sonst einem kühlen Ort. Die Marinade kann aus Öl und Gewürzen (vor allem Knoblauch) bestehen oder aus Wein mit Zwiebeln, Sellerie, Möhren und wiederum Gewürzen, meist ganzen Lorbeerblättern, Wacholderbeeren, Nelken und Pfefferkörnern.

Marmelade im weiteren Sinne bezeichnet eingedickte süße Brotaufstriche aus Früchten. Nach EG-Richtlinien darf die Bezeichnung nur für entsprechende Zubereitungen aus Zitrusfrüchten verwendet werden.

Mikroorganismen denen durch Konservierungsmaßnahmen zu Leibe gerückt wird, sind Bakterien, Hefen und Schimmelpilze. Sie vermehren sich zum Teil in eminenter Schnelligkeit und verderben manche Lebensmittel nicht nur, sondern machen sie geradezu lebensgefährlich. Ein einziger Keim kann innerhalb von sieben Stunden auf die astronomische Zahl von über zwei Millionen Keimen explodieren! Die Erkenntnis, dass sich gewisse Bakterien, die Krankheiten wie Typhus oder Paratyphus erregen, bereits bei 70 °C in zehn Minuten abtöten lassen, verdanken wir Louis Pasteur. Die Methode, Bakterien bei Temperaturen zwischen 70 und 90 °C im etwa halbstündigen Wasserbad (Einweckkessel) abzutöten, nennt man pasteurisieren. Um die Erreger des Botulismus, einer oft tödlich verlaufenden Lebensmittelvergiftung, zu eliminieren, muss man die Temperatur auf 121 °C erhöhen, dann genügen drei Minuten. Die Keimabtötung bei Temperaturen zwischen 100 und 150 Grad nennt man Sterilisieren. Unter den Schimmelpilzen muss man bei der Konservierung vor allem den so genannten Gießkannenschimmel fürchten, der in hohem Maße Krebs fördernd ist. Hier taugen keine Hitzebehandlungen mehr. Schimmelpilzbefallene Konservierungsgüter gehören sofort weggeworfen. Harmloser sind die Hefen, auch wenn sie besonders das Eingesäuerte gründlich verderben können. Einen sicheren Schutz bietet das Schock-Tiefgefrieren, denn bei Temperaturen zwischen -20 und -30 °C gedeihen keine Mikroorganismen mehr.

Milchsäuregärung macht Gemüse als Frischkost haltbar. Im Gegensatz zur Hitzekonservierung schont sie auch Enzyme und Vitamine. Durch Salz werden die Zellwände des Gemüses gelockert und das darin enthaltene Wasser wie auch der Zucker herausgezogen. Bei diesem Prozess entwickeln sich Milchsäurebakterien, die während des Gärens wiederum den Zucker im Gemüse in Säure umwandeln. Das Gemüse wird sauer, das Wachstum der Mikroorganismen auf diese Weise gestoppt.

Mus Zum Konservieren geeignetes Obstmus entsteht aus lange eingekochtem Fruchtmark mit wenig oder gar keinem Zucker. Die Haltbarkeit ergibt sich infolge langen Einkochens. Durch das Verdampfen von Wasser werden den Mikroorganismen die Lebensgrundlagen entzogen. Früher gern in Steinguttöpfe abgefüllt und mit Cellophan oder Pergamentpapier verschlossen, füllt man es heute auch heiß in Twist-off- oder Bügelverschlussgläser. Muslieferanten in unseren Breiten sind vor allem Äpfel, Birnen und Zwetschgen oder Pflaumen.

Obstkraut heißt ohne Zucker eingedickter Obstsaft von einer oder mehreren Früchten. Man kann es in Flaschen abfüllen, die mit Gummikappen verschlossen werden, oder man gibt es in Gläser mit Twist-off-Deckeln. Der große Vorteil dieser besonders einfachen Methode: Man kann vielerlei Obst, darunter auch angeschlagenes, auf einmal konservieren.

Ökonom Sehr sparsam arbeitendes Schälmesser, dessen Konstruktion es erlaubt, die Außenhaut ganz dünn abzunehmen, um das Fruchtfleisch möglichst zu schonen. Geradezu unentbehrlich ist dies Instrument für Äpfel, Gurken, Kartoffeln, Schwarzwurzeln, Spargeln und Stangensellerie.

Öl ist ein bewährtes, schon in der mediterranen Antike bekanntes Konservierungsmittel. Vor allem Käse, Kräuter und Gemüse (beson-

ders Pilze) eignen sich dafür. Im Falle von Kräutern kommt es dabei zu einem Doppeleffekt: Die Kräuter würzen das Öl, während sie selbst konserviert werden. Dies Öl lässt sich dann als Kräuteröl weiterverwenden. Man sollte zum Einlegen nur gutes Olivenöl nehmen. Seine Qualität richtet sich nach dem Säuregrad: Je weniger Säure, desto edler und entsprechend teuer ist es.
„Extra natives Olivenöl" enthält bis zu ein Gramm Säure pro 100 Gramm, „Natives Öl" bis zu zwei Gramm pro 100 Gramm Öl. „Olivenöl" ist ein Verschnitt aus raffiniertem und nativem Olivenöl, also keinesfalls mehr „Olio vergine extra", jungfräuliches, natürliches Öl.

Paste entsteht aus gekochten, passierten Früchten. Der beim Kochen entstandene Sirup wird dazu über ein Haarsieb abgegossen. Das kräftig eingezuckerte Fruchtfleisch wird durch etwa einstündiges Kochen eingedickt und heiß in mit Öl ausgestrichene Formen oder Gläser abgefüllt. Erkaltet kann man die Paste dann schneiden wie Brot. Äpfel, Birnen und Zwetschgen bzw. Pflaumen eignen sich am besten für Fruchtpasten.

Pasteurisieren nach dem bahnbrechenden französischen Chemiker Louis Pasteur benannte Methode zur Vernichtung von Bakterien etc. durch Hitze. Die Temperatur zum Pasteurisieren von Obst und Gemüse im Einmachkessel liegt bei 90 °C.

Pektin pflanzeneigener Gelierstoff, der vor allem in unreifen Äpfeln oder Stachelbeeren vorkommt. Als selbst gewonnenen, natürlichen Stoff gibt man ihn Gelees bei, damit die richtige Konsistenz erreicht wird. Auch handelsübliche Gelierhilfen wie die Gelierblättchen basieren auf Pektin.

Pökeln altbewährte Konservierungsmethode für Fleisch mit Pökelsalz, das 1 Prozent Nitrat (Salpeter) enthalten muss, aber nicht mehr enthalten darf. Salpeter wirkt konservierend und hilft auch die rote Fleischfarbe bewahren. Bei Schinken ist Pökeln Vorbedingung fürs Räuchern.

Rauch uraltes Konservierungsmittel für Schinken und Fisch, das aber nur in Verbindung mit Einsalzen (Pökeln) wirkt. Ansonsten dient Räuchern vor allem der Geschmacksverfeinerung und zu kurzfristiger Haltbarmachung, besonders von frischem Fisch.

Rühren ist unerlässlich bei der Herstellung von Marmeladen, Konfitüren, Gelees, Musen und ihren kleineren Verwandten wie Latwerge oder Obstkraut. Da man insbesondere Marmeladen, Konfitüren und Gelees stark zuckern muss, bewahrt Umrühren vor dem Anhängen der Frucht-Zuckermasse. Am leichtesten rührt es sich in einem schweren Topf, der durch sein Eigengewicht von allein auf dem Herd hält.

Salz war das wichtigste Konservierungsmittel im Mittelalter. Vor allem Fisch (Salzhering, Bückling) hat man damit haltbar gemacht. Für die Herstellung einer Lake zum Pökeln ist es auch heue noch unentbehrlich. Außerdem braucht man es naturgemäß zum Abschmecken ebenso notwendig wie Zucker. Man kann auch Gemüse in reinem Salz einlegen, allerdings empfiehlt sich diese Prozedur eigentlich nur für Suppengrün, weil das Gemüse dabei so viel Salz zieht, dass man es auch zum Salzen verwenden kann. Hier ein gängiges Rezept zum Einsalzen von Suppengrün aus Petersiliewurzel mitsamt Grün, Selleriestückchen, Möhren und Lauch. Pro Kilogramm Gemüse rechnet man mit 200 Gramm Salz. Das gewaschene und gewürfelte Gemüse mit dem Salz gut vermengen und in einen Steinguttopf (Kuhltopf) schichten. Am Schluss mit einer etwa zwei Zentimeter dicken Salzschicht (am besten mit grobem Hagelsalz) abdecken. Bei Gebrauch wird das Gemüse nicht abgewaschen, sondern gleich ins Suppenwasser gegeben.

Scheibler, Sophie Wilhelmine schrieb wie Henriette Davithis und Henriette Löffler ein Standardwerk des Kochens: „Das Allgemeine Kochbuch für alle Stände", das in Leipzig erschien und um die Wende zum 20. Jahrhundert, als Davithis' Buch gerade neu herauskam, bereits in 37. Auflage vorlag. Scheibler nannte es im Untertitel „Ein unentbehrliches Handbuch für Hausfrauen, Haushälterinnen und

Köchinnen". Trotz dieses pragmatischen Ansatzes betrachtete sie das Kochen als Kunst: Es solle nicht nur „den Zweck der Sättigung" erfüllen, „sondern es ist der Triumph der Kochkunst, dass damit sich noch der Wohlgeschmack, der Genuss und das Wohlbefinden vereinen!"

Selchen ist vor allem eine Südtiroler Spezialität, eine langwierige, aber lohnende Kalträucherart. Allenfalls 20 °C, besser weniger, soll die Temperatur des Rauchs betragen, mit dem es seine speziellen Bewandtnisse hat: Man stellt ihn mit Sägemehl und Wacholderzweigen her. Geselcht wird in der täglich ausgiebig zu lüftenden Rauchkuchel, sodass der Speck, der Hauptgegenstand des Selchens, nicht nur von kaltem Rauch, sondern auch von würziger Gebirgsluft umstrichen werden kann. Das Geselchte muss ganz hart sein. Bis dahin dauert es etwa einen Monat.

Sterilisieren bedeutet die Abtötung hitzebeständiger Sporen bei Temperaturen von 100 bis 150 °C. Die Methode wird vor allem in der Konservierungsindustrie angewendet.

Suren ist der oberdeutsche, in Oberbayern und Österreich noch gebräuchliche Begriff für Pökeln. „Gesurt" wird Fleisch, übrigens ganz ähnlich wie milchsaures Gemüse mit einer gewürzten Lake in einem Holz- oder Steingutkübel mit Brett und Beschwerungsstein. „Suren" und „säuern" ist also gewissermaßen identisch.

Vitamine sind lebenswichtige organische Verbindungen, die fast ausschließlich in Pflanzen enthalten sind. Ihr Mangel führt zu Avitaminosen (etwa Skorbut bei fehlendem Vitamin C). Beim Konservieren werden Vitamine am besten durchs Einfrieren bewahrt. Beim Pasteurisieren verlieren Obst und Gemüse mehr als die Hälfte an Vitamin B und C.

Weck In Schmidheim (Taunus) geboren und von lebensreformerischen Überzeugungen durchdrungen, erkannte Johann Weck (1841 bis 1914) als Erster die bahnbrechende Erfindung des Gelsenkirchener Chemikers Dr. Rudolf Rempel aus dem Jahr 1892, die Erkenntnis nämlich, dass Lebensmittel in Gläsern, die mit Gummiringen und Blechdeckeln verschlossen waren, haltbar blieben, wenn man sie im Wasserbad erhitzte. Weck erwarb Rempels Patent. Als überzeugter Vegetarier und Antialkoholiker hoffte er, mit dieser Konservierungsmethode besonders den ärmeren Ständen zu einer gesünderen Ernährung zu verhelfen. Am 1. Januar 1900 nahm seine Fabrik für Einmachgläser mit der Erdbeere als Firmenzeichen in der obstreichen Hochrheingegend von Öflingen bei Säckingen ihre Arbeit auf. Nach dem geschäftstüchtigen Weck nennt man das Prinzip, Lebensmittel in Gläsern mittels Gummiring, Federklammer und heißem Wasserbad haltbar zu machen, längst „einwecken".

Zucker wird zum Abschmecken benötigt, ist aber in Verbindung mit Hitze vor allem das wichtigste Konservierungsmittel für Früchte aller Art. Dabei kommt er meist im Verhältnis 1:2 zum Einsatz, also ein Kilogramm auf zwei Liter Wasser. Zucker ist aber keinesfalls gleich Zucker, vor allem nicht beim Konservieren. Wichtig ist die Unterscheidung zwischen weißen und braunen Zuckerarten. Zu diesen gehört der Rohr-Rohzucker, ein Edelprodukt aus dem Mark des Zuckerrohrs mit honigfarbenem Goldton. Da er stark süßt, empfiehlt sich behutsamer Umgang damit, während man den üblichen braunen Rohrzucker wie normalen Zucker verwenden kann. Braune Zuckerarten empfehlen sich vor allem zur Präparierung großer Fleischstücke, die auf diese Weise weich werden. Von den aus Zuckerrüben gewonnenen weißen Arten interessieren fürs Konservieren vor allem Normal-, Gelier- und Einmachzucker. Mit dem handelsüblichen Normalzucker wird abgeschmeckt. Auch der Sirup für einzukochende ganze Früchte wird mit Normalzucker angesetzt. Später einzuweckende Gelees kann man ebenfalls mit normalem Zucker ansetzen, jedoch nicht mit Gelierzucker, der beim neuerlichen Aufkochen des Gelees im Wasserbad des Einwecktopfes seine festigende Wirkung verliert. Mit Gelierzucker zubereitete Gelees dürfen zum Konservieren also nur heiß abgefüllt werden. Mit Einmachzucker kocht man Marmeladen und Konfitüren.

Kräuter und Gewürze

Anis in der Küche und beim Konservieren finden die Früchte des einjährigen Doldenblütlers Verwendung, ganz oder gemahlen, zum Beispiel als Konfitürenwürze. Ursprünglich ist die Pflanze mit dem lateinischen Namen Pimpinella anisum in Vorderasien und Ägypten sowie auf den griechischen Inseln beheimatet, sie wird aber auch in Thüringen angebaut. Sein kräftiges Aroma verdankt dieses Küchengewürz dem ätherischen Anisöl.

Basilikum oder Ocimum basilicum heißt ein einjähriges, wärmebedürftiges Gewürzkraut, das schon die Feinschmecker der Antike zu schätzen wussten. Im Blumentopf lässt es sich auf dem Balkon und sogar auf der Fensterbank ziehen, Sonne mag es, auf Zugluft reagiert es allergisch. Als Pesto wird es eingelegt und zur italienischen Pasta gereicht. Frische Blätter der angenehm duftenden Pflanze fügen rohen und gekochten Tomaten eine wunderbare Geschmacksnote hinzu. Sie sollten auch zur Hand sein, wenn Gemüse in Öl oder sauer eingelegt wird. Aber nicht nur pikante Gerichte werden mit frischem Basilikum verfeinert, auch Gelees lassen sich damit aromatisieren und optisch aufwerten.

Borretsch das Raublattgewächs mit den himmelblauen Blüten und dem lateinischen Namen Borago officinalis entfaltet vor allem an Salaten seinen Geschmack. Man nimmt an, dass die Araber es nach Spanien gebracht haben. Zu Unrecht etwas aus der Mode geraten, wird es nur selten noch angeboten. Wer die anspruchslose Pflanze im eigenen Garten zieht, weiß, dass sie Gurken, auch wenn man sie einlegt, erst den richtigen Geschmack verleiht, daher wird es auch Gurkenkraut genannt. Borretsch zählt außerdem zu den Kräutern, die gewürztem Speiseöl eine besonders aparte Note verleihen.

Chilischoten sind die Früchte einer aus Südamerika stammenden Paprikaart. Sie sind leuchtend rot, werden bis drei Zentimeter lang und heißen Cayennepfeffer, nachdem sie fein gemahlen wurden. Ob in Pulverform oder als Schote verwendet, bei diesem ausgesprochenen „Scharfmacher" kommt es auf die richtige Dosis an. Chutneys, Ketschups und eingelegter Käse sind Konservierungsgüter, die mit Chili gewürzt werden können.

Dill oder Anethum graveolens heißt eine ursprünglich wohl aus Persien stammende Pflanze, die inzwischen in Kräutergärten auf der ganzen Welt ihren Stammplatz hat. Wie der Borretsch wird auch Dill zuweilen als Gurkenkraut bezeichnet. Das junge Kraut der würzig duftenden und leicht süßlich schmeckenden Pflanzen wird zum Würzen von Salaten verwendet. Für einen eingemachten, im Glas konservierten Gurkensalat und sauer eingelegtes Gemüse verwendet man die Samen, die geschmacklich ein wenig an Kümmel erinnern. Für die kalte Jahreszeit kann man sich einen Vorrat Dillspitzen dörren.

Estragon mit lateinischem Namen Artemisia dracunculus, stammt aus Südrussland und ist eine Beifußart. Besonders aromatisch schmeckt der Echte oder Französische Estragon: in Remouladensoße und Kräuterbutter, an Fisch und in Suppen. Zusammen mit Kerbel und Petersilie zählt er zu den „fines herbes", jenen feinen Kräutern die ins Omelette gehören. Die Estragonblätter erhalten ihre Würze von ätherischen Ölen. Man verwendet sie zum sauer Einlegen, zum Beispiel von Gurken, kann aber auch Essig, Senf und Öl eine besondere Geschmacksnote damit verleihen.

Fenchel ein Doldenblütler mit dem lateinischen Namen Foeniculum, der ursprünglich im Orient und den Ländern rund ums Mittelmeer beheimatet ist. Aus den Samen, die reichlich aetherische Öle enthalten, wird ein krampflösender Tee bereitet, in südlichen Ländern kaut man sie, um reinen Atem zu haben. Fürs Konservieren kommt der Gemüsefenchel in Betracht, den man einfrieren, einsäuern oder sauer einlegen kann. Hingegen ist der Fenchelsamen mit seinem an Anis erinnernden Geschmack ein Gewürz, etwa für Rote Bete im Gewürzsud.

Ingwer ist eine Gattung mit rund 80 Arten, deren aromatische Wurzeln chinesische und indische Köche seit Jahrtausenden als Küchengewürz verwenden. Auch die Römer kannten schon den fremdartigen Geschmacksverstärker. Später hat Marco Polo die Kunde davon nach Europa zurückgebracht. Angebaut wird vor allem der echte Ingwer (Zingiber officinale), und zwar in tropischen Regionen. Zu Chutneys und Relishes, die ja ebenfalls aus Fernost in unsere Rezeptbücher gelangt sind, gehört Ingwer als geschmackliche Gundsubstanz, aber auch das „hitzige" Bühler Kompott verlangt den Exoten, doch Vorsicht, keinesfalls überwürzen! Eine Messerspitze genügt.

Koriander oder Coriandrum sativum heißt ein im Mittelmeerraum wachsender Doldenblütler, dessen Blätter der Petersilie recht ähnlich sehen. Die aromatischen Samen rufen die Geschmacksassoziationen Orange und leicht angebrannt hervor. Der Geruch ist nicht jedermanns Sache, ihm verdankt Koriander den Beinamen „Wanzenkraut". Koriandersamen erinnern rein äußerlich an Pfeffer, gemahlen sind sie ein wichtiger Bestandteil indischer Currymischungen. Zu Relishes gehört dies milde Gewürz wie selbstverständlich. Süßsauer eingelegte Sauerkirschen, die so vortrefflich zu Wild munden, bekommen mit Koriander ihren Pfiff, ebenso eingelegte Gurken.

Kümmel kommt in rund 30 Arten in Europa, aber auch in Afrika und Asien vor. Für den Küchengebrauch wird der Echte Kümmel kultiviert. Die sichelförmigen Teilfrüchte kommen beim Einsäuern von Gemüsen in Betracht und vor allem bei der Komposition kraftvoller Gewürzmischungen für Rauch- und Pökelfleisch sowie für Wurstfüllungen.

Lorbeer oder Laurus nobilis stand bei Griechen und Römern in dem Ruf, Kranke zu heilen und vor Blitz und Feuer zu bewahren. Siegreiche Feldherren oder Sportler wurden mit Lorbeerkränzen geehrt. Die immergrüne Pflanze gedeiht an sonnigen windgeschützten Plätzen in Kübeln. Ihre lanzettförmigen Blätter fühlen sich ledrig an und enthalten ätherische Öle. In die Küche kommen sie meist in getrockneter Form. Das streng, fast ein wenig bitter schmeckende Blatt passt vorzugsweise zu Fleischgerichten, so gehört es zu fast allen Pökelmischungen und Fleischbrühen, dann auch zu eingelegten Pilzen und Ketschup. Als Dekor macht ein Lorbeerblatt ein schlichtes Quittengelee zum aparten Mitbringsel.

Majoran kommt für die Küche vor allem in der Spielart Echter Majoran (Majorana hortensis) in Betracht. Schon die alten Ägypter haben ihn als Gewürz verwendet, in hellenistischer Zeit hat man begonnen, die als Potenz fördernd geschätzte Pflanze in Gärten zu züchten. Die Würzkraft der graufilzig eiförmigen Blättchen stammt von den dicht stehenden Drüsenhaaren und hebt den Geschmack von Fleisch und ganz besonders Wurst. Während der Blütezeit im Spätsommer schmeckt Majoran besonders intensiv, aber auch getrocknet behält er seine Würzkraft lange Zeit .

Minze ist schon aus der griechischen Mythologie bekannt: Als Persephone von der Liebesbeziehung ihres Gemahls Hades zu einer Wassernymphe namens Minthe erfuhr, trat sie das Mädchen zu Tode, das sich sogleich in die wohlriechende Minze verwandelte. Folgt man der Legende, dann hat sich aus Minthe oder Mentha eine Pflanzenfamilie mit zahlreichen Seitenzweigen entwickelte. Der Anbau bestimmter Arten dieser Lippenblütler mit vierkantigem Stiel wird schon in der Landgüterverordnung (Capitulare de villis) Karls des Großen und im St. Galler Klosterplan empfohlen. In der Pfalz, in Baden-Württemberg und Bayern wird Pfefferminze kultiviert, die aber nur als Tee geeignet ist. Zum Würzen und Konservierens kommt die kräftig schmeckende Grüne Minze (Mentha spicata) in Betracht, zum Beispiel als Bestandteil der Kräutermischung für ein gewürztes Speiseöl. Auch Chutneys fügt sie eine angenehme Note hinzu.

Muskat hat als „Nuss" und „Blüte" in die Küche Eingang gefunden. Der immergrüne echte Muskatnussbaum (Myristica fragans) gedeiht in den Tropen und wird bis 20 m hoch. Die Samen in der aprikosenartigen Balgfrucht werden fälschlich als Nüsse bezeichnet.

Man trocknet sie und badet sie zum Schutz gegen Insekten in Kalkmilch. Der leuchtend rote Mantel um den Samen wird ebenfalls getrocknet, wobei er sich gelb verfärbt. Gemahlen kommt er dann als Muskatblüte in den Handel. Muskat gehört zu den Gewürzen, die erfahrene Köche mit großer Zurückhaltung verwenden. Einem Pilzfond, hausgemachter Wurst und sogar einer Holunder-Latwerge bekommt ein Hauch Muskat jedoch ganz vortrefflich.

Nelken wie sie in der Küche verwendet werden, wachsen nicht im Garten, sondern auf dem Gewürznelkenbaum (Szygium aromaticum) dessen Heimat die Molukken sind. Von dem immergrünen Baum, der über 10 m hoch werden kann, werden die reichlich ätherische Öle enthaltenden Blütenknospen geerntet und getrocknet als Gewürznelken in den Handel gebracht. Diese Nelken mit ihrem parfümartigen Duft gehören zu den Stammgewürzen von Chutneys und Relishes, sie passen zu Steinobst und geben vielen Konfitüren und Kompotten die besondere Geschmacksnote.

Origanum heißt die Pflanzengattung Dost und Origano oder Oregano ist die italienische Bezeichnung für ein Gewürz, das aus den Blättern des Gemeinen Dosts (Origanum vulgare) gewonnen wird, den man auch als Wilden Majoran bezeichnet findet. Das pikante Aroma entfaltet sich so richtig erst unter Wärmeeinwirkung. Beim Trockenpökeln kommt das klassische Pizzagewürz ebenso zum Einsatz wie beim Einlegen von Gemüse. Auch zum Abschmecken einer Tomaten-Paprika-Konfitüre greift man darauf zurück.

Paprika haben die Spanier im 16. Jahrhundert nach Europa gebracht, daher auch der Name spanischer Pfeffer. Das Wort ist aber sprachlich mit dem serbischen Wort für Pfeffer verwandt. Das Nachtschattengewächs Capsicum trägt je nach Sorte unterschiedlich große Früchte. Solche mit scharfem Geschmack werden zu Gewürz verarbeitet. Qualitativ besonders wertvoll ist ungarischer Edelpaprika, gefolgt von Rosenpaprika. Seine Stärke erweist dieses Gewürz an fast allen Fleischgerichten.

Petersilie oder Petroselinum ist eine Gattung der Doldenblütler und hierzulande wohl das bekannteste Küchenkraut überhaupt, und das keineswegs unverdient: Es übertrumpft an Eisengehalt den Spinat und hat mehr Vitamin C als Orangen. Im Angebot findet man glatte, krause und Wurzelpetersilie. Letztere braucht man zum Eingemachten Kalbfleisch, mit den grünen Sorten lassen sich eingelegter Mozzarella sowie Pilze und angebratene Schalotten in Öl verfeinern. Für eine „Salsa verde" bildet sie die Grundlage. Petersilie schmeckt frisch und mild, ein Überwürzen braucht man kaum zu befürchten.

Pfeffer war im Mittelalter so wertvoll und geschätzt, dass er sogar als Zahlungsmittel verwendet wurde. Auch heute ist der Pfefferhandel noch ein bedeutender Wirtschaftsfaktor. Echter Pfeffer (Piper nigrum) ist eine Kletterpflanze und wird an Stangen und Spalieren gezogen. Er wird in unterschiedlichen, nach der Farbe des Endprodukts benannten Sorten auf den Markt gebracht: Der Weiße Pfeffer wird aus reifen roten Früchten gewonnen, die durch Fermentation von ihrer äußeren Hülle befreit werden. Ausgangsmaterial für den Schwarzen Pfeffer sind dagegen grün geerntete, ungeschälte Körner, die sich beim Trocknen schwarz verfärben. In Salzlake oder Essig konserviert, kommen die Früchte als Grüner Pfeffer in den Handel, der milder schmeckt und für Senf und Saucen in Betracht kommt. Weißen und Schwarzen Pfeffer, möglichst frisch aus der Mühle, braucht man dagegen zum Pökeln, zum Einlegen, aber auch zum Einsäuern von Sellerie und Sauerkraut. Wie bei vielen Gewürzen gilt auch bei den verschiedenen Pfefferarten, dass die Dosis ausschlaggebend für den geschmacklichen Erfolg ist.

Piment hat seinen Namen vom lateinischen pigmentum, was so viel wie Farbstoff bedeutet. Pimentbäume wachsen in der Karibik sowie in Mittel- und Südamerika. Sie sind immergrün und zählen zu den Myrtengewächsen. Die kugelrunden Beeren werden gepflückt, bevor sie ganz reif sind. Ihr Fruchtfleisch bildet den hauptsächlichen Ausgangsstoff für das Gewürz. Piment erinnert im

Geschmack an Nelken und verleiht wie diese eingelegtem Obst ein besonderes Aroma.

Rosmarin ist ein immergrüner Lippenblütler, der in den Macchien des Mittelmeerraumes seinen ursprünglichen Lebensraum hat, aber auch auf dem Balkon gedeiht und dort sogar überwintern kann. In der Küche werden die Blätter des echten Rosmarin (Rosmarinus officinalis) verwendet, meist getrocknet. Sie sind fester Bestandteil der Herbes de Provence. Eingelegte Pilze und Schalotten bereichern sie geschmacklich und ganz vortrefflich lässt sich Speiseöl damit würzen.

Safran „macht den Kuchen gel", wie ein alter Kinderreim weiß, der damit auf die enorme Färbekraft des exotischen Gewürzes anspielt. Die Kreuzfahrer haben es aus dem Orient nach Europa gebracht, wo Fälschungen der sündhaft teuren Substanz lange Zeit grassierten und streng verfolgt werden mussten. So erließ noch 1551 der Augsburger Reichstag ein reichsweit gültiges Gesetz gegen Safranbetrügereien. Als Gewürz werden die Blütennarben des Echten Safran verwendet, der zur Pflanzengattung Krokus gehört. Das Gewürz enthält außer dem hochwirksamen gelben Farbstoff Crocin geschmacksstarke ätherische Öle und Bitterstoffe. Beim Konservieren kommt man ohne Safran aus, aber natürlich kann man sich seine Farbkraft zunutze machen. Dann allerdings sollte man mit der Messerspitze dosieren!

Salbei hat seinen Namen vom lateinischen Salvia, was wiederum zu salvus, gesund, gehört. Schon beim älteren Plinius wird er als Heil- und Gewürzpflanze erwähnt. Auch Hildegard von Bingen und Albertus Magnus empfahlen Salbei als Heilmittel. Rund 900 Arten gibt es von dieser Gattung der Lippenblütler, allerdings vorwiegend in tropischen und subtropischen Gebieten. Einige sind aber auch hierzulande heimisch, so der Wiesensalbei (Salvia pratensis), die Gartenblume Feuer-Salbei sowie die Heil- und Gewürzpflanze Garten-Salbei (Salvia officinalis). Ihre würzig-bitteren, mit einem dichten Haarfilz belegten Blätter gehören in eine mediterrane Pökelmischung. Getrocknet macht Salbei uns im Winter zu Gans und Spanferkel Freude.

Schnittlauch mit dem lateinischen Namen Allium schoenoprasum kam im Mittelalter aus Italien über die Alpen zu uns und eroberte sich einen festen Platz in fast jedem Gewürz- und Kräutergarten hierzulande. Als Heil- und Würzpflanze kannte man im Altertum nur den Wilden Schnittlauch, der nicht gezüchtet, sondern gesammelt wurde. Über Speisen gestreut setzt heutzutage der in feine Röllchen geschnittene Verwandte des Lauchs einen hübschen optischen Akzent. In der auf Vorrat eingefrorenen Kräuterbutter darf Schnittlauch nicht fehlen und der Schwäbische Kartoffelsalat verdient ohne diese Beigabe seinen Namen nicht. Auch tiefgefrorene Fleischbrühen macht er optisch frisch.

Senfkörner waren als Würz- und Heilmittel schon im Altertum geschätzt. Mehr als 700 Samen der Schwarzen Senfpflanze (Sinapis nigra) wiegen gerade mal ein Gramm! Dass aber aus einem einzigen dieser Körnchen ein stattlicher Baum werden kann, hat im Senfgleichnis in die Bibel Eingang gefunden. Für die Zwecke des Würzens und Konservierens kommt meist nur der Weiße Senf (Sinapis alba) in Betracht, eine Kulturpflanze, die bis 60 cm Höhe erreicht. Ihre gelblichen Samen erreichen immerhin rund zwei Millimeter Durchmesser. Gemahlen und mit Essig versetzt werden sie zu Senf oder Mostrich. Beim Konservieren kommen Senfkörner in dienender Funktion als Bestandteil von Würzmischungen beim Pökeln in Betracht, sodann gehören sie zum Relish und an die schwäbische Spezialität Eingemachtes Kalbfleisch, schließlich auch in die Marinaden für eingelegte Kräuter oder Gurken. Mit einiger Erfahrung kann man aus der Farbe der Senfkörner auf ihre Würzkraft schließen: Je dunkler sie aussehen, desto schärfer schmecken sie. Deshalb heißt es sorgsam dosieren, zumal wenn daneben noch andere „Scharfmachern" wie Chilischoten verwendet werden.

Thymian oder Thymus heißt eine südliche Pflanzengattung mit mehr als 100 Arten. Das auf Sonne angewiesene Kraut gedeiht an einem warmen Plätzchen auch auf dem Balkon. Außer einheimischem Feldthymian, zuweilen Quendel genannt, gibt es zum Beispiel Orangen,- Zitronen- und Feldthymian. Konservierende Wirkung hat das antiseptisch wirkende und Erkältungskrankheiten vorbeugende ätherische Öl Thymol, das im Thymiankraut reichlich enthalten ist. Neben Rosmarin und Liebstöckel zählt Thymian zu den Herbes de Provence. Als eigenständiges Gewürz gibt es beim Einlegen Käse und Gurken viel Geschmack mit, so gut wie unentbehrlich ist es beim Pökeln.

Vanille war schon den Azteken bekannt und kam durch die Spanier im 16. Jh. nach Europa. Inzwischen wird das Gewürz in den Tropen rund um den Erdball aus der Gewürz-Vanille, einer Orchideenart mit dem Namen Vanilla planifolia, gewonnen. Ihre Früchte liefern die schwarzbraun glänzenden Vanillestangen. Seit 1874 wird Vanillin allerdings auch synthetisch gewonnen. Beim Abschmecken von Konfitüren, Gelees und eingelegten Früchten sollte man Vanille stets in Betracht ziehen, für eine Rosenkonfitüre ist es zum Beispiel unentbehrlich.

Wachholderbeeren liefert das auf der nördlichen Halbkugel heimische Zypressengewächs mit dem lateinischen Namen Juniperus. Die Beeren enthalten ein ätherisches Öl, das nach Nadelbäumen duftet. Eingesäuerte Gemüse, allen voran Sauerkraut, kommen durch Wacholder erst richtig zur Geltung. Auch ein Gemüse in Etagen oder Cornichons in Rotweinessig blühen dank einiger Wacholderbeeren so richtig auf.

Zimt hat seinen Weg aus Sri Lanka, vormals Ceylon, in die europäische Küche gefunden. Der Zimtbaum, lateinisch Cinnamomum, zählt zur Gattung der Lorbeergewächse. Als wichtigster Lieferant unseres Gewürzes wird der Ceylon-Zimt (Cinnamomum verum) in Plantagen angebaut. Die rötliche Rinde jüngerer Zweige enthält reichlich ätherische Öle. Man schält sie ab, trocknet und fermentiert sie, dann kommt sie als Pulver oder in Form der eingerollten Rinden als Stangenzimt in den Handel. Ein Stuttgarter Hutzelbrot verlangt nach diesem Gewürz ebenso wie ein Kompott aus gedörrten Früchten. Auch beim Einkochen und Abschmecken von Marmeladen erzielt man mit Zimt oft wunderbare Wirkungen. Geradezu unentbehrlich ist das exotische Gewürz aus Sri Lanka beim Einlegen von Obst, zumal Zwetschgen, Kirschen, Äpfeln und Birnen.

Zitronenmelisse gehört zur Gattung der Lippenblütler und wächst in Europa, Asien und rund ums Mittelmeer. Wie so viele Gewürze war sie schon Griechen und Römern bekannt, die sie als Heilpflanze und Bienennahrung züchteten. Auf Lateinisch heißt die winterharte Pflanze Melissa officinalis. Ihren deutschen Namen verdankt sie dem Duft ihrer mattgrünen rautenförmigen Blätter nach der Südfrucht. Einem Kräutersud, etwa für Soleier, gibt Zitronenmelisse eine frische Note, auch Konfitüren und Gelees lassen sich interessant damit aromatisieren. Für den Wintervorrat gilt: Eher einfrieren als trocknen, damit die Duft und Aromastoffe bestmöglich erhalten bleiben.

Bezugsquellen

Gärtöpfe und Zubehör

G. E. Harsch, Südkeramik GmbH & Co KG. Postfach 1280, 75002 Bretten:

Gärtopf-Sets in der Farbe braun von 7,5 bis 50 Liter Inhalt, bestehend aus Gärtopf, Deckel und Beschwerungsstein. Die Firma vertreibt auch Krauthobel, Krautstampfer und Krautstecher, woraus deutlich wird, dass Gärtöpfe doch wesentlich zum Krauteinlegen gebraucht werden.

Harschs Gärtöpfe haben auch wir für unsere Proben verwendet. Viele Anregungen verdanken wir zudem dem Buch von Annelies Schöneck, Milchsäuregärung zuhause – eine praktische Anleitung zur gesünderen Ernährung mit vielen Rezepten, Verlag G. E. Harsch, Karlsruhe 1996.

Konservierungsgeräte

Manufactum. Hoof & Partner KG, Hiberniastraße 5, 45731 Waltrop:

Unter dem Motto „Es gibt sie noch, die guten Dinge", vertreibt die Firma eine Fülle qualitativ bester Küchengeräte. Der regelmäßig erscheinende 300-Seiten-Katalog ist für den Konservierungswilligen geradezu eine Pflichtlektüre. Hier findet sich alles, was man braucht – von Durchschlag, Spitzsieb (Chinese) und der „Flotten Lotte" bis hin zum Blanchiereinsatz oder der Gewürzkugel, dem Marmeladentrichter oder dem Kuhltopf mit Beschwerungsstein samt Strunkstecher und Krautstampfer. Der glänzend bebilderte und kommentierte Katalog bietet insofern auch einen optischen Grundkurs für die „Konservierungs-Gerätekunde".

Räuchern

Einen interessanten kleinen Räucherautomaten für die Küche bietet *HOSTO Stolz GmbH & Co* („Mirella-Räuchergeräte"). Die Firma vertreibt auch Gewürze für Fisch und Fleisch und vor allem ein Räuchermehl aus Buche mit geriebenen Wacholderbeeren.

Universalräuchergeräte für alle Zwecke bietet das *Spezialunternehmen für Fischereibedarf AGK Kronawitter GmbH, Industriegelände 1, 94522 Wallerdorf*. Auch hier gibt es Räuchermehl.

Fisch-Räucherschränke und Räuchermehl vertreibt auch die Firma *Hans Grassl, Postfach 2150, Waldhauser Straße 8, 83462 Berchtesgaden.*

Die Spezialität der *Höller Handelsgesellschaft mbH, Kammerhofgasse 6, A 4810 Gmunden* sind verzinkte Räucher- und Grillräucheröfen aus rostfreiem Stahl mit Sichtfenster.

Rolf-D. Ossa, Hofacker 6, 57299 Burbach, vor allem auf elektrische Edelstahl-Räucheröfen spezialisiert, bietet als Besonderheit Wildwacholdermehl.

Elektrische Räucherschränke mit Platz für maximal 200 Fische bietet die *Siegener Räuchertechnik, Halenhorster Straße 5, 26197 Großenkneten-Halenhorst.*

Eine breite Palette für 10 bis 400 Fische bietet *G. Vering, Maschinenfabrik, Warendorfer Straße 1, 48361 Beelen:* Räuchergeräte für Hobbby, Neben- und Kleinerwerb in Holz-, Gas- und Elektro-Ausführung.

Trocknen

Dörrgeräte liefert *Sigg Dörrex, Bio-Keller, Inh. Albert Kiefer, Konradstraße 17, 79199 Freiburg im Breisgau.* Das serienmäßige Gerät hat zwei Ringe, weitere Ringe sind aber erhältlich.

Auch wir haben für dieses Buch viel mit dem Sigg Dörrex gearbeitet.

Vakuumverpacken

petra-electric, Greisbacherstraße 6, 89331 Burgau hat zwei Folienschweiß-Automaten zum Vakuumverpacken im Sortiment.